受　　浙江大学文科高水平学术著作出版基金　　　资助
　　　中央高校基本科研业务费专项基金

亦受　国家社会科学基金青年项目
　　　"科学知识的分配正义问题研究"(17CZX022)　　　资助

知识的命运·译丛
The Fate of Knowledge

Science
in a
Democratic
Society

民主社会中的科学

[英]菲利普·基切尔
（Philip Kitcher） 著

白惠仁 袁海军 译

ZHEJIANG UNIVERSITY PRESS
浙江大学出版社

总　序

　　"知识的命运"系列丛书今年终于能与读者见面了。这套丛书由论著和译著两个系列构成,主要涉及科学活动在当今社会生活中的境遇,以及学者们从哲学、政治学、社会学和人类学等不同角度所做的反思。

　　"知识"是一个古老而又时新的话题。在古希腊的哲学家那里,与"意见"(doxa)不同,"知识"或"科学"(episteme)是确证了的真理,从真理出发就奠定了西方主流的知识观。这种观点认为,知识一经产生就独立于它的生产者,成为一种不受时间和空间限制的普遍的、永恒的存在。如今,这样的想法逐渐为另一种知识观所取代。在这种观念中,首先,知识是在演化着的,无论是知识准则还是功能都发生了显著的变化。如果说希腊的知识以数学(几何学)为楷模而贬斥修辞学,中世纪的知识崇尚神学而抗拒巫术(神迹),那么近代以来的知识则倡导实证而抵制形而上学。我们不可能为知识的演化设定目标,因为没有任何超验的力量或"上帝之眼"可以做到这一点。正如库恩所说的那样,我们只知道知识从哪里开始演化,却无法获悉并主宰它朝何方演化。其次,"知"与"行"始终是一体的。60 多年前,赖尔就试图区分两类知识，"know-that"（所知）与"know-how"（能知），"能知"不仅涉及认知能力，同时也涉及行为能力。当培根说"知识就是力量"时，他所谓的"知识"显然是指基于实验活动的"新科学"。在科学革命与产业革命之后，人们逐渐意识到，知识的增长不仅受认知驱动，同样也受产业（创新）驱动。

近代的科学革命无疑是一场知识观念的变革，不仅改变了知识的基本准则，也改变了知识的社会功能。通过 18 世纪的启蒙运动，科学被确认为人类一切认知的典范。在一个世纪前，当陈独秀在《新青年》杂志上向中国这样一个非西方国家推介"赛先生"时，在他眼里，科学已经成为衡量社会进步的唯一标杆。当时爆发的那场"科学与玄学"的论战，正如胡适所说的那样，是中国人向"赛先生"行的"见面礼"。接受科学的启蒙，对于当时社会经济极其落后、文化状况混沌不堪的中国来说，肯定是一件痛苦但是又不得不为之的事，因为知识已经与中国的国运牵扯在一起了。哲学家阿佩尔曾深刻地揭示了其中的困惑，"这些非欧洲文化已经并且还将不得不接受欧洲的技术工业生活方式及其科学基础，它们被迫与自身造成间距，被迫与它们的传统相疏远，其彻底程度远胜于我们。它们绝不能期望仅仅通过解释学的反思来补偿已经出现的与过去的断裂"①。

我们这里所理解的现代科学就是在拿破仑时期成型，在 19 世纪被移植到德国，最终形成的一种制度化的科学。无论是哲学家还是社会学家，都是以此作为"原型科学"（proto-science）来设计科学共同体的认知规范与社会（伦理）规范。从此，知识开始进入了高速增长期，并且迅速扩展到不同的地区和民族。知识之所以能够突破各种文化和传播屏障，是因为人们对知识的信任是建立在严格并且统一的制度基础上的。这也是现代知识有别于传统知识的地方。知识的

① 卡尔-奥托·阿佩尔：《哲学的改造》，孙周兴、陆兴华译，上海：上海译文出版社，2005 年，第 70—71 页。

"客观性"源自一种严格受规范约束的知识生产方式。

不过,知识的演化并未就此打住。进入 20 世纪,尤其在二战之后,出现了一些新的研究模式。一是所谓的"大科学"(big science),政府或者军方出于民族国家的核心利益,集中大规模的资金来构筑大规模的平台,强势地介入了知识的生产过程。二是"产业科学"(industrial science)的兴起,改变了"为科学而科学"的格局,科学进步的动力学也由兴趣(求知)驱动转向了"创新"驱动。由于上述研究模式多少都偏离了"原型科学"的发展轨迹,也有人称之为"后学院科学"或者"后常规科学"。

新文化运动已过去一个多世纪了,自上而下,中国人终于以主动的姿态迎接知识生产方式的转型。这一次同样也事关国运,当然,与一个世纪前一样,也肯定会经历磨难。在那些适应了"原型科学"的科学家和哲学家看来,新的研究模式多少颠覆了既有的规范化要求,并且与学术的失范现象,以及"功利化""行政化"的趋向脱不了干系。再说了,这样一种新的知识生产模式究竟能否被确认为一场知识观念的变革,以及它究竟是不是一种不可逆的演变趋势,学界对此还存在争议。

我们这套丛书正是以这样一种新的视角介入这场争议,并试图对知识演变的趋势做出确认。至少,下述几个方面的变化值得引起读者的注意。

首先,科学已经成为一项公共的事业,而不只是存在于少数知识精英和技术专家头脑中并且自以为是的东西。知识的有效性必须以别人的实际认可为前提。从这个意义上说,科技专家与产业、政府人士,乃至社会公众一起共同构造了知识。当科技知识渗透到社会的每一个角落时,这项事业就已经没有旁观者了,只有实际的参与者。这就意味着,知识的主体必定是共同主体,创新需要各方协同才能进行。也正因为如此,不同的价值与规范体系之间需要经历艰苦的协调与重塑过程。

其次,科学不再是一项纯粹的理智事业,它通过技术手段深度介入自然与社会过程,引发不可逆的后果,甚至带来生态的、社会的和伦理的风险。随着研究过程中复杂性与不确定性的增大,因果性模式被相关性模式所取代,任何准确预测的努力都有可能化为泡影。更重要的是,由于涉及不同的利益,政策歧见与争议也不断延伸,尤其在一些涉及公众健康与安全、动植物保护和环境等敏感议题上导致了公众对科学的信任危机,甚至还会引发族群的分裂。要解决这样一些问题需要新的治理方式和新的协同机制。在拉维兹看来,"这也意味着,科学的进步已经成为政治事件。科学共同体的所有成员都与'科学政策'的决定如何下达有着密不可分的关系,至于所有的市民,他们至少都得间接地对这些决定的下达承担责任"①。

由此可见,知识的命运不仅涉及国家的命运、知识精英的命运,甚至也关乎社会公众的命运。因此,不仅需要"公众理解科学",同时也需要"科学理解公众",只有这样方能构建起一个新的命运共同体,并且只有这样才能真正理解,为何知识的命运就是我们自己的命运。真心希望这套丛书的每一本都有助于读者把握住自己的命运。

盛晓明

2017 年 11 月 20 日

---

① Ravetz, J. R. *Scientific Knowledge and Its Social Problems*, Oxford: Clarendon Press, 1971, p. 3.

中文版序言

与 20 世纪后期几乎所有科学哲学家一样，我的工作主要集中在科学实践内部的认识论和形而上学问题上。因此，在《科学的进步》(*Advancement of Science*)的写作中，对科学的讨论就好像与非科学家的生活或社会和政治决策无关。在 20 世纪 90 年代，我的视野扩展了。①我接受美国国会图书馆(Library of Congress)的邀请，编写关于人类基因组计划的报告。这项活动把我带到了华盛顿特区，让我了解了科学在民主社会中被期望的作用及其实际上扮演的角色。

《科学、真理与民主》(*Science，Truth，and Democracy*)已经反映出了人类基因组的研究机会对我的影响，我引入了一个旨在为合适的研究议程设定条件的良序科学的理想(well-ordered science)。良序科学要求科学家追求的问题应该是那些最能促进共同善的问题。但共同的善如何被确定呢？我的回答是，理想的议程应该由一

---

① 如果我能了解到伊夫林·福克斯·凯勒(Evelyn Fox Keller)和海伦·朗基诺 (Helen Longino)在 20 世纪 80 年代和 90 年代早期的著作中的见解，这种启示可能会来得更早一些。

群协商者所决定,而这些协商者应该充分代表社会中所有观点,应该充分了解科学的现实成就和未来前景,还应该承诺达成一个所有人都能接受的结果。

这个提议也引起了一些可预见的批评。一些读过《科学、真理与民主》的科学家(但绝不是全部)认为我限制了创造性科学研究所依赖的自由。相比之下,具有社会倾向的理论家却倾向于谴责我提出了一个乌托邦式的理想。《民主社会中的科学》(*Science in a Democratic Society*)试图解决这些反对意见。

但是这本书想要做的还远不止这些。当我更多地思考科学在民主社会中的嵌入时,我发现需要更全面地阐述民主和民主的自由。我的思考是通过反思科学实践与人类需求之间不相称的具体例子而产生的。关注人类疾病的研究分布,我们会发现全球资源投入与疾病负担之间的可怕失配,只有大概百分之一的研究是有关世界范围内贫困地区的感染性疾病的。由于一些慈善家的努力,情况得到了一定改善,但是要消除科学资源的分配与疾病或残疾所带来的痛苦之间的失衡问题,我们还有很长的路要走。

这个例子强化了良序科学作为一个评估科学实践的关键工具的作用——揭示科学对人类需求的反响不足。另一方面,如今越来越明显的是,社会和政治对科学知识的反应也不够。尽管有压倒性的证据支持人为导致的气候变化,尽管气候科学家们在国际上几乎完全达成了共识,但是公众,特别是英语世界,仍然对此持怀疑态度。著名科学家和一些政治家都发出了可怕的警告,认为需要采取行动,然而没有做任何事情,而且这个世界也没有因为对科学缺乏信任被最终纠正而得到宽慰。2015 年 12 月的《巴黎协定》代表了所需政策合作的第一步——尽管其所确定的目标仍然非常不充分。后来,美国作为一个主要排放温室气体的国家,宣布打算退出这一协议。截至我写作本序时,这一退出流程还没有完成。

《民主社会中的科学》扩展了良序科学的理想,继续强调研究应该解决共同善的要求,但是增加了旨在促进科学进步通向社会政策的条件。科学不仅应该被严格控制,而且应该被视为是被严格控制的。科学所取得的成果应该向其所服务的公众传递并被他们所理解。

到 2011 年,我对于将科学的讨论与政治哲学和政治理论相结合的需要变得更为敏感,我还给出了一个道德解释来强化我对共同善的态度。我把实用主义与进化论伦理学的主题相结合,提出伦理学是一种社会技术,其功能是强调一个人类困境的深层特征——我们已经演化为社会动物,从心理上适应生活在一起。我们可以(有时候)确定并回应他人的愿望和需求,然而我们的反应能力有限,对于社会生活的心理准备还很不完善。进化让我们生活在一起,但还不足以让我们顺畅地生活在一起。伦理实践是我们解决这个难题的部分方案。

从这个角度看,良序科学适用于一个更为基本的理想。对他人反应的局限性显示了解决麻烦的最好办法是通过受影响群体间的讨论。理想情况下,所有的观点都应该被代表,最好的信息也应该被运用,而且协商者们应该承诺找到一个所有人都能够接受的解决方案。道德方法就是在可能的范围内安排这种讨论。民主是这种方法的政治产物,并且民主中的科学应该被这种方法治理。这是本书的核心主题。

虽然我可能是在自我欺骗,但我认为 1993 年的《科学的进步》、2001 年的《科学、真理与民主》和 2011 年的《民主社会中的科学》,这三本书形成了一个渐进式的序列,《民主社会中的科学》建立在前两本书的基础之上。但这是故事的终结吗?肯定不是的。我将继续探索核心问题,也希望能深化我的答案。

如果今天重新来写这本书,我会做出三个主要的改变。

第一,我将强调理想的作用是作为诊断工具。哲学家应该提供理想,但是不应该把它们想象成对所要达到的状态的描述。通常,即使是难以相互结合甚至是彼此不一致的理想也是有价值的,因为它们揭示了我们目前状况欠佳的地方,并且表明了可能的进步路线。

第二,我将继续扩展我在 2011 年对民主的解释。在这里,(杜威的)实用主义将会变得更加明确。杜威教导我们不仅应把民主视为比自由条件下的选举还要多的东西,而且要将民主视为一种个体间不断相互学习的生活方式。他的《民主与教育》(*Democracy and Education*)结合了两个通常被独立看待的概念,部分原因在于公民需要了解他们在选举中的选择是否符合他们的利益,从而促进他们的自由,更深层次的原因在于,民主是一种教育。

第三,我将强调一个基本要点:实用主义哲学的核心是用取得进步的工具来代替对理想理论的寻求。这需要一个综合的方法,能够超越单个制度,并认识到制度如何能更和谐地产生作用。世界面临的许多社会问题是制度摩擦的后果,社会问题的出现是因为人类生活某个方面的进化在另一个方面产生了困难。关于进步的判断必须在一个包容性的框架中产生,不是只关注一个(科学)领域,而是关注对人类生活和人类社会的整体影响。真正的进步总是以全物种的努力来衡量,应是人类整体的进步。

在过去的三十年中,我的思想一直沿着一个特定的方向前行。我希望这些简短的解释能够明确这个方向,而且在今后的工作中,我将能够进一步跟进。探索永远没有终结。

最后,我想对我的中国学生和朋友——白惠仁博士与袁海军教授表示衷心的感谢!他们的努力付出形成了本书的中文版,并且让我有机会重新思考本书的核心问题。

菲利普·基切尔
2017 年 11 月于纽约

序　言

在写作了《科学、真理与民主》之后，我继续思考了科学研究与民主价值之间的关系。在过去十年间，我就相关主题做了多场演讲和公开报告，并且发表了一定数量的文章。一路走来，我想更加系统地阐释我的理念。

另一个激发我写下这本书的契机是，2006 年美国哲学协会（American Philosophical Association）授予了我普罗米修斯奖（Prometheus Prize）。我非常感谢保罗·库尔茨（Paul Kurtz），不仅是因为他慷慨地资助了这个奖，更是因为他几十年来的非凡努力推动了世俗人文主义的发展（我非常希望他会认为这本书是符合他的精神的）。我也非常荣幸，美国哲学协会的奖励委员会让我获得这一奖项。

在准备这本书的最终版本时，我已经得到了很多人的巨大帮助。在过去的十年中，通过与南希·卡特赖特（Nancy Cartwright）、罗琳·达斯顿（Lorraine Daston）、艾萨克·列维（Isaac Levi）、海伦·朗基诺（Helen Longino）以及西德尼·摩根贝沙（Sidney

Morgenbesser)的对话和交流,我的想法不断演化。最近,我从我的一系列讲座的听众的评论中学到了很多,这些讲座包括:罗曼特讲座(Rotman Lecture)、贝克讲座(Baker Lecture)以及蒂尔讲座(Teale Lecture)。我想要感谢格雷格尔·贝茨(Gregor Betz)、马丁·查尔菲(Marty Chalfie)、罗琳·达斯顿(Lorraine Daston)、安娜·洛伊什纳(Anna Leuschner)以及托尔斯滕(Torsten Wilholt)对于本书初稿的建议。艾伦·布坎南(Allen Buchanan)、迈克尔·费厄斯坦(Michael Fuerstein)以及伊夫林·福克斯·凯勒(Evelyn Fox Keller)所提供的详细评论使得我的思考有了相当大的进步。与迈克尔(Michael Fuerstein)的多年讨论以及最近与伊夫林(Evelyn Fox Keller)的讨论都非常有价值。

我将这本书献给一个很好的朋友与对话者:迈克尔·罗斯柴尔德(Michael Rothschild)。

目　录

引　言

科学知识与被我们当作民主的社会实践之间的关系并不是它们应当呈现的样子,这一观念虽然可能不是一个举世公认的真理,但已经被广泛认同了。对于一些评论者来说,问题在于科学的骄傲试图罔顾来自民间的价值观和智慧;而对另一些人来说,麻烦来自公共偏见,它们干扰了既定知识向明智政策的恰当转换。不论焦点是进化理论的地位、分子生物学的药物应用、转基因生物的安全问题,还是全球变暖的威胁,那些对应该相信什么和应该做什么持不同理念的人总是预设现状是不能令人满意的。

本书将这些广为流传的看法视为一个整合了专业知识与民主价值的复杂问题的不同表现。这一复杂问题的产生有许多不同的原因:将研究尤其是科学研究视为"价值"和"价值判断"无涉的(一种过于简化的观点);确信关于价值的充分讨论是不可能的,或是厌恶直接面对有关价值的问题;以最粗糙的形式对民主进行表面化的理解,即将民主视为人们去投票并且挥动一下沾满墨迹的手指就能够达成的东西;当前出现的大量偶然事件导致了早期公共知识体系已不能胜任其社会功能,并且我们也无法理解现在的公共知识体系(科学在其中占有特殊地位)及其相关制度。只有辨识清楚这些原因,并且考

1

虑到对它们的可能回应,才可能产生一个关于专业知识与民主理想之间恰当关系的理论。

在第一章中,我将从回顾我们当下困境的特征开始,解释为什么将科学研究图景视为一个价值无涉的地带是没有根据的。

在第二章中,我将提供一种方法以理解价值判断并整合关于价值的争论,同时概述一个我在其他地方已经详细讨论过的解释(Kitcher,2011a)。我认为,综观人类作为一个物种的整个历史,人类都在从事一项由人类全体共同制定怎样一起生活的伦理项目。伦理是一项社会技术,但其中没有专家,只有免于事实错误且充满相互同情的对话的可能性。

在第三章中,我将这种一般方法扩展至价值以提供一个民主的图景。自杜威开始,民主被视为致力于通过详细阐释双向互动的途径以扩展自由的未竟事业。寻找抵制在一个暴君时代非常典型和明显的可识别压迫的方法,在历史上很重要,但除此之外,今天的人们必须应对未识别的压迫可能很容易出现的社会的复杂性。① 不论是偶然的还是被故意诱导所产生的无知,都可能导致人们以完全违背自己核心利益的方式行动。公共知识应该被用来解决这些困境。

在第四章中,我回溯了公共知识体系的可能演化。现在研究的组织方式源于前民主社会的程序并且带有它们过去的痕迹。科学作为一项共同体的事业最初并没有像现在这样被构想进入公共生活——科学最初并不是以其当下的形式被规划的。

在这四章的基础上,我在第五到第八章提供了一个关于民主社会中的科学的理论。第五章关注研究的语境,认为研究的议程的形成应该包含更广泛的公众意见。在这里我引入了良序科学的概念(Kitcher,2001),并对其进行改进和辩护。第六章将良序科学扩展至

----

① 有时候,这可能会涉及那些擅长隐瞒自己所做事情的人。当然更多的可能性出现在非人的能动者所产生的压迫,它们的活动对任何人来说都是难以捉摸的。

认证的语境，在这一阶段新的发现被接受或拒绝成为公共知识的一部分。认证不仅重要而且也是可靠的。我总结了认证知识不透明的一些原因，并认为这些因素可以通过知情公民的加入而被消除。第七章关注了当一个紧急事件出现并需要立即采取行动，而专家共同体尚来不及统一发声时所产生的困难。我认为在一个公共论坛中人们的自由讨论实际上是与民主理想相对立的，一个好的解决方式是整合一些由知情的外行者组成的小群体的判断。第八章聚焦于科学共同体内部以及更广泛的群体中存在的多样性和意见不一致问题，反思了关于科学的信誉、研究的规范以及科学家的自我形象的理念。

在第九章中，我回到了我们所面临的现实选择的案例，考虑了这一框架怎样被用于解决关于进化理论、生物医学研究、转基因食物以及气候变化的争论。

尽管这些讨论主要集中在关于研究的理想上，但是还是有一些试图提供关于我们通向那些理想的建议。良序科学，尤其是第五章到第八章所扩展和发展的形式，已经不是我们永远不可能实现的了。即便如此，我们仍要正视实践中那些可能使我们更接近它的变化。这些变化的典型包括代表了更广泛的人类视角的由公民组成的咨询团体，这些团体对于特定研究领域的状态有详细了解，并且成为研究共同体和更广泛的公众之间的中介结构。正如一些评论者已经看到的，这是赋予良序科学这一原初想法以实质内容的一种自然方式（Kitcher，2001），并且这种方式与一些学者所倡导的"公民陪审团"或"协商性民意测验"的建议联系在一起（Jefferson Project；Fishkin，2009）。这本书提供的方法是试图通过分析科学的专业知识与民主价值间有问题的关系来补充这些建议，这种方法将更加精确地界定这些"陪审团"可能和应该扮演的角色。不论我的分析是否成功，我都希望我鉴别了一些关于科学可能怎样融入一个民主社会的任何充分解释都会涉及的基本面。

13

第一章　科学权威的腐蚀

第一节　失望与过度自信

18 世纪以来，那些传统上被认为是自然科学的探究形式——有时被统称为"科学"（science）[①]——已经越来越多地被视为人类知识的缩影，并且为国家和人类提供了巨大的潜在利益。在 20 世纪，政府确信对科学研究进行投资是明智之举，与此同时，公众也已习惯于将自然科学家视作可依赖的权威。然而，近几十年来，对一些科学判断的挑战已经使公众对自然科学的权威地位产生了更加矛盾的态度。很多美国人并不相信当代进化理论能够提供对生命历史的正确解释，欧洲人则怀疑科学界对转基因生物的无害性的认定。而在世界范围内，由于怀疑所谓的"专家共识"是不成熟和不可靠的，公众对气候变化问题的关注也开始受阻。启蒙运动的遗产越来越受到质疑。

[①]　我将全程遵循这个惯例，用复数的"科学"（sciences）来指定研究领域，用单数的"科学"（science）来指称包含研究者所从事的各种研究的机构。

我们很容易确定一些关切的来源。关注启蒙运动及其遗产的知识分子可能会将特定的学术运动视为科学权威被侵蚀的根源。对法西斯主义的反应滋生了对启蒙理想和理念的不信任；在"后现代主义"的松散标签下的哲学家瓦解了将知识归因于科学家或真理来源于他们的判断（Derrida，1976；Lyotard，1984）；科学的历史和社会研究者通过他们自己的方式隐秘地将科学探究描绘为政治（Kuhn，1962；Foucault，1980；Bloor，1976；Collins，1985；Shapin and Schaffer，1985；Latour，1987）。对这些理论趋势的反思很容易让那些信任科学权威性的学者们去揭示所谓的敌人的错误（Gross and Levitt，1994；Sokal and Bricmont，1998；Koertge，1998）。由此，"科学大战"被发起了。

然而，这些都没有触及问题真正的根源。实际上，由于后现代主义已深入人们的日常生活，当代对科学权威性的怀疑态度并没有比之前更加强烈。以上提到的理论运动各有优缺点，但它们的一个共同特征是聚焦于科学探究的理论图景。这些从历史、哲学及社会学角度审视科学的研究者都明确指出，他们的批判并未使得公共生活中科学的地位和权威性受到影响。即使是他们最为广泛流传的著作也只是影响到了一小部分公众，而且大部分读者并不认为这些批评对科学有任何威胁性；哲学家们对库恩关于科学知识增长的观点持抵触态度，但科学家们却常常认为库恩著作中对他们工作实践的描述是合适且有洞见的。

当前对于科学权威性的怀疑论源自人类社会中一些更普遍的看法。一些特定的研究领域确实值得怀疑，这是因为它们影响到了人们所重视的生活理念和方式。反对达尔文进化论的观点依然存在，这是因为进化论的解释被视为对主流宗教信念的否定，这些宗教信念提出，《圣经》中的一些内容允许了部分生物体在一开始就被创造了出来。像德国这样有着一段曾操控人类生命的曲折历史的国家，它的公民往往对使用分子遗传技术的危险性更加敏感，并且对尚未成熟的其他生物技术的可靠性都持怀疑态度。因此，最初的怀疑并

16

不是关于单数的科学,而是关于任何个体的科学,并且随着可怀疑事例的增多,被怀疑的领域也不再局限于与人类生活直接相关的那些领域,科学权威的理想也随之受到牵连。

然而以上所列举的具体怀疑只是人类社会中普遍存在的怀疑论中的一支。可以说,科学探究的异化被一些狂热科学家的以偏概全的声明强化了。因为启蒙运动的遗产可以用两种不同的方式进行解释:温和的方式是,某种形式的科学研究(最初是物理学,接着化学和地质学,后来是生物学)提供了人们所关心的特定问题的可靠信息,并且随着研究的深入这些领域还有希望有新的发现乃至为相似领域的发展提供权威建议;更具野心的解释方式是,启蒙运动的遗产可能宣称一个具体领域的所有问题都可以在未来的研究中被解决,甚至所有的重要问题都可以最终在科学中找到解决方式。

当美国国会决定资助人类基因组计划时,很多支持者都心照不宣地认为这可以使得美国在与日本的竞争中占据技术优势,然而这一倡议的官方原因是测序和绘制基因图谱将为遗传性疾病提供治疗方式。正如很多科学家和评论者在那个时候所指出的,人类基因组计划的短期益处在于测试和诊断能力的增强,即提供一些我们可能并不喜欢的知识,而治疗方法的出现则会更加缓慢,更加不确定(Holtzman,1989;Nelkin and Tancredi,1994;Kitcher,1996)。近二十年来,基因组学已经极大地丰富了我们对生物体的遗传、发育及细胞代谢的认识,同时也为进化研究提供了完善的工具,但是在医疗应用方面还不能太乐观。我们曾希望人类基因组计划直接攻克人类的主要疾病,然而当前很多更深入的研究都聚焦于非人类的生物体,该计划的受益人可能会是我们的后代。

那些热衷于药物基因组学的科学家们过高地估计了人类基因组计划潜在益处的实现速度,当然他们预想的好处也许有一天会实现。类似的高估可能在其他被广泛吹捧的科学领域也存在。随着神经生理学工具和技术在一些相对简单的问题上取得成功,那些宣称"大脑时代"来临的人们坚信这些技术可以迅速发展以让我们彻底了解人类的心理和行为。几个世纪后,科学史学家们在回看我们这个时代的时候,也许能够确定这些先驱在研究大脑如何影响我们生活方面所做出的成就。或者即使我们做出了最大的努力,开展了最细致的调研,要理解人类思想和情感当中最深层次的一面也许仍旧很困难。

对于其他形式的科学主义来说,这种承诺与现实表现之间的差距要更大,而且更难以被接受。20世纪70年代以来,杰出的进化理论学家们认为,人文社会科学的传统论题都可以并且应该使用新达尔文主义的工具。社会生物学雄心勃勃地承诺要通过生物学的严谨性来扫除心理学家和社会学家所做的假设性的且模糊的工作,相比于这一原初的雄心壮志,当代的进化心理学的态度稍微缓和了一些,但仍旧可以发现相关学者为自己设立的问题还是远远超出了进化论的理论资源范畴。在最佳状态下,进化论的理论化将提供所解释现象的精确模型,然而对这些模型的开发和检测需要人类行为模式的遗传和环境条件的各种细节,这些细节是难以获得的,这也正是进化心理学家们所编织的最著名的故事(Kitcher,1985;Vickers and Kitcher,2002)。① 此外,还有一个宏大的科学帝国主义的计划,即使用新古典主义经济学的数学工具来解释所有人类社会现象。

关于一般自然或人类本质的宏大理论愿景的失败,导致了人们对科学的失望和疏远。对启蒙遗产持温和态度的科学家群体则在他们的领域进行细致的工作,以提供对人类生活的某一方面有价值的信息,从而逐渐改变我们之前思考世界和自身的方式。对于那些已

①　严格地说,当代进化心理学有一个广为人知的学派,符合"圣芭芭拉范式"(Santa Barbara paradigm),其最好范例是莱达·科斯米迪(Leda Cosmides)和约翰·托比(John Tooby)的著作,更多温和的学派则没有声称进化思想能够单独解释人类现象(Nettle,2011)。科学的形式是我批判的对象——这种形式正是抓住了记者和政治评论家的想象力,从而进入公众意识。温和的学派更严肃地看待进化理论,并且更可能提供一些可靠的判断。

经对某个特定的研究领域产生担忧的人而言,科学帝国主义中的冒险之举将很容易引起他们对整个科学事业的不满,他们对科学的这种抵制和疏远也被另外一种路线的怀疑论强化了。

19   具体的担忧将特定的科学视作威胁,科学主义则使科学家的形象变得过于雄心勃勃和傲慢自大。在最近有关不同学科的公共讨论中的一些突出事件已经显示出,由于受到个人愿望或政治忠诚的影响,科学探究不可避免地带有偏见。一些科学家要求对我们的某些行为进行限制,因为其对环境产生危害;另一些科学家则不同意,认为任何限制都是不必要的。一些研究者谴责一些产品或程序是不安全的;另一些人则认为其有价值且无风险。从牛顿第三定律可以推论得出:有同意的科学家,就一定有不同意的科学家。即使是对于一些已经解决的争论(比如达尔文对生命历史的解释),仍存在意见不一的"科学家"。一些科学家属于国家科学院,而另一些科学家则在传播特定信仰的机构任教,这真的重要吗? 这种科学家的不同分布还有待进一步解释。

对科学友善的故事是我们所熟悉的。部分启蒙遗产坚持科学研究的价值自由:预设存在价值中立的方式以评估证据和得出科学结论。在一些存在持续争论的案例中,一些参与者没有按照价值无涉的证据和正当的理由进行推理。这或许是因为他们在相关领域还不够熟练,他们所犯的错误就像是数字计算错误一样简单和常见。这也或许是因为他们囿于先前的偏见,从而忽视重要证据或对于尚未解决的问题进行了不适当的权衡。那些熟练的、聪明的且无私利的科学家被赋予最好的职位和最高的荣誉,而那些不熟练的且有偏见的科学家则受雇于一些能够认同他们的大学或研究机构。

当然,还存在另一个关于科学的故事:体制化的科学是由一些反对民间智慧的人所统治的。在精英大学和荣誉社团的背后存在一个颠覆性的议程,其致力于根除流行的信念和价值观。基督教大学中的教师无法获得更具盛名的职位,并不是因为他们在技巧上不够熟

练或不够"中立",而是因为他们的努力与精英所推崇的计划背道而

驰。如果用上一段中的"科学友善"的故事衡量,结果就是被边缘化的科学家符合价值中立的启蒙理想,而"正统"的科学家则是受到偏见影响的。因此,这个故事表明,双方科学家可以做出两种不同的预设:价值判断对研究而言可能是必要的;没有理由牺牲民间的有价值的智慧,而遵从傲慢的科学帝国主义者所提供的方案。

近几十年来,有很多事例表明科学权威已经受到了侵蚀,这其中包括政策所依据的科学判断被广泛争论,也包括公民不再被所谓的"专家共识"所说服。这些社会争论中使用的修辞方式表明了我应当对以上所讨论的这些怀疑论负责,当然,我们需要更加广泛的社会学研究来证明这些怀疑论是科学异化或者是科学被抵制的原因。在没有详细数据的情况下,我只能说,对于当前科学权威性被削弱的情况,科学被视作威胁、帝国主义以及依赖于不受支持的精英偏见的复合观点起到了重要作用。对于我在本书中希望讨论的核心问题,当前缺乏科学权威性被侵蚀的经验证据并不那么重要,在本书开始部分讨论公众对科学"专家"的异议以及对科学的不满是引入本书中心问题的一种方式。

第二节　认知劳动分工

任何一个民主社会都面临的一个主要难题,就是如何将一些人比另一些人知道得多这种貌似有理的想法与对民主理想和原则的承诺整合起来。一种极端的解决方式就是拒绝这种不平等知识的貌似有理的建议,或者说拒绝承认不平等知识的重要性。为了将社会作为一个整体,政策将彻底诉诸讨论和投票:在这一情景中,民主要求人们根据要达到的目标及那些目标相关的知识做出他们的决定,而不受任何假定的权威的影响,公民全面地表达他们自己的意见。对公共事务的负责任的参与要求公民做出自己认为合适的决定,这被

称为对认知平等的承诺(commitment to epistemic equality)。

21　　存在一个或者说一系列替代性的情景,在其中民主也可以发挥作用,并认同一种认知劳动分工(division of epistemic labor)的理念。① 当我们考虑所有与公共生活相关的问题,也就是所有关于社会应该追求的以及如何实现的事情时,这些话题被划分为相互不重叠的集合。除了一个集合之外,其他集合都有一群特定的人被指定为这个集合的权威。而对于那个剩下的集合,认知平等发挥了作用:关于这个集合中的话题,每个公民有权做出他们自己的决定。由于存在不同的方式来划分这些话题,因此存在关于如何区分认知劳动的不同观点。

对以上抽象的规范,可以补充一个易理解的具体例子。你可能对应接受什么理想或应追求什么目标存在怀疑,这些话题应当被分配给那组关于公民应做出自己决定的集合。此外,一些关于事实的问题也应归于这个集合,即关于我们谁可以胜任公共职务或被赋予特权的议题。当然,在很多领域中人们应该尊重专家:对那些很遥远地方的事情的判断也许应该交给那些去过那里的人,关于物质的微观结构的问题应被视作粒子物理学家的领域,遗传现象应属于基因生物学家,对于特定机器功能的判定应该交给相关的工程师,对于画作真实性的评价应由艺术史学家做出,不同语言之间的关系的结论应该由历史语言学家得出,等等。在任何类似情景中,由于人们被认为能够确定自己的愿望和价值观,所以民主理想得到了尊重,并且,对专家的遵从也是合适的,因为那些专家帮助人们克服了他们知识的局限,使得他们选择的政策得到更加有效的制定和实施。

为了更加彻底地阐明这个观点,有必要引入具体的标准以确定

---

① 这不应该与我所描述的"认知劳动分工"(division of cognitive labor)相混淆(Kitcher,1990),后者出现在科学研究内部,是就研究方案的多样化而言的,而这里所说的概念聚焦于将科学家和更广泛的公众区分开来。

那些应该属于各种专家的东西。也就是说,什么程度的经验值可以使得某人有资格就这个世界上一些遥远的地方的事情发表意见?你必须做什么才能使自己成为某些特定疾病的专家?以前的讨论对于一种占优势地位的认知劳动分工总是存在不满,这是因为反对者们不是认为诉诸专业知识的标准被错误表述了,就是认为完善的标准没有被那些被指定为专家的人所应用。

一些前面设想的认知劳动分工的方式之所以吸引人,是因为其处于两极之间的困难。从表面来看,我们更好地拥有信息,我们就能更好地确定为了达到我们自己的目标所使用的策略,无论这些目标是个人的还是集体的。即使是在比当代民主社会简单得多的条件下,我们每个人都可以从向他人学习中受益,正如我们将要在第四章中看到的,认知劳动分工是非常古老的人类实践,当我们能够与他人对话的时候就已经存在了。共同的社会生活实质上是不可能的,除非存在一个信息的共同存量并被社群的年轻一代获得。这种知识载体的内容如果完全服从于成熟的大多数人的意愿,在这种危险的忽略的条件下将很容易陷入困境。在当代的背景下,当所有公民都认为他们具有平等的解决现实问题的能力时,将很容易理解针对紧急事件的政策决定是如何停滞不前的。

一个极端是拒斥任何形式的专家知识,另一个极端是否认认知劳动分工而将所有的事情都交给小部分权威,而将这两个极端进行对比是很有帮助的。柏拉图的《理想国》(*Republic*)提供了一个所谓理想城市的描写,即在一个好的城邦(kallipolis)中所有人的生活运转良好,是由于明智的专家知道什么是对每一类人都是最好的,并且设计了制度和法律以达到这些目标。① 柏拉图似乎设想了,在对每个

---

① 柏拉图坚持将城邦的整体幸福作为最终目标,为了回应统治者要求过的生活而得不到好的回馈,他引述了苏格拉底的回答:"我们毫不惊讶这些人是最幸福的,但是在我们建立城邦的时候,我们并不是要让任何一个群体特别幸福,而是要让整个城邦都尽可能如此。"(Plato,1992)

人来说有一系列可能的发展环境（包括早期的社会化和教育）中，政府的部分任务就是给每个公民提供发展环境的引导，从而达到社会福利的最高层次，并且这种方式不导致任何人牺牲他的个人福祉。因此，好的城邦包含了公民的个人幸运及其与产生社会总体善的协调。

柏拉图知道他的好城邦对于民主的支持者来说可能会有缺陷，他们对于善的解释集中于自由："你将听到一个民主城市说自由是它所拥有的最好的东西，因此对那些天生自由的人来说它是唯一值得生活的城市。"（Plato,1992）柏拉图同样也意识到了可以自己选择自己生活方式的吸引力：在一个民主政体中，每个公民"将用任何他们喜欢的方式安排自己的生活"（Plato,1992）。然而，在之前的讨论中，柏拉图已经强调了人们试图做自己不合适的事情所产生的坏结果，并且已经假设了我们中的大多数人都有这么做的倾向（Plato,1992）。当将安排自己生活的能力描述为"许可证"的时候，柏拉图给出了他的判断，即如果交给我们自己，每个人都会受到损害：我们的生活将会变糟，并且将累及我们政治共同体的生活。

许多聪明人发现柏拉图的理想国是有矛盾的，但是它具体错在哪里呢？我们在追求我们已经决定的项目时赋予了其一个最高价值吗？自我指导真的如此重要以至于我们的客观善要与其绑定吗？当然不是。实际上，我们缺乏绘制我们生活蓝图的综合能力：难道抛弃掉我们年轻时接受的所有指导和建议就更好吗？在现在的民主中，人们做出关于他们想要做的事和想要成为的人的决定时，他们的决定已经被限制了，他们的想法被他人以及超出他们控制的环境所塑造。当我们自己决定的时候，如果我们仍然易于犯错，那么损失一点自我指导的权利就显得没那么要紧了。

那些厌恶柏拉图的城邦的人，不仅仅是因为他们将自我指导看作一种最重要的善，而且因为他们对柏拉图的体系持有两个重要的质疑。其一，关于统治者的行为，也就是柏拉图的守护者不太可能同时照顾到每个人的福利和所有人的福利。通过提升他们的私人关切而超过公共的善,这些守护者将会被腐蚀。[1] 其二,这些守护者即使可以完全聚焦于公共的善,也不能知道柏拉图所设想的他们应该知道的东西,特别是,他们无法确定每个人的可能性(鉴于每个人完全不同的发展环境),因而无法客观测量每个人的个人福利,并且也无法使这些测量与对普遍善的评估统一起来。

《理想国》试图打破这些质疑,提出如果接受了一种特殊类型的教育,一些人是可以获得必要的知识的(并且《理想国》已经考虑到了这种教育应该包含什么以及应该剔除什么)。柏拉图形而上学的一个巧妙转折就是,他将这种教育过程的最高峰设定为对至善的认识,因此当守护者获得了他们统治所需的所有能力时,他们同时也具有了清正廉洁的品行,从而防止了权力的滥用;足够明智的统治就伴随着超越了腐败的正直。然而,这一切都不容易说服民主的拥护者,他们认为任何选择有前途青年的方式以及任何已知的教育都无法保证实现柏拉图的设想。

因此,正如对认知平等的承诺被证明没有吸引力一样,我们有充分的原因拒斥将所有决定都诉诸那些被确认为明智者的权威的另一个极端。某种形式的认知劳动分工似乎是需要的,然而我对于柏拉图糟糕的乌托邦的明显不必要的说明,应该让我们三思:我们所处的大型民主政治中又有多少乌托邦的糟糕特征?如果柏拉图城邦的麻烦在于我们要做出大量的决策(并且需要担心决策者是否是明智的和无私的),那么我们当代的民主也是一样的。在我们的社会中,决策常常是由那些不得不听从不协调的专家顾问系统的短视且唯利是图的人做出的,我们还应该对这些决策是为了普遍的善而抱有信心

24

---

[1] 当然,柏拉图确实认为城邦最终会被腐蚀,首先衰退为寡头政体,然后变成民主政权,最后成为暴政。衰退的第一步源于错误的人拥有了统治机会,这是由于个体的本性是难以辨别的。

吗？这些决策者可以认识到什么是普遍的善吗？即使他们能够认识到普遍的善，那么他们能有动力去实现它吗？

当然，如果投票人反对他们代表的所作所为，他们可以撤销这些代表，但是我们也可以改进柏拉图的城邦。假设我们有这样一个教育和考核系统，从公民很小时就开始对其进行教育并一直延续到被认为合适为止，其目的在于教育出那些非常善于解决复杂的社会问题、非常善于获取各种经验知识、具有非常突出的正直特性的青年（如果你对我们该如何确定这些特征感到担忧，那么你也同样应该质疑我们对学生的选择和对人们的信任的实践的承认）。因此，很多年之后，一个守护者的阶层就形成了，并且在每一个四年任期的开始，一组守护者被选为社会的管理者。在四年中，由这组人做出决策，并以他们认为最好的方式咨询其他人。在四年任期结束的时候，如果公民对他们的表现不满意，就可以撤销这组人。如果这组人被撤销了，一组全新的人将会从守护者阶层中产生。

这种对柏拉图设计的修改就可以将一个令人不可接受的城邦转变为一个令人满意的国家了吗？当然不可能。现在的民主政体也存在这样一个重要的区别，政府被要求对所有人公开并且选举人要面对一系列建议，但实际上，发挥有效权力的政府只对相当少的一些阶层的公民公开，而且呈现给选举人的选项也非常有限，不能令人满意。认知劳动分工应该是结合了能够促进公民实现民主所要求的特殊美德的社会程序，然而，现在的民主政体实现了这种令人满意的认知劳动分工吗？

接下来的章节主要关注的是一个令人满意的认知劳动分工的特征，以及这种分工如何在一个真实的民主中与协商和集体行动发生关联。通过考虑两个极端——对认知平等的承诺和以柏拉图城邦为代表的权威主义，我已经尝试将认知劳动分工的问题刻画为一个重要的事情。将现在的制度安排与柏拉图的城邦的基本特征区别开来的挑战指出了，我们需要更加细致地考察民主的允诺和要求。然而，在转向那项任务之前,我想先将这一部分的要点与我们开始所讨论的科学权威的腐蚀联系起来。

第三节　麻烦的来源

关于紧急事项的公共决策只要包含了科学的复杂性就往往止步不前,这是因为"专家共识"常常被质疑:气候专家花了几十年试图警示我们的后代有关气候变化的风险,然而日复一日的重复解释已经让他们感到了乏力(Hansen,2009;Schneider,2009)。讨论这个案例的专家共识问题就需要一个正式的认知劳动分工,那些抵制专家意见的人往往认为正式的分工被误导或误用了——它使得持不同意见的人被边缘化了。这些抵制者可能认为这种边缘化来源于先前的偏见,也就是一些本不应进入科学讨论的特定价值。他们将这视为对民主的背离,即一种倒退到柏拉图城邦中的权威主义——本该发生的公共讨论变为了沉默。

这种情况之所以会发生,是因为我们没有为认知劳动分工及其与民主价值的融合提供一个清晰的、明确的及可辩护的解释。我们迫切需要一个在民主社会中规制科学的理论——或者说,一个使得公共知识体系促进民主理想的方式。本书的主要任务(也是我认为当前一般科学哲学的核心议题)就是呈现一个这种类型的理论。[1] 要完成这个任务,需要关注价值观的一般性问题(见第二章)以及阐明民主理想(见第三章)。关于科学权威性腐蚀的进一步研究将说明这些问题是如何发生的。

我们暂且不谈人类应如何回应环境科学家的警示这个已经被过

26

---

[1]　正如艾伦·布坎南(Allen Buchanan)指出的那样,重新构建公共知识体系可能需要重塑个人的一些认识实践。尽管接下来的大部分讨论都涉及知识的社会组织,但是一些社会变化可能会导致个体实践的变化。

度讨论以致成为一个符号的大问题。在给定的"正式"的认知劳动分工之下,还存在着一些有关生命历史的特定的专家共识,比如:我们的星球已经超过四十亿岁了;相对于地球的历史而言,生命的出现是非常近的事情;在生命出现以来的整个历史过程中,多数时候都只有单细胞生物存在;所有物种都有亲缘关系;自然选择在有机形态的变动中发挥了重要作用。在一些富裕国家,有相当一部分人至少拒绝承认以上观点中的一个。很多美国公民拒绝承认以上所有观点,而只有一小部分人会接受以上所有的"共识观点"。

要了解对接受达尔文观点的阻力有多大,你只需要看看最好的生物教育所取得的非常有限的成效就可以了。20世纪80年代,我在明尼苏达大学的同事马尔科姆·科特勒(Malcolm Kottler)通常在一个选课人数达到一千人的大班中讲授进化论。他设计了一些精巧的教学策略来解释进化论的中心思想——通过指出我们衣服上仍存在的先前的时尚残留来说明无用性状的持续存在,通过让他的学生们玩棋盘游戏来说明自然选择。在每个学期开始,马尔科姆都会向学生发放问卷,数据显示接受达尔文观点的人是明显的少数。在学期末,他会再次发放同样的问卷,发现接受情况得到了一些改善,但绝不明显,接受达尔文观点的人数只增长了百分之二。

由于反对进化论的立场已经被很多人详细考察过,其基础很容易被辨识。一些反对者在围堵学校董事会时会说"进化论仅仅是一种理论",而其他更多的不想让自己孩子接受进化论的人会提出更多一般的考虑因素。根据他们对认知劳动分工的认识,只有关于宇宙及人类在其中的位置和人类存在的目的这些至关重要的议题,才需要一些特定的具有特殊技能的人去发声。牧师以及读经的学生对世俗科学的方法无法获得洞察力,正式的认识劳动分工将他们排除在研究生命历史的专家群体之外,甚至还将那些信仰基督教的古生物学家也边缘化了。他们认为,通过宣称一种共识来关上对话之门,通过整理所有的证据来将那些质疑官方观点的人拒之门外,都是对民主的侮辱。还有些人则走得更远，他们认为坚持抑制适当辩论就是从"唯物主义-无神论者"的议程出发，旨在颠覆重要价值观并且拒斥很多人信仰的合法性。

在这个例子中有两个核心论题。第一个论题认为认知劳动分工的方式本身受到了质疑：一方面，不论是对特定分工标准的确定还是对这些标准的应用，特定领域的"专家"的界定都过窄了，因此他们关于知识的主张不可信；另一方面，一些好的科学解释之所以仍被拒斥，是因为它们的提出者的宗教信仰受到了不恰当的价值判断的影响。第二个论题聚焦于民主的理想：不同理念间的自由竞争是民主协商的必要条件，而且压制争论是有违民主价值的。正如我们看到的，本章第一节所讨论的例子也强化了这些论题。

第一节中所讨论的那些科学项目分别宣称，通过对我们大脑、进化历史及我们作为经济上的理性人的深入理解，就可以产生关于人类心理、行为及社会的"严肃"知识。虽然我们应该认同那些启发了感觉的神经生物学的创造性工作，但以上这些科学项目所宣称的对我们自身的全面了解还是达不到的。我们的私人和公共协商的资源来自社会科学、人文及艺术，这一点常常被那些深信科学之全面性的人所嘲笑。然而，那些资源是我们做决策时所真实拥有的。已经倾向于拒斥特定的科学结论或对科学整体感到疏远的人们，将他们所拒斥的某些领域的科学研究理解为一种对认知劳动分工的傲慢扭曲的具体反映。

神经科学、进化心理学及理性决策理论都通过科学认识的清晰界限来取代传统艺术、人文及社会科学的模糊性。在关于人类认知和行为的一些方面，我们确实形成了一定的认识，但要说我们已经对与人类生命相关的所有重要领域都有了一个清晰的科学认识显然是荒唐的。即使索福克勒斯（Sophocles）和莎士比亚（Shakespeare）所提供的关于人类境况的洞见并不总是超过所有科学家们的联合，但

28

他们在未来一个世纪中至少不会被任何一组科学家队伍所超越。①

诸如"自然科学可以解释和阐明我们自身和世界的每个侧面"以及"艺术家和人文主义者并不产生任何模式的知识和理解"这些野心勃勃的想法都很容易被那些盲目抵制科学的人激发出来,然而,那些吹嘘科学之全面性的人通常还加剧了这种盲目性。在我们的时代,彻底的科学主义通常与必胜的无神论结伴而行。雄辩的科学主义者坚信这个世界上的宗教都提供了一系列有毒的神话,他们建议将其清除并希望愚昧的大众都成为进化论者。② 在支持者的大声呼吁下,这些科学的布道者们将讨论极端化,这就激化了对科学的抵制。他们的做法加剧了人们对专业知识的反对,凸显了一个服务于精英的特殊利益的认知劳动分工方式。

29 　　现在我们回到有关人为的全球变暖的争论,争论将主要围绕合适的认知劳动分工。公众听到了这样一个"专家共识",即全球平均温度将在 21 世纪内上升至少 2℃,这是由人类活动所导致的(特别是通过排放温室气体)。当然,公众还会听到另一个声音,即在一个民主社会中,应该存在着反对这一共识的科学家以及怀疑论者等。为什么这些人被排除在外? 其中,一些科学家在不同的领域做出了杰出贡献,但恰恰与环境科学无关,而另一些科学家可能正任职于从温室气体排放中得利的企业中。那么这些科学家应该加入"专家共识"的构建吗? 什么才算是一个专家共识的有效界定标准? 什么才算是一种合适的认知劳动分工?

然而,这个争论要更为复杂,因为仅仅是认识到全球气温的升高

---

① 我的这句话回顾了评论家乔治·斯坦纳(George Steiner)的一个评论。1967 年,斯坦纳针对基督学院戏剧协会在剑桥戏剧节上演出的莫里哀(Molière)戏剧的制作,进行了一个非正式演讲。他指出,关于人的思想和性格,莫里哀和司汤达(Stendhal)教给我们的总是要比认知科学家发现的要多。莫里哀和司汤达就是很好的例子,但我认为索福克勒斯和莎士比亚更具说服力。

② 参见 Dawkins(2006)与 Hitchens(2007)的研究,而 Dennett(2006)的研究要显得弱很多。

还不足以影响政策规制。假设全球气温升高这是一个事实，那么然后呢？海平面几乎肯定会升高，但是有多少生命会受到威胁呢？还有什么其他的风险会威胁到人类吗？我们的后人有多大的概率能找到庇护所，还是说他们会遭遇干旱或饥荒？或者他们会遭遇大规模移民带来的混乱吗？又或者他们会受到新型疾病的侵害？考虑到正式的认知劳动分工，对于以上问题中的任何一个都没有形成共识。一些专家准备给出预估，而另一些专家则坚信对概率的粗略评估是没有意义的。如果是这样，那么我们还需要对气候变暖提出防范策略吗？

反对立即采取行动的人有很多选择。他们可以质疑基本共识，即认知劳动分工排除掉了气候变化的否定者们。他们可以指出在可预见的后果方面缺乏一致意见，他们可以强调国际协调一致的政治困难，他们可以提出后代人将明确真正的威胁是什么，而且其极大增长的财富将使其更有效率地解决问题。综合所有这些回应，再加上民主的考量，他们完全可以要求对全球变暖进行进一步讨论，而不是接受一些权威的决定而终止自由交换想法或无视许多公民的合法意见。

如果接受反对者的意见，那么认知劳动分工就被扭曲了，就被耦合于民主社会中的公开讨论了。然而，在这个例子中，还有一个在其他事例中不太明确的要素被凸显出来。要尊重专家意见，就要求这些专家按照客观标准进行工作：他们应该冷静地评估证据并且不受任何价值判断影响。合适的认知劳动分工预设了科学的价值无涉，如果按照这个标准，那么用政策介入气候变化的有力支持者们都应该受到谴责。因为在他们的"宣言"中，他们超越了自己作为科学家角色的界限，导入了具有他们自己特质的价值观。因为他们违反了形成他们专业知识的基本条件，他们的说法就应该不具权威性了。

事实上，气候科学家共同体陷入了两难的境地。一方面，如果他们如实记录他们内部的各种意见，承认他们的不确定之处，提供他们

30

的概率评估,指明可能后果的范围和复杂性,那么他们的结论就不能指导任何即时的行动了。另一方面,如果他们重视回应特定的未来情境,如果他们看到有数百万居民的地区被淹没是一种严重的风险,并认为其后果是不能接受的,那么他们将被指责用有价值的判断玷污了他们的科学。在科学的价值无涉这个条件下,如果他们同意被压抑,那么他们只能以科学家的身份发言。

在这些争论中,科学权威的腐蚀是最重要也最紧迫的,而气候变化的争论并不是科学与价值相互缠绕的唯一例子。在过去几十年里,已经有很多例子展现出科学家被认为将价值观导入了他们的研究结论中。而这些案例已经使很多人相信传统的科学实践并不符合利益无涉这个科学权威性仰仗的标准。为什么我们应该相信那些保护树木、爱护动物以及警惕大企业胡作非为的警告呢?为什么不简单地遵循自己的偏好呢?

31   以上我所讨论的这些理论必须考虑到那些腐蚀科学权威的因素。它们必须明确民主到底要求什么,它们必须考虑如何评估、承认或限制专家知识。我认为,要明确这些问题需要首先回答:如果科学判断是有权威性的,那么科学实践就必须做到价值无涉吗?

第四节　价值与科学

在科学家、记者及普罗大众当中,坚持科学研究的价值无涉是很普遍的。这个观点,曾经在历史学家、哲学家及社会学家这些社会科学的"学生"当中也很流行。近年来关于科学实践的研究已经揭示出不同类型的价值在科学判断和研究中所扮演的角色,这些研究并不仅仅揭示出科学实践的真实面目,更向我们展示了无所不能的科学的致命弱点。如上述案例所示,并非个体的科学家没有符合价值无涉的标准,而是他们不能这样做。

我将从科学实践中相对明显的一点开始讨论,也就是,研究人员必须决定什么问题值得他们付出时间和努力。任何此类决定都必须取决于可能做出什么贡献：他们必须判定一些潜在的结果比另一些更有意义。发现一个特定问题的答案将最终帮助构造一些特定现象的完整图景，而有关这些现象的观点就会被认为是更有价值的。由此，一些研究主题就从进一步实验的工具的潜在价值中获益：如果您可以将荧光分子插入特定的细胞系，你就得到了一种跟踪重要发展过程的方法。[①] 另外还有一些研究主题之所以获得意义，是因为这些问题的答案将相对直接地促进人类福祉的增加。当前重要的问题在于所有这些评估都要求价值判断，都要求确定一个值得追求的确定目标。

当然，以上这些一般因素只是研究者在做下一步决定的背景。他们必须在当前研究领域的现状之下考虑什么样的问题是易于解决的——不论某个特定问题的可能结果多么有价值，在现有理论和物质资源匮乏的情况下实施这些计划都只是空想。此外，研究者们还必须认真考量自己的能力和研究倾向。也就是说，在可行的项目当中，他们可以最好地发挥自己的能力吗？对于问题是否易于解决的评估，就很容易渗透价值判断，并且得出某些研究是最适合某个人的结论。当前最重要的问题还在于，关于研究主题重要性的一般价值判断将不可避免地进入决策的背景因素中。

价值无涉理想的支持者在面对以上问题时也只能暗暗绕开，没有人可以宣称能够从科学决策的所有背景因素中将价值观排除。哲学家们通过区分发现的语境和辩护的语境来应对这个问题（Reichenbach，1949；Hempel，1966），他们认为前者是偶然的且受到心理的、社会的、政治的、审美的各种因素影响。科学家们决定是否在现有证据的基础上接受某些理论设想，才适用于价值无涉的理想。

32

---

　　① 　例如，我的同事马丁·查尔菲（Marty Chalfie）很巧妙地在线虫的研究中插入和使用了绿色荧光蛋白。这项工作使得他获得了 2008 年诺贝尔化学奖。

在这个过程中,我们希望科学家们遵循客观标准,而不是个人喜好。关于科研项目选择的决策中涉及价值是发现的语境,但是这与科学的价值无涉的理想没有关系。

如果对未来科研项目的选择与辩护的语境无关,那么以上的二分法就成功地解决了科学的价值无涉理想的危机。然而,科学家们对于证据充分性的审视真能无视这些理论设想对科学进步或人类的影响吗?显然不可以。几十年前,著名的科学哲学家们曾讨论过科学家是否可以避免价值判断(Rudner,1953;Jeffrey,1956;Levi,1960)。拒绝这种可能性的人明确指出,在很多科学实践领域存在着关于对错的可预见的结果。如果错误地接受一个理论假设将导致灾难性的结果,那么接受这个理论假设的科学标准就会明显地提高。相反,当理论假设的结果可以达成有价值的目的时,仍然坚持寻找"进一步的证据"就显得冷酷无情了——正如当年的艾滋病运动,当他们看到病人被某些药物治疗得很好时,就要求结束这些药物的双盲实验(Epstein,1996)。

价值无涉的倡导者对此有所回应,他们将决定接受一个理论假设和把该假设归因于某个特定概率区分开来。严格地说,辩护语境中的科学家关注的是后者:在给定证据的基础上,可以给出一个关于证据支持强度的客观评估,而且原则上这是他们应该做的。在很多情况下,接受和拒绝的结果是不确定的,因此当证据支持的力度很大时,他们应该走得更远。当可预见结果的积极或消极价值是可评估的时候,科学家们应该只公布证据的支持力度,而不是把运用这些价值无涉信息的决定权交给公众。通过这种方式,价值无涉科学和实践决策之间的正确分离就被保留了。

这种方式看起来很完善,但还是有一些严重的困难。其中第一个困难在于"证据支持的客观评估"的理念。根据被广泛接受的有关科学证据的解释,赋予一个假设的概率本质上取决于那个假设的先验概率——并且先验概率的选择不受任何限制,其只是在 0 到 1 之间取值。① 研究者在赋予先验概率的时候可能受到任何类型的价值观影响,因此"价值无涉辩护"的理想失效了。第二个困难在于,将理论假设的选择建立在概率的基础上的想法在一些哲学家和方法论研究者看来是可笑的。这个想法在统计的背景下有其来源,存在一些将数值分配给特定结果的成熟工具。而在另外一些地方,这样做就显得莫名其妙——比如当一个人面对这样的问题:"如果菲涅尔(Fresnel)的光波动假说不是真的,那么观察到衍射图的概率将会是多少?"

再来看气候科学家的处境,他们被要求为下世纪全球温度升高 2℃和全球变暖的共识提供一个精确的概率。那么,什么才是负责任的回答呢? 这个概率是非常大的吗? 或者更进一步,我们考虑一下所谓预言家的困境,他们抛弃了价值无涉的科学的合适标准,宣称支持气候变化的证据非常强有力并要求迅速采取行动。我们如何能强迫他们用科学上负责任的判断来替代这个明显被价值渗透的结论? 我们可能会对科学家说:"请告诉我们你所遇到的真实场景以及你赋予它们的精确概率,这是我们所需要的价值无涉的信息。在此基础上,我们可以考虑分配给结果的价值,由此决定该怎么做。"而我们担忧的是,提供信息的科学家只能做出以下的回应:"我知道存在许多未来的可能性我无法预见,但是有一些潜在的后果我可以预见。对于这些基于气候模型的后果的可实现性,我是无法给出精确概率的,但可能存在一系列可怕的后果,包括直接的生命损失、人类社群的巨大破坏、干旱、农业的崩溃和饥荒、新的致命疾病。单独来看,这些结果有可能是我无法精准预估的。总的来说,我认为很可能产生极其恶劣的后果——概率可能非常高且结果可能非常坏,我们应该当即采取行动。我抱歉,但我不能做更多了,我无法就你们所认为的

34

---

① 这是正统贝叶斯主义的观点,对于其清晰的表述及相关评述参见 Earman(1992)的研究。

那些科学家应该负起责任的事件给出单一的概率。"面对以上这种坦率的解释，我们出于价值无涉的考虑而不信任科学家真的合适吗？我们真的认为我们自己的判断和以上这些科学家所提供的可能不精确的评估一样吗？

实际上，保持科学作为价值无涉领域的努力，就是要认识到价值判断已经深深嵌入科学实践。当前在科学的评论者当中存在一个将理论假设被认可之前的工作过度简单化的倾向，他们将科学家的工作整齐地划为一个研究项目被选择的阶段、一个收集证据的阶段，以及一个评估证据的阶段。然而，除了最简单的实例之外，这样简单的序列是多次迭代的。在不同的阶段，研究人员必须决定到目前为止所做的工作是否足以保证下一步。例如，如果目标是探索细胞内代谢的一个特定分子的作用，那么就有必要决定，你计划注射的物质是否是足够纯净的样品，你所注射的细胞是否产生了预期效应，副作用是否被消除了，等等。在每一步的决策当中，都包含了你所做的测试为追求下一个目标提供基础的决定。此外，研究的整个过程通常不是预见性的。当你遇到意想不到的困难时，你的目标会调整和演变。价值判断是要不断做出的，研究是无法被还原为一些简洁的且允许价值在最后被分离出来的语境的（Douglas，2009；Wilholt，2009）。

在这一点上，多数日常科学实践只体现了那些挑战了简单科学理性理念的大规模历史变化的特征（Collins，1985）。科学实证的正式方法无法为重大革命事件提供任何合理的重建（Kuhn，1962；Feyerabend，1975；Kitcher，1993）。在这些转变中，问题不在于找到一个建立在证据一致性基础上的度量证据支持强度的方法，问题在于在所有层次都存在看似合理但不兼容的判断，这些判断在这里可能是难题的解决方式，而在别的地方就可能是解决难题的障碍。库恩（Kuhn）与费耶阿本德（Feyerabend）所说的"不可通约性"（incommensurability）背后的深层现象是，没有任何共同的措施可以评估相互对立学说的部分成功和明显失败。在这种背景下，你可以将概率分配给任何你想要的结果,但是这样的话就没有约束条件可以将合理的选择与不合理的选择区分开来,其结果就是无法得到任何有用的东西。

这并不意味着科学的历史应该被看作是一系列的非理性转变,相反,与实验室中日常发生的决定一样,大规模革命中所做的决定是非常合理的。关键在于这些不能被还原为简单形式的东西通常被视为理性的基本构成,而可还原的项目对遍及科学实践的价值判断则是不敏感的。

我们很容易相信,要显示一个决定是来源于好的理由和好的判断,就要求其具有明确的标准并能够演示这个决定是如何例证它们的。要反驳以上的说法,我们需要举出很多复杂的实例,在这个过程中,优秀的法官也无法明确阐明指导他们的精确规则——对复杂的法律判决进行细致的研究可以让人确信判决是正确的,即使目前还没有明确的理论体系来支持这一判决。我们应该以类似的方式考虑复杂科学决策的解决。也许"理性解决"是一个家族相似概念,我们可以通过对实例的清晰认识来获得;或者,如果这个概念允许信息的解释,那么解释也许会伴随着很多科学重要性的概念而出现。

理解科学决策合理性的一种方法是让自己沉浸在案例的细节中(Rudwick,1985;Kitcher,1993),对于重大的历史转变,共同结构并不难以识别。在早期阶段,参与者呼吁不同的成功,承认不同的挑战,他们对自己的观点的辩护是基于采用不同的价值方案:每一方都声称自己的成就是至关重要的。竞争方案的价值观可能会识别不同的价值,或者,也许更常见的是,他们可能会关注同样的价值清单,但要以不同的方式进行衡量。当不同方案的价值观产生冲突时,科学争论的后续过程包括试图扩展自身的成功方案以及为对方制造麻烦。如果这种情况发生,为保留其中一个学说,可以轻易地要求修改方案的价值观——当你的对手开始为它们寻找辩护的理由时,你就不再能继续坚持这些才是真正重要的问题。对事实判断和价值判断的承诺通过这种方式共同演化,讨论一个争议的合理解决方式就是展示在争论双方无法接受一个连贯价值观的情况下如何推进争议的进程。例如,化学革命的解决方式就是拉瓦锡(Lavoisier)与其对手试图找到不断扩展的已知反应的一整套表现形式,并且如他们所推进的,燃素化学的价值方案被迫向更加奇特的方向推进(Kitcher,1993)。

我所概括的这个图景引发了一个明显的关切:争论的解决转变为展示失败方是如何致力于一个无法维持的价值方案的。在当代先进科学的社会中反思价值观的多样性,可以并应该激发对价值方案是否能够站得住脚的关切。也许所有的科学共同体最终都将发现认可一种适用于某个特定方法的价值方案是不可能的,但是当考虑到外行的价值承诺时,事情就可能变得很不一样了。我们社会中的多数科学家已经明确了解其成功或失败的理论细节的情况下,一些学说曾经并未被这些科学家所认可,那么这些学说现在可能被广泛地甚至几乎普遍地接受吗?

现在,对于"价值判断"或一组"价值观"的模糊讨论需要变得更细致,我对此提出三种价值观。

第一种价值观,即当科学不是讨论的焦点时,关于一组价值观的普遍观点就是围绕某个人的生活变得有组织的一套承诺。人们对于他们自己和他们的社会都有理想,也就是有他们所认为的最重要的目标以及次级目标。当这些承诺跨越了人类生活的许多维度的时候,可以称其为一组广泛的价值观。

第二种价值观,即某个人的广泛价值观可能包括了对获得其所属社会知识的关切。特定种类的知识可能出于自身的原因而有价值,也可能由于这些知识可以构成重要应用问题的基础或普遍价值观而被认为是重要难题的解决方式。举个明显的例子,如果有人认为终结全球贫困是一个人类要为之努力的重要理想,那么这个人也许会重视分子遗传学中的问题,因为对这些问题的解答可能会促进

耐旱作物的发展,增加粮食供应,最终有助于解决世界范围内的贫 38
困。这种形式的价值观可以被称为认知的价值观,其代表了人们对
获得知识的理想的承诺,也标识了人们最重要的知识类型。

第三种价值观与科学史上的重大转变的研究是最相关的。在一
个重大的科学争论中,参与者通常有同一个认知的价值观——化学
革命的参与者都认同了解一系列特定反应中发生了什么的重要性。
然而,这些争论者在验证的价值观方面并不能达成一致。一方认为
强调某些具体问题是重要的,另一方则认为应当去解决另外一组不
同的难题。

第三种价值观似乎完全从认知的价值观中衍生出来。在给定人
们信念的情况下,验证的价值观可能来自共享的认知价值观所认定
的最重要问题的序列。然而,这将会忽略价值观间相互作用的方式。
一个人的验证的价值观不需要以明显最可靠的方式满足认知的价值
观①,相反,认知的价值观可能还要在验证的价值观或其与广泛的价
值观的双重压力下被修改——就像广泛的价值观可能在认知的价值
观的压力下被修改一样。这些价值间可能存在的张力以及对这些张
力可能的理论回应方式,与这本书的核心议题——科学与民主的问
题——相关。

例如,试想你当前的认知的价值观选择了一种特定类型的知识:
为了达到某个目标(你的广泛价值观所标识的),你认为找到一些现
象的在某方面及某种程度上精确的模型是很重要的。基于你的价值
观,既有的寻找合适模型的努力是有缺陷的。当你继续探索可能性
时,没有一个会满足你的需求。这就要求你放宽可靠性的标准、调整 39
验证的价值观以使其更自由,或者你可能会得出这样的结论:你希望
达成的被你的广泛的价值观认可的最一般目的,必须通过一些别的

----

① 虽然拉里·劳丹(Larry Laudan)主要关心认知价值(概率价值观和认知价值观的
典型要素),但是我在这里表达的观点和他的观点之间有一些关系。

方式来达到——修改你的认知的价值观,以找出能使你通过不同方式达到目标的不同类型的知识。最终,你可能会认为曾经为自己所设的更广泛的目标是难以达到的。例如,当科学家放弃了探索自然的努力就是揭示上帝的智慧时,其广泛的价值观也随之修改。

由于大多数科学研究的复杂性,价值判断深深地嵌入科学实践中。当可以继续到下一阶段时,科学家们总是依赖他们的验证的价值观来做决定:他们认为他们的设置通过了相应的测试,得出了他们想要的结论。他们根据自己的目标调整其认知的价值观,并且在一些事例中也可能是根据其广泛的价值观:随着数据的出现,你可以了解实现你最初未设想的直接社会效益的可能性。个别科学家认为,通常在历史转变中出现的大视角是理所当然的,其中,竞争的价值观是相互对立的,事实信念与价值判断是共同演化的。如果这些评价是正确的,那么科学就不可能被视为价值无涉的领域了。

然而,我们很容易理解为什么科学探究的价值中立更重要,因为很多科学的拥护者都将价值的入侵视为极不合理的。关于生命历史的争论提供了一个令人信服的例子。达尔文的反对者位往往致力于一个广泛的价值观,其强调信仰上帝的重要性。这样的话,他们的认知的价值观就过度强调了地质学和生物学的发现与《圣经·创世纪》相一致的重要性。因此,他们的验证的价值观就拒绝承认正统进化理论家所依赖的大量证据。有什么理由可以认为他们的立场是有缺陷的呢?

那些价值自由理想的同情者可能会争辩说,即使他们的理论在实践中难以实现,但是研究越深入就越可能接近现实。因此,科学家们可能会尽量减少他们的价值判断,或者尝试使用不同的价值判断集合以得出相同的结论。① 我同意将价值判断的自由视为我们可能更接近事实的标准,依赖于某些价值确实很麻烦(例如达尔文的反对

40

---

① 这里我要感谢格雷格尔·贝茨(Gregor Betz)。

者们），但是还有一些价值判断是没有问题的。

如果价值判断遍布于科学实践，那么科学判断的权威性何以维持呢？这个问题预设了一个流行的观念，一个引导科学家和评论家们坚持价值自由理想且回避承认价值判断的观念。实质上，这个问题在于价值判断根本没有标准，价值判断是一种审美品位。当价值判断来临的时候，知识混乱离我们也就不远了。一种对公众价值判断的反感长期以来遍布于我们对科学的讨论，这就催生了已经存在的一些关于中立性的神话。当前科学权威受侵蚀的最深层根源在于坚持真实科学的价值自由，同时将价值判断归于那些提供了你不想承认的结论的科学家们。

即使在科学家的决策中有价值判断，他们所提供的很大一部分建议也应该在我们的公共协商中具有权威性。我所虚构的坦诚的气候科学家的建议完全有可能被遵循，一切依赖于价值判断所扮演的角色，以及价值观及其如何被运用和调整。如果有认可、应用和修改价值的标准，我们就可以将进化论的宗教反对者和产业的附庸者从真正的专家中分离出去，并合理地将其从我们的认知劳动分工中区分出来。

一个规制民主社会中的科学地位的理论，需要从一个关于价值和价值观的视角开始。我们应该从"价值与科学"的角度进行研究，而不是从"科学与价值"的角度来展开思考——好像价值被勉强地作为一个事后的考量。我在第二章将尝试引入这种视角。

第二章　价值的讨论

第一节　道德作为一项人类工程

即使敏感地认识到价值判断在人类知识增长中的作用,大多数人也并不赞成这样的观点,即关于判断好或坏、对或错、有价值与否,这与其他任何判断都同样是可辩护的。在人类社会中,绝大多数人几乎都认为某些判断是具有优先性的,这些优先性源于超自然存在者的意志,而这种超自然的存在者早已向人类祖先揭示了重要法令。自从柏拉图以来,哲学家们一直在怀疑这种关于实践价值的假说是否根植于神的意志。许多伟大的思想家尽管在关于这种价值观的客观性问题上给出了对立的观点,但都没有足够的说服力用其取代以神学为基础的流行观念。因此我将提出一个不同的解释,以拒斥幽灵(超自然存在者)的侵蚀。我既不借助神力又不依靠其他各种模糊的实体和过程:这其中包括内心的道德法则、实践理性的能力、善的感觉或直觉、价值抽象的范畴、高尚的道德情感。①

---

① 艾伦·布坎南(Allen Buchanan)有一句诙谐的话:"事情'应该'在黑夜中进行。"

价值源于历史非常久远的人类实践,也源于人们参与其中的道德工程。[①] 这个工程始于数千万年前,目的就是应对我们生活中的困难。基于当代人类学家的研究结果,我认为我们的祖先的生活群体,是由五十个不同年龄和性别的人组成的,他们的社会状况类似于我们进化的近亲:黑猩猩和倭黑猩猩。人类的这些近亲要以这种群居方式生活在一起,就要求它们有一种心理上的利他主义。也就是说,它们有时必须能够对周围的同伴的意愿和意图做出积极的回应,还要能认识到其他群体成员想要做的事,并修改自己的计划,以帮助它们达成目标。尽管常年盛行的观点认为动物(包括人类)是自利的,但也有强有力的证据证明其有利他行为(Goodall,1988;De Waal,1996;Kitcher,2011a)。

心理上的利他主义为我们的祖先创造了一种特殊形式的社会存在的可能,但如果你认为以这种方式生活在一起是很容易的,那就错了。基于对当代黑猩猩和倭黑猩猩的观察,它们对他者做出积极回应的能力是非常有限的。即使动物有照顾彼此的意愿,并产生合作的行为方式,但有时它们也无法回应甚至无法消除对方的欲望。心理上的利他主义是多维的,由于同伴和情况的不同而有程度上的差异。当面对极具吸引力的自利奖励时,即使是一个看似可靠的盟友也会抛弃朋友。黑猩猩的日常生活就揭示了许多利他主义失败的情况,在社会结构的裂痕被重新编织以前,往往需要长时间的相互安慰。几乎可以肯定的一点是,现代人类社会、早期人类社会及时至今日的黑猩猩的社会,都充斥着紧张与不安,均以耗时的和平维护活动和有限的合作为标志。如果这是人类物种的命运,那么在我们生活中那些被认为是理所当然的大量特征将会不复存在。

有些事物的变化促使我们更密切地合作,使得我们与以前从未

---

① 这一章浓缩了 Kitcher(2011a)的研究内容。显然,这种浓缩版的内容不能令人完全信服,我希望有质疑的读者可以去阅读完整版本。

接触过的人能轻松地打交道,也使我们生活在更大的群体中,还使我们建立起一系列的社会角色和机构以作为应对复杂协作工作的先决条件。那这种先决条件会是什么呢?最古老的书面记录为我们提供了线索,这其中包括了对规则的总括。严格地说,这些刻在石板上的文字并不是法典,因为它们显然是预先假定的社会方案的主体,而其中所包含的规则是附加成分。这些规则是前一种实践的补充,它能使数以千计的人生活在同一个地方,并协调他们的活动。而新规则是在应对新问题的过程中形成的,其背后的实质是对制定和遵守规则的实践。回到旧石器时代,这种实践使得人类独特的社会生活成为可能。它产生了洞穴艺术、贸易、更大的社会、丧礼、植物和动物的驯化、农业,最后产生了有着大规模建筑群和复杂灌溉系统的分级城市。

43 　　我们的物种是如何从黑猩猩那样有限的社会条件,发展出类似希腊城邦和埃及城市那样复杂形式的生活的呢?答案是通过获得规范行为导向的能力。补救利他主义失败的措施常常会扰乱动物间的安宁。利他主义虽然足以促进群居的形成,但却没有足够的能力使群居成员脱离自私造成的诱惑,因为这需要有能力认识到行为中那些会导致问题的规律,以及有能力制定并遵循行为指令。当我们的祖先学会克制自己不受欢迎的报复行为时,这个伦理工程就开始了。谨慎和恐惧所提供的建议是:在黑猩猩社会施加惩罚的粗略意义上,最早的伦理学家就检验了早先利他主义会失败的倾向。后来在伦理工程的演化中,不同类型的动机进入其中,比如:对他人和群体的情感;对规则的制定和实践的尊重;将敬畏和尊敬之心当成规则而与那些看不见的人的意愿联系在一起,能够监督人类行为,即使我们把自己看作最孤独的存在者。[1] 在数万年的时间里,人类在自我调节的基

---

[1]　一个"看不见的执法者"的思想是增强遵守规则的一个非常有力的手段。这一思想已经被大多数甚至全部的人类社会所接受(Westermarck,1924;Kitcher,2011a)。

础上,已经获得了一种复杂的心理能力。

在早期阶段,规范性指导是扎根于社会的。就像当代的狩猎者和采集者一样,我们的旧石器时代的前辈们也围坐在一起商讨规范他们群体生活的规则。几乎可以肯定的是,他们的讨论几乎都是在平等主义的条件下进行的,与当今小型社会生活类似(Lee,1979;Boehm,1999;Knauft,1991):需要听取所有成年人的意见,每个人的愿望也必须被考虑。与此类平等主义背道而驰的做法,将会威胁到这个群体的生存,因为所有人必须齐心协力,才能应对环境的挑战。伦理形成于人类的对话中,它是随着不同群体对不同解决方案的尝试而演化而来的,也是依靠对零碎的且有分歧的道德代码的代代相传进化而来的。一棵庞大的道德谱系树的扩展是基于先驱者的尝试,而道德谱系树枝干的嫩芽代表着当今社会保留下来的道德原则。我们的实践,则是由初期对黑猩猩-原始人类的紧张社会生活状态做出的原始反映,并经过一系列长期演化而产生的结果。

我相信,到目前为止,这种粗略的解释是可以通过我们所获得的证据得到证明的(这些证据来源于心理学、灵长类动物学、考古学、人类学和进化论)。然而,如果我试图规避对所有"幽灵"的工作的认可及早期对规范行为准则的构建,即那些对共享稀缺资源和防止引起暴力的准则,以及根据人们对那些惩罚雏形机制的畏惧而形成的有效准则,那么规范行为准则就必须遵从一定的发展顺序:从古代社会可观察到的情况而言,这种发展顺序都是从易于理解的步骤开始,再到更复杂的道德生活形式。特定的美德概念是如何产生的?如何既能避免社会矛盾,又能发展出规范自我行为和发展且独立于他人影响的理念呢?相对来说,我们对道德工程起源的解说还是有信心的,并且随着文字的出现,我们对它大约在五千年前的轮廓也有大致的了解。然而,旧石器和新石器时代的线索是如此稀少,以至于对道德实践是如何被改变的解说无法得到确证。

但我们并不需要知道道德实际的发展过程,我对自己叙述的担

44

忧来源于对一种论调的怀疑:没有什么源于社会生活中原始规定的规则能转化成成熟的概念。而这种论调不仅体现在古埃及和美索不达米亚文明里,并且在柏拉图和亚里士多德那里更加突出(除了中间介入的某种神秘"幽灵")。渐进式进化是不可能的,例如某一刻的启示、直觉、对实践理性的认识或内心必要的道德法则。这是一种挑战,可以通过对从原始起点到复杂终点这一系列事件发展的可能性顺序的概述来实现逆转。这个概述可以是任意的,并不需要声称记录了真实的历史,只需要简单地反驳那些声称没有这样历史的怀疑论者。

这仅仅是一幅草图。[①] 在道德工程中,几乎可以肯定的是,分享的规则是在道德工程早期被引入的,因为不分享是利他主义的突出问题,它使黑猩猩的社会生活受到影响。这些规则自然而然地引导我们接受为所有人提供足够资源的目标。增加群体资源储备的动力可刺激劳动分工的形成,在这种分工中,活动是根据感知能力划分的。对有时会出现的困难情况的认识,刺激了获得盈余物品指令的产生。而进一步认识到邻里团结的不同成效,可以激发劳动分工的扩大,实现与外来者和平共处和进行贸易,并考虑到贸易伙伴而相应地扩展一些当地规则(至少在有些情况下是如此)。商业合作的扩张,无论是在内部还是在群体中,都促使人们对特定活动进行更细致的分配,对一些社会角色有特定品质的要求,并遵循特定的规则,从而确保更复杂、更苛刻的角色能够被补充进来,这就为个人发展制定了规则,并强调了年轻人应该具备的素质。动物驯化为这个群体提供了资源,而那些扮演最重要、最吃力的角色的人可能会对资源的配置产生更大的影响。逐渐地,最初的平等让位给了一种阶层化的管理,集体所有制的概念被个人财产私有制所取代。在整个过程中,重复的合作和相互协调的个体之间产生了负责任的观念和更复杂的利

---

① 更多的细节可以参见 Kitcher(2011a)的研究。

他主义形式。最终,原始群体的后代将人看作是勇敢和不屈不挠的,而且他们也可以形成友谊甚至爱情的理想观念。

需要强调的是,我们不应该认为仅仅只有这一种发生顺序,即从第一次开拓性的努力,转变为古代社会的复杂的道德生活。我只是简单地概述了一个本地聚集区在如何应对困难和机遇的问题上所做的合理性解释,这个聚集区可能在没有任何模糊的启示或见解的情况下已经逐渐产生了我们今天所熟悉的伦理生活的复杂框架。

第二节 道德进步?

这一章的任务是阐述价值判断应该满足的标准,而前一节似乎很自然地就促成了这一章的工作。如果这个道德工程,是通过特定人群在他们认真思考遭遇的困境之后所进行的一系列对话中产生和发展出来的,那么它的发展方向会不会是偶然的,它的漫长历史又会不会是一个接一个的诅咒呢?我一直在努力避免援引标准。并不会有那种在幽静山顶上偶遇奇人的事:他翻动一些巨石板,复述着刻在上面的文字,但这些文字并没有谈到素养良好的哲学家对善的美好愿景。这个道德工程,就像刚刚设想的那样,是如何提供我们所追求的标准的呢?

从一个更确切的问题开始来展开讨论是很有用的。道德实践是 46 否产生过任何能被合理地称为进步的东西呢?即使在已经讨论过的事件中,我们也能感到对进步存在的可能性探讨的压力。假设社群内部人员之间的规则应用到邻里间的扩张,贸易实务初见端倪,这看起来似乎是一个进步的阶段,因为前一种混乱的相互作用被更有序的方案所取代。如果通过我们有文字记录的时期来追溯道德观念的历史发展,就会发现有更多的例子,我们很难拒斥道德转向进步的说法。①

对我们来说,最早的法律法规是针对特定罪行所应采取的措施。从美索不达米亚人的视角来看:四千年前,妥善处理谋杀别人的女儿(儿子)的方式是杀死凶手的女儿(儿子);如果一个女人被强奸,受害者的父亲应该指派某人去强奸罪犯人的妻子。这些建议体现了怪诞字面意义上的以牙还牙治罪法:违法者将遭受他们带给受害者的同样的损失(或伤害、痛苦),即使执行惩罚的"媒介"是另一个人。一千年后,对恰当干预的理解改变了,现在凶手和强奸犯都受到了直接的惩罚,凶手的生命必须用以抵偿受害者的生命。这种熟悉的概念可能也不是对可怕行为的恰当反应的最后诠释,但相对于它最初取代的观点是进步的。如果放弃伤害无辜的旁观者,而不让责任人受到痛苦的惩戒,那怎么可能不符合道德的进步呢?

还有一个例子来源于西方一段更有名的历史。新世界殖民地重新引入了一种习俗,这种习俗在古代是普遍存在的,但在殖民者到来以后,一些国家的这种习俗已经消失了。奴隶制度,人的所有权死灰复燃,不幸的受害者遭受了奴隶运送中的死亡、鞭笞、烙印、强奸,以及与家庭的分离。在 18 世纪,北美洲沦为英国殖民地,反对其奴隶制度的人逐渐增多,奴隶制度最终遭到谴责并被废除。我们很难把这看作是一种进步:先重新引入奴隶制,然后废除它,对这样两个转变符合进步标准的假设是令人信服的吗?

在这种情况下,谈论道德进步的压力就会出现,并促使人们寻找标准的外部来源,即那些提出变革并为之努力的人必须认识到这一点。然而伦理学的发现并不好辨别,这和科学研究人员发现了一些新的和意想不到的东西类似(例如:伦琴的荧光屏、宇宙的背景辐射、

---

① 请注意,承认存在一些道德进步的例子并不是假设进步是非常普遍的,也不是说大的历史趋势是向上的。

反转录病毒）。有时道德变化的原因是难以捉摸的，因为我们对何时发生转变以及谁参与其中知之甚少；我们可以锁定修改治罪法的黄金时代，却很难准确描述事件本身。然而，即使我们的资源远好于从前，对于奴隶制度的废除（或者近些年对同性恋倾向的接受度越来越高）我们也没有发现什么突破。

要理解道德进步的概念，我们需要打破限制我们视野的前提。与其假设道德的进步是由道德真理的积累构成的，即认为真理的来源是独立于我们以及人与人之间的讨论，不如把进步当作优先的观念。在人类努力的一些领域里，我们能够假设取得进步可以独立于获得真理：技术进步包括引进和改进帮助我们克服实际问题的设备。道德也可以有类似的方式，即将其视为一种社会技术，将我们从人类的困境中解救出来。我们有限的心理利他能力使我们成为一种特殊的社会存在，但这些能力的局限性妨碍了我们对这种生活形式的追求。伦理学的最初功能是解决利他主义倾向造成的不完整性和不可靠性的问题，消除利他主义对我们祖先的社会可能性的限制，进而消除对人类远亲生活的局限性。

技术能回应问题，但片面的解决方案通常会导致更多的问题。商业车辆使人们比以前走得更远也更快，但是一旦新设备被广泛使用，我们就必须解决一系列的新问题。使用必须得到调整和规范，这就必须有高速公路和机场、交通信号灯和控制塔、培训系统、保险和治安管理，以及一系列的新事物。伦理学的情况也是如此。利他主义造成的初始问题是一个关乎人类生活条件的深层问题，对该问题的回应又进一步产生了问题，这些问题包括扩大群体的资源、与外界的互动、鼓励和奖励那些承担重要社会角色的人。试图解决这些问题的人会感觉到一种有意义的生活，而且比一开始接触到的观念要丰富得多，人们便可以提出一些问题，用古代哲学家们喜欢的术语来描述就是"如何生活"的问题。我们没有终极的交通系统，不能通过技术的完善程度来衡量其进步性。类似地，我们也没有理想的道

48

德体系。回应初始问题成为这项任务的动机，对初始问题的回应则产生了新问题，把这两种情况视作进步的形式，是从我们解决问题的能力来衡量的。

当以这种方式考虑道德进步时，就更有可能谈论道德的真理。然而，真理并不是首先由那些推动道德进步的人发现的。相反，真理是在充当解决我们问题的工具的意义上形成的。更准确地说，真正伦理的表述是那些对准则的回应，它们被引入到渐进发展的过渡时期，并且持续被下一个渐进发展的过渡时期所更替。诚实的规则就几乎是我们以往道德渐进发展过程中的一个进步的阶段，与此相似的情况（尽管模糊）几乎肯定会在我们将来道德渐进发展的过程中被保留下来。"诚实是善"这个关于真理的陈述只包含了规则与道德渐进发展之间的关系，真理"碰巧是一个想法"（James，1984）。一个对核心观点不精确的陈述是：所有的伦理渐进发展的传统都可以被整合在一起，但是也很可能关于道德工程中一些无穷尽的渐进发展阶段的理解永远不会达成一致。① 这种方法的概述是对多元主义可能性的支持（Kitcher，2011a）。

多元主义源于可能出现的功能性冲突。当一种技术产生新的问题时，我们有时不得不做出妥协，因为一个问题的解决方案会干扰到其他问题的解决方案。以运输为例，速度和安全就是两种冲突的方向。处理冲突的惯例，通常还有其他的妥协方式，即要充分认识到想要解决的诸多问题的意愿，以及设定这些问题重要性的差异。它们可能会进入无限的渐进发展过程中，根据所有的要求不断地改进，但不会完全达成一致。

在伦理工程的演进过程中，早期阶段的平均主义（几乎可以肯定的是，在我们大多数的伦理历史中都普遍存在）现在几乎已经让位于

---

① 即使以设想的方式挽回道德真理概念的可能性得到承认，但进步的概念仍然是根本性的。只是因为它们在渐进的转变下生存下来，所以这些陈述算作是真实的。

当代社会所普遍接受的等级制度。一些小社群还保有我们道德先辈的生活方式,仍然强调参与和待遇的平等。[①] 在更大的等级社会中,明显的受益来自人口增加的可能性,以及人类生命意义的升华。在这里我们发现了功能性冲突和在达成道德协议时遇到的困难,人们对价值判断的反应更加敏感,这无疑都源于怀疑。对待冲突的惯常做法是必须按照不同的优先顺序,用不同方式来处理。

这个伦理工程把人类这一物种从黑猩猩的困境中解放出来,并且没有别的可行方式。我们被这种逐步发展的概念所束缚,致力于克服出现的问题,而这些问题是由于解决利他主义所导致的问题而产生。然而,这种承诺似乎提供了另一种方式,即为不同的问题设定不同的优先级,从而产生截然不同的价值方案。多元主义是否泛滥成灾,所造成的知识混乱又是否经常被用来吞噬价值判断的讨论呢?

第三节 道德工程的更新

其实一开始并没有道德权威。我们的祖先发明了伦理,但他们并没有随意地做出决定,他们对人类困境的深层次特征做出了回应,但没有人能声称专业技能不是从别人那分享得来的。他们的社交技能是在讨论中形成,并通过倾听所有成年人的想法而提炼而来的,他们的目标是找到能让大家满意的东西。如今大多数人都不是这样生活的。我们认为伦理学是一门学科,包括专家——通常是神的代言人,尽管一些世俗哲学家认为,权威的代言人应该是那些能够运用理性、感觉、知觉、直觉或其他的能力来传递真理的人。我站在伦理工程的视角对此观点持否定态度。道德专业知识的概念扭曲了这项工程,有效手段也明显增进了人们对共识戒律的遵守:一种超自然的力量是一个绝妙的让人听话的方式,但卓越的警察可以很容易地利

---

① 我特别有印象的是 Kung,可以参见 Lee(1979)和 Shostak(1981)的研究。

用特权。之所以产生这种扭曲,是因为它取代了一种权威对话的观念。在这种观念中,所有人都平等地参与其中,并提出了一种外部约束的概念,这种约束是符合伦理规范的。

我认为"扭曲"这个词很重要,因为我们要消除扭曲。对我们来说,消除扭曲唯一的方式是让参与者平等地参与对价值判断的讨论,并达成使大家都满意的目标(也就是说,达成每个人都能接受的结果)。这使得很多事情都是开放状态:到底要包括谁呢?如果有约束,应该对做贡献提出什么限制?在这里只能提出建议,因为哲学家或任何其他权威人士都无法提供讨论之外的资源。他们可以通过对过去的伦理工程的理解来提出建议,可以通过展示他们如何解决伦理工程已经解决的问题来提供指导,并且可以对它们的一致性进行审查。我提出一系列具有连贯性的建议中包含以下元素:①保证人类成为讨论组的主体成员,包括我们的后代;②讨论应该满足共同参与的条件;③努力使所有人都有平等机会过上有价值的生活。正如我们在下一章所看到的,这些提议体现了一种丰富的民主理念。

这些建议可以被看作在当代的情况下的一种尝试,这种状况在道德工程初期就普遍存在,并且事实上贯穿于它大部分的历史中。我们祖先通过思考利他主义引起的问题,克服人类社会生活中的紧张关系,关注群体成员在"让他们的生活变得很顺利"的事情上所遭遇的挫折,使人们尽量避免受到影响。有价值的生活这一概念是由最基本的东西决定的。生活在一个更丰富的世界,本着能够满足整个社会人口物质需求的原则,我们被激励能做得更多,扩大平等的理想,以满足大多数人的基本诉求,这就包括通过对人类可能性的扩展来激发人们更丰富多彩的欲求。① 这就取代了物种小范围的聚居形式,帮助人们认识到正是因果相互作用的网络将我们与那些生活

---

① 这是以人口数量受到限制为前提的,这样可用的物质资源就足够了(Kitcher,2011a)。

在遥远地方的人联系在一起：如果共同体的实质是因果关系，那拥有多种目的我们现在都生活在一个共同体中。由于伦理学第一次对群体所有成员做出回应，并平等地对待他们，这些提议反映了一个更加广泛的共同体平等主义态度。

显然，我们不可能复制先辈对道德的讨论：声音样本代表的是人们不同的生活态度，任何用其谱曲的尝试都会产生极大的不和谐。我们历史上产生的那些分歧和扭曲注定会为我们提供严肃讨论的机会，相反，得到认可的道德结论是从那些理想对话中产生出来的，而这种理想对话必须满足人与人之间的相互承诺。这些条件构成了我探讨价值观方法的核心理念。

更确切地说，我们的道德讨论能充分得出这样的结论：在相互协商的条件下，理想的审议得出的结论揭示了这种审议的特点，从而促使参与者采纳这一结论。一些共同参与的条件是认知性的，包括：参与者不能依赖于对自然世界的错误认识，他们能认识到对他人造成的行为后果及制度协定是通过讨论形成的，他们也能够识别其他参与者的愿望，以及如何将这些愿望融入讨论中。这些认知的条件很重要，因为即使是最善言的谈话者，如果他们自身想法有缺陷，也会得到一些特殊的建议：如果一群极端的利他主义者认为极度的痛苦会给受难者带来各种积极的结果，那他们也会得出一些奇怪的结论。① 然而，正如我们看到的，认知条件统治了许多强有力的观点，它们实际上破坏了关于对话的价值，包括那些熟悉的断言，例如对某些特殊事物需求是因为受某人所偏好的神（或某人所偏好的解释）的指引。②

---

① 如果真的纳入了错误的假设，那么伦理讨论就不是理想的。为了将它们评价为非理想的，有时可以指出一个可识别的错误。而且，有时可以认为协商者自己应该能够识别这个错误。我很感谢托尔斯滕·维尔霍特（Torsten Wilholt）的评论，这些评论使得我对这些不同的评估模式更加明确。

② 关于世界各个宗教所提供的关于超自然生命的实质性教义几乎肯定是错误的（Kitcher，2007）。我稍后将对这个论点进行简要回顾。

　　相互协商的核心是情感因素,与他人的真诚交往始于一个人同理心的扩展。在这种思想中,他人渴求的意愿与自己的意愿是同等重要的。而由于冲突,这种思想不能始终如一地被贯彻执行。如果两个人有不相容的欲望,那么第三方就不可能把这两个人的偏好都纳入到他自己的利他主义的态度中,也不会在大多数人都认同的意愿中寻求认同,因为大多数人可能会因为缺乏同理心而对此视而不见。那么同理心是怎样扩展的呢?

52

　　我是通过引入镜像人的概念来解决这个问题的①,最简单的镜像是刚刚讨论过的(问题被视为相互商定的一般解释)。A 对应的原始镜像是 B,A(同理)的欲望与 B(以自我为中心的)的欲望以及 A 的(以自我为中心的)欲望同等重要。一个理想的对话旨在解决道德准则中的功能性冲突,一开始镜像中单一的欲望并不是这些人实际所采用的,而是在道德准则功能上给予和谐且可持续的回应,只要理想洽谈者满足认知条件。因此,理想参与者以自我为中心的欲望首先必须被过滤,只包含符合参与者道德准则的规则(戒律有助于功能性代码的免除),并且当参与者符合认知条件时也保留了这些愿望。

　　原始镜像不能对相互协商的情感部分做总括,因为 A 可能会遇到 B 和 B* 两个有不相容的欲望的镜像,所以 A 不能同时与这两种情况相融合。然而,在必要的过滤条件下,有些问题可能会消失,其他问题的原始镜像可能会成为可能。当这种情况发生时,理想的参与者会接受相应的欲望(一种对过滤产生的欲望给予同等权重的欲望)。

　　当分歧依然存在时,与他人的接触就得通过扩展镜像的方式进行。在扩展的镜像中,A 不仅要注意到 B 的(过滤的)欲望,还要注意到 B* 对 B 的(过滤的)欲望的评估、B* 对 A 对 B 的欲望的评估的再

---

　　① 在这里,我借鉴了18世纪感伤主义传统的思想,尤其是史密斯(Smith)的道德情感理论(theory of moral sentiments),探索了镜像隐喻(Kitcher,2005)。

评估、B** 对 B 的欲望的评估、B** 对 B* 对 B 的欲望的评估的再评估,等等。通过对各种不同视角的考虑,一个对话者在道德允许的范围和基于人们事实愿望之间寻求最好的平衡。[①] 理想的谈话者通过扩展他人镜像的欲望来形成对他们的同理欲望,通过后续参与者所做的不同的评估(无限迭代)达到他们认为是最好的平衡的欲望。

如果就如何实现平衡达成了完全一致的意见,就没有必要进行进一步的对话了。如果不是,理想对话就会试图支持或拒绝各种平衡的方法。这些尝试试图表明,参与者希望应对功能冲突的方式,不是与所有参与者承认的道德功能达成一致就是与其不相符合,或者是他们基于需求的共识而对所有人的愿望做出回应。

解决功能性冲突所产生的分歧的伦理讨论,如果能够显示出与解决冲突的潜在方法相反的实际考虑如何与理想对话中的一个或多个条件相冲突,那么它将是真正有用的。这可能通过揭露了一个事实来实现,即特定种类的欲望与当前道德实践状况的功能相抵触(对这些功能的考察,揭示了现行戒律是如何禁止行动或陈述被期望的事件)。或者,也可以通过表明欲望被有关世界的事实所削弱来实现(对某一特定结果渴望的人没有意识到其可能带来令人厌恶的后果;人之所以有这些渴望,是由于一些背景错误的信念);也可能是由于没有考虑到某些人的欲望,而表现出这种欲望一直存在——最明显的方式是,通过展示这些人如何被那些有欲望的人系统性地忽视,也通过质疑人类各种欲望之间的平衡是如何被打破的。关于价值观的讨论,通常假设当冲突的伦理功能呈现不同的重要性时,就没有必要进行对话了:口头语言或书面文字只能表达他人任意拒绝的态度。相反,在揭示事实性错误和虚假前提方面,在揭示道德准则的背景特征不协调方面,以及在揭示满足其他阶层的人的愿望的缺陷方面,我

---

① 这是有效地构建"理想旁观者"的类比,但是是通过广泛的事实知识。我曾阐明了史密斯和杜威(Dewey)的方法理念的综合(Kitcher,2005)。

们还有很多可以说的。

到目前为止，我认为将小群体道德操守中的第一次尝试与包括后代在内的整个人类相类比是合理的。这一建议的动机是将相关准则与因果关系联系在一起：人与人之间的相互作用构成了问题的背景，而伦理工程作为一种社会技术则是对该问题的回应。我们的祖先生活在分离的群体中，这些群体中的因果链条产生了难以克服的困难；我们受到更大范围的个体和事件的影响——当代的人类生活被彻底地相互交织在一起。[①] 在此基础上，充分的伦理讨论应该反映出一种理想的对话，其中包含了从人口数量中发现的一系列观点，经认知条件的过滤，原始镜像的扩展也扩展了同理他人的意愿。剩余的分歧将通过与扩展镜像相反的方法达到平衡。尽管我们不能指望能够达到这些相互协商的条件，但它们有助于指出关于价值观的实际对话可能进行的方向（下一节将会谈到）。

接下来的建议是我们的道德实践应该达到的理想目标：为全人类提供平等且重要的机会，使其能过上有价值的生活。这也是道德先驱者的一个目标（这些小群体的道德实践生活方式是最接近我们祖先的，阻碍实现这个目标的因素是特定的利他主义导致的社会紧张和不安）。不仅是平等主义的范围扩大了（从小群体人口到全人类），而且所追求的东西的性质也越来越多。由于伦理工程的发展为当代人提供了更加丰富的愿望和期望，所以我们不可能不期许"有价值的生活"的理念，而仅仅只满足人类的基本需求（例如：食物、住所、健康、保护、家庭关系），即使对那些仍为满足基本需求而挣扎的人而言仍是如此。

究竟什么可以被赋予"有价值的生活"的概念？从西方哲学的开端以来，这个问题就一直是其核心，但由于宗教对此的回答援引了超

---

① 这并不意味着每个道德问题都应针对整个物种，有些问题更适合做地方性的讨论（Kitcher，2011a）。对于科学知识的问题，包容性的概念似乎是恰当的。

自然物,并将这类事物构成的共同体定义为至善,导致西方哲学经历了一个漫长而又灰暗的时期。我不会为这个困难的问题给出泛泛而谈的答案,但修正一些主要原则是十分必要的。

幸福生活不仅仅是因为一系列令人愉快的经历(尽管清教徒认为快乐永远不重要的观点应该被抵制),有价值的生活有这样一个结构:享受幸福生活的人知道他们自己是谁,以及最想要的是什么。幸福生活少不了自己对目标的设定,而为实现该目标而取得的成功则是幸福生活不可或缺的一部分。然而,重要的是你的目标不是强加给你的——它应该是"你自己的"。也就是说,你必须要考虑各种选择的机会,你可以发展自己的才能和偏好,你也可以(根据你对自我特质的认识)在众多为你设想的中心目标提供前景参考的基础上做出选择。那些可能会构成什么是对自己最重要的观念,也是好生活的重要组成部分。当然,主体性使得一个人的选择不会受他人选择的影响。[①] 在你选择的环境中,你必须对你可能的选择敞开大门:切忌用任意的命令来框定你的选择,这实际上会排除最有吸引力的选项。你不能被某些主流观点所限制,认为某些特定的生活方式是邪恶的或有罪的,这些评价的基础完全是超自然力量的。

鉴别不同类型的人际关系是特别重要的,有些宗教通过强调幸福生活与他人相分离的观点扭曲了我们对人性的看法。超验存在者(或宇宙)组成的孤立群体,例如生活在偏远地区的隐士,或那些发誓要保持沉默的人,他们的生活方式被视为好生活的一种。一个类似的想法可以在一个彻底的世俗框架中被保留下来:世界宗教中一些最激进的反对者,赞同将认识自然界的目标视为一种特别有价值的生活方式。[②] 尽管这是一个重要启示,但它仍需要被细细体味。伟大

55

---

① 在塑造"立体性"这个概念以及这里的阐述中,我对密尔(Mill)和杜威思想的引入是很明显的。

② 这在德沃金(Dawkins)的著作中非常突出,但这个观念本身是很古老的——亚里士多德《尼各马可伦理学》(*Nicomachean Etics*)的最后一章有一个类似主题。

的探索者能做到两点:他们自发去认识迄今为止对自然无知的方面,并促进对他人的理解。对理解的陈述并不是探索者生命价值的决定因素,相反,价值是通过对他人的理解而产生的。

我认为美好生活同与他人的关系极为相关,那些生活过得不错的人,可能总是会认为自己影响着别人的生活。精细化的理论思考在促进美好生活形成的众多因素中占有一席之地,正是因为它有促进美好生活的潜力。因此,牧师或科学家,医生或护士,教师或社会组织者,都孜孜不倦地参与社区和家庭的维护,通过维持人与人之间的各种人际关系的相似方式而变得有价值。强调个人自由,以及选择我们自己认为什么是重要观念的能力,这需要同时认识到任何选择不包括与他人互动,并且看到自身的善是非常不足的。①

这个判断概括了道德工程历史中的一个重要部分。这个工程形成了重复互动的形式,人们通过这种互动能珍惜和珍视自己与他人。它产生了人类的理想关系和欲望,为他人做出贡献。然而,人类不断演变的生活形式并不总是能容易地形成有价值的关系,相互协调和参与各种各样的联合项目是美好生活的主要组成部分。人类社会的扩张增加了人们过上美好生活的可能性,同时也可能使实现这些可能性和过真正有价值的生活变得越来越困难。在成为更大社会机器中的和谐零件时,我们很容易理解我们所实现的是由我们所做出的具体贡献决定的,例如我们成功完成了交易,发现或发明或生产的事物,我们完成的任何任务都没有受到他人的影响。当我们用这些特定方向上的成功指标来衡量自己的价值时,我们的自我观念就会进一步被贬低,这种变量可以是我们收到的现金奖励以及我们所积累的战利品。我们忽略了这样一个事实:与独立取得任何大的公共成就不同,生活是在相互依存、贡献中实现其真正完整的价值的。

---

① 因此,当杜威从免于强制合作的自由的角度开始创作《公众及其问题》(*The Public and Its Problems*)的时候,他推进了密尔在《论自由》(*On Liberty*)中的规划。

在勾勒这些有价值的生活轮廓时，我希望能预防三种主要错误的出现，即一谈到"过得好"就容易受到抨击。享乐主义的错误在于将我们的生活分解成短暂的体验，并且用快乐和痛苦来衡量价值。个人主义的错误在于，将个人的某些特殊非社会条件（例如接受神的恩典、拥有伟大的发现、积累财富）看成价值的主要来源，这种思想在某些宗教传统中是主流，在一些世俗主义的版本中也存在。精英主义的错误则在于，假设一些非常大的、不寻常的东西作为好生活的前提，这在古代对城邦贵族的限制中已经很明显了。相比之下，根据初步的观点，几乎所有人类成员都有好的生活。① 谈论"人生项目"就必须有非常宏大的想法，就像只有少数人才能获得美好生活一样。我对美好生活的理解是对普通人的歌颂。不管何时何地，被强迫的生活不会被认为是有价值的生活，其缺少的是基本形式的自由，以及日常生活对各种可能性的认识，而不是特殊的资源或不寻常的才能。此外，很多时候，在大多数地方，帮助他人的普通人也能生活得很好。

我认为关于这三个提议是如何形成一个连贯的方案已经展现得很明显了，它们关注的中心是伦理工程的最初功能：对利他主义失职的补救。由于这个问题并没有得到很好的解决，所以是通过重新强调这个功能来更新伦理工程。纵观整个人类，我们被巨大的对他人欲望的反应失败所分裂，对于我们大多数人、甚至所有人来说，许多人及其欲望都是不可见的，这种情况被各种各样的伦理规范所复杂化，这些规范宣称自己体现了神圣的意志。用人类物种取代当地种群的包容性提议，不仅建立在人类相互作用的巨大网络之上，而且还建立在将全球人口内部的分裂和冲突视为困扰着原始人类（和黑猩猩）社会的当代崩溃的类比之上。共同参与的认知与情感条件来源

---

① 例外情况是，那些认知和情感的可能性将他们与完全发展的人际关系切断。我相信，这就是为什么我们为某种性状寻找产前基因检测是一种仁慈的方式。这些问题将会在后续章节中得到更详细的讨论。

于克服利他主义和扩展同情心失败之后应当做什么的考虑。最后，为了使得对人际关系的理解成为自由选择人生计划的核心，我的建议基于以下两方面：利他主义失败的后果；将自己与他人的意图相协调并为集体事业做出贡献的价值观，而道德工程的演化使这种价值观成为可能。

需要再次重申，没有道德专家，只有权威的对话。哲学的作用仅仅是提出一些可能促进对话的建议。针对我的建议肯定也有反对的声音，而那些对该方案心存疑虑的读者则被鼓励去制定替代方案。相对友好的替代方案可能会集中关注伦理工程的原始功能，即对利他主义失败的修正，但却以不同的方式表达了这一主题。尽管其中可能有更好的版本，但我认为这个集合中的所有成员将能够在后面各章的许多观点中取得一致意见，这些结论是在这里概述的框架的基础上得出的。一些人对更激进的建议不予重视，甚至是反对。道德工程的原始功能仍然十分重要，并面临着不同的挑战，而且是关注谈话的一个重要主张，因为我不知道它们是如何被发展成一个连贯的方案的。

第四节　科学中的价值

这一节将概述一种价值判断和价值讨论的方法，即价值自由的理想是无法实现的。我将简要地讨论，这个框架是如何辨别价值普遍存在于科学决策中的情况的。

先从历史的例子开始，"科学革命"这场旷日持久的争论就是围绕对立观点解决不同问题的能力展开的。在 17 世纪的天文学转换时期、18 世纪末的化学革命时期以及 19 世纪末的进化论接受时期，成功与挑战是并存的，导致很多问题难以评估。哥白尼可以解释次等行星（水星和金星）与太阳的分离，但他在解释那些不紧紧依附于地球表面的实体的运动时遇到了困难，（为什么鸟类和云没有被甩在身后?)并且在违背传统的"世俗"空间与不朽天堂的区分方面也遇到了困难。在拉瓦锡和他的对手之间的辩论中,存在着每一种观点都能解释的不同反应。达尔文最初成功令人信服的是关于不同种类生物,以及物种地理分布的关系的描述。但是,达尔文在解释电鱼以及偏远岛屿上的植物等类似现象时遇到了困难,同时他也对复杂生物结构的出现和化石记录中的空白感到困惑。

在这些争论的早期,持不同观点的群体所采用的价值证明方案是完全合理的,他们根据自己最喜欢的方法解决了比对手更多更重要的问题。哥白尼对系统的"和谐"非常重视;托勒密式的天文学家则在地球运动方面面临明显的困难;燃素论者认为他们充分记录了燃烧和水的合成,拉瓦锡对解释燃烧的不同方案和耐酸金属反应的观点感到满意;对于达尔文的盟友来说,有机体之间的亲缘关系和生物地理学的问题是至关重要的,关于复杂性出现的问题很容易被推迟。在辩论过程中,各种问题和解决方案发生了变化。天空原来不是一成不变的,每天对运动的观察粉碎了对鸟类努力追赶地球的担忧;燃素论者的燃烧分析论证也暴露出对实验结果解释的不足;达尔文主义可以扩大生物地理学的成功,以及有助于理解生物间的关系,即使是应对麻烦的电鱼问题。新的成功迫使反对派修改关于关键问题的观点并且调整提供证据的价值体系。最终,胜利者积累的解决问题的记录令人印象深刻,足以抵御他们对手对价值观验证方案的辩护。

这里发生的事情可以用一个家常例子来说明。想象一下,你想和你一个朋友一起买辆二手车。你和你的朋友去经销商那挑选出两辆不同的车,每辆车都有吸引人的特点,但你们都还不能给出最后决定。当你继续进行各种各样的检查时,你的朋友跳过对颜色的考虑,转而关注:引擎是干净的且保养得好,传动平稳,内部保养得当。相比之下,你最初的偏好的那辆车有一个可疑的服务记录:引擎会以特定的速度发出奇怪的噪声,齿轮的变速也不稳定,仪表盘的几个部分

59

是松散的,轮胎是破旧的。如果你能指出的只是一个能装文件的袋子,以及好看的装饰物,你就不会坚持原来的选择了。赋予这些特征更高价值将是荒谬的。

在历史事件中也是如此。当辩论达到了一个阶段,就没有任何重要认知价值的方案会屈服于一种为证明价值而延长辩论的方案。如果有人继续抵制,他们这样做是因为他们忠于广泛的价值观,这些价值观塑造了对认知和检验价值的判断。这为进化论遭到的持续反对提供了例证。

显而易见的是,所有反达尔文运动的官方言论都缺乏任何明确的认知价值方案,他们认为许多生物地理解释都是无关紧要的,相反,他们认为第一个细胞的出现是至关重要的问题并且超越任何其他领域的成功。保持与经文特定阅读内容相一致的生活历史观压倒了其他的考虑。即使舍弃了价值无涉的理想,也可通过修改理想来诊断达尔文怀疑论者的错误:检验的和认知的价值观被允许进入科学实践当中,但是广泛的价值观则不可以。我推荐一个不同的诊断:错误不在于调用广泛的价值方案,而在于引入了特定的广泛价值方案的特征。

在这里,以上的框架开始发挥作用。广泛的价值观可以在科学实践中扮演一个合理的角色,但在理想对话中,它们必须是可持续的。在共同参与的条件下,讨论应该是可能的,以支持被质疑的价值观。反对达尔文主义的人失败了,因为他们的提议所依赖的不是最可靠、最直接的对话的一部分,因为他们违背了相互对话的认知条件。①

要了解为何这是一个更好的诊断,可以对很多研究人员所做出的一系列决定做个调查。他们在没有更广泛的思考的情况下,暗中

---

① 这是因为他们假设有关超自然存在的说法几乎肯定是错误的(Kitcher,2007),反达尔文的广泛价值观以许多不太明显的方式违背了理想讨论的条件。

呼吁对价值的检验。在大多数情况下,也许几乎在所有情况下,在相互协商条件下进行的理想讨论都会赞同那些价值观的方案,并将其应用于决策中。对广泛价值的任何影响充其量只能是隐约可见的,没有理由特别小心或为此紧张,因此没有理由指责鲁莽或不恰当的解决问题方式。然而,有时候,这些决定确实会产生一些后果,一种得到广泛支持的广泛价值观念将会被认为是很重要的:开发一种药物可能给人们带来巨大利益,或是产生巨大危害的风险。在这种情况下,我们希望科学家能够调整一种可能在正常情况下完全适用的价值评估方案。理想的讨论不仅会由于采用不可估量的广泛价值观(如反达尔主义)来做决定而被谴责,而且也会因未达成被广泛赞成的价值观方案而烦恼。当一位科学家意外地发现了新的减轻人类痛苦的机会,而仍然固执地继续研究他最初的计划,我们有理由对其进行批评。无价值的理想之所以会失败,是因为使用有价值的广泛的价值体系(在相互协商的理想条件下进行讨论)来管理一个研究项目。

61

最后设想一个坦率的气候科学家。这位科学家的建议是基于对一些潜在结果的综合评估,这些结果是非常可怕的,而且很有可能需要采取行动来阻止它们的发生。我们可以想象,为什么有些场景是真正具有威胁性的,以及它们可能会危及的价值观。最后,我们的对话者将要求我们同意人类遭受的特定形式的苦难的坏处。这一要求是完全合理的,因为价值判断是在最直截了当的结论中展开,任何理想讨论都是在相互协商条件下实现的。

相反,一个以特定企业利益为上从而反对环保运动的人,将肯定会被视为没有达到科学标准——这不是因为价值观的纠缠,而是因为在相互协商的条件下,理想讨论将推翻具体的价值判断。负责任的气候科学家对价值观的正当诉求与行业党派所用的价值观之间存在重大差异,这种差异在前几节的框架中就提到过。

然而,这并不意味着在这场辩论中唯一合法的立场是支持气候变化行动主义。对上面那位气候科学家的负责任的反对,不应是基于党派价值观,而应基于可以在理想讨论中得到认可的判断。事实上,最明显的反对意见将会赞同与环保运动相一致的广泛的价值观。严重的挑战默认了大规模的人类剥夺和苦难所造成的伤害,认为干预主义措施很可能会阻碍后代人的资源积累从而加剧这些伤害:这不仅仅会让人们拥有更少的物质财富,还会使得他们的生活质量下降。① 具有讽刺意味的是,在这个最紧迫的当代政策辩论中,这里所述的价值评估方法为关于做什么的辩论提供了一个共同基础的相对简单的方式。我们将在后文中看到,主要的问题是关于平衡牺牲的问题,这些牺牲可以从争论者所共有的价值体系中得到确认。

62

---

① 这里我要感谢凯勒(Keller)让我明确认识到真正的严肃的反对不在于"资本价值",而是生活质量的一个基本概念。反对者认为,对经济增长施加制约会使世界经济陷入一种混乱,其结果将是所有人的悲惨生活(这是否正确与当前的问题无关;也就是说,相反的情况可能是建立在严肃的价值判断之上的)。

第三章　民主的价值

第一节　认真对待民主

本书的核心任务就是提供一个关于在一个民主社会中科学所占据位置的理论，一个关于科学在其中占有突出位置的公共知识体系应该如何被塑造以促进民主理想实现的理论。为了发展这样的理论，我们需要一个民主的图景。这一章将在前文所概述的关于价值的方法的基础之上，详细阐述一个关于民主和民主理想的观点，在其中一个健全的公共知识体系是必需的。这个观点将不同于大多数人对于民主特征的第一反应①，所以最好的办法是从最简单的概念开始。

许多关于民主的流行讨论——比如说政客们在他们已经进入的领域传播民主——将选举的存在视作一个护身符。当然并不是任意

---

①　当代关于民主的讨论有很多从不同角度出发的有价值的观点，我认同 Estlund (2008)、Goodin(2003)及 Richardson(2002)所提供的解释。我自己的观点也很依赖于一些古典作者的理念，特别是卢梭(Ronsseau)和密尔，以及政治理论家达尔(Dahl)的见解，然而，最主要还是来源于杜威的思想。

的选举,民主中的公民不可以被一些有权力的暴徒强迫投票,他们应当可以公开、自由地讨论相关事务。考虑到这些背景条件,一个关于民主社会的一般定义应当是:在一个社会中,所有的成熟公民都拥有投票选出做政治决策的领导人物和代表的机会。

尽管其非常通行,但关于选举的概念远不足以回答"什么是民主"这个问题,其部分原因在于,一个好的回答应提供民主为何有价值以及我们为何需要民主。正如杜威指出的,关于民主的兴旺的问题应该考虑到有思想的公民,并且当我们试图强调这些问题时,我们需要理解民主所促进的价值。仅仅考虑"投票箱和多数原则"是不够的,因为这些只是"呆板的符号"(Dewey,1958、1985)。

外在表现表达了民众控制的理想,选举为公民提供了一个投入到影响他们生活的决策中的机会。如夏皮罗(Shapiro)指出的:"当受决策影响的人在决策活动中扮演一个适当的角色时,且当存在有意义的机会来反对政府并以一个其他选项替换它时,民主使得政府成为合法的。"(Shapiro,2003)尽管这是含糊不清的——"适当的角色"与"有意义的机会"可以涵盖很多领域——但夏皮罗的构想指向了一些重要的方面。古丁(Goodin)的简洁陈述也提示了一个重要的方面:"民主是一个颇具争议的概念。尽管如此,从根本上说,民主需要使得社会产出能够系统地响应所有社会群体的既定偏好。(Goodin,2003)这里最重要的补充是引入了"既定偏好"(settled preference)这一概念,大致地说,它是一个与无知或鲁莽冲动相反的东西——一个被古丁正确凸显出来的概念。

强调投票和流行选举的原因在于,人们认为这是控制代表他们做出决策的人的最好方式。[①] 然而,我们有理由怀疑投票的计数和多数人观点的实现是否有助于表达"民意"或者其他任何有价值的东

---

① 杜威提供了一个选举被视为公共控制的适当手段的简明历史,他把密尔的思想归为"政治民主本质的古典表述"(Dewey,1985)。

西。在对民主的抽象条件的深入分析中,达尔(Dahl)引入了一个重要理念,即在一组糟糕的选项中选择一个最不差选项的投票中,一个人的个人观点是不需要被充分包含的。达尔提出一个公民在决策中扮演"适当的角色"的理想条件:"当任何认识了一组选项的社会成员发现其中至少有一个选项对他来说是优于所有投票的备选项的,他都可以将他偏好的一个或多个选项插入到那些排好了以备投票的选项中。"①当然存在这样的实例,即为满足这个条件而破坏了多数选举的价值,正如达尔自己的例子,当选择是在选举最高领导人和不这样做(进入集中营)之间。

　　达尔提出了单纯依赖多数投票的另一个困难。正如他指出的,对于一个问题存在分歧时,很可能出现一些人在他们的观点中表现得相对冷漠,而他们的对手则非常热情地关心分歧如何解决。因此,将存在一个多数群体,由一些当投票结果与他们的观点相对立时他们也不太关心的人组成,而另一个少数群体则感觉自己被投票结果深深影响。如果这一假定倾向于预设了一个人与人之间偏好的不可能的比较,那么值得注意的是,一个结果的价值可以根据个体准备投入的时间和安慰自己的方式进行评估。如果你认为那些为了他们的选择可以在雨中浸泡,可以花费数小时在漫长的旅行中,甚至可以冒着被殴打和虐待的危险的人们,与那些可能因为稍晚点吃饭就改变了选择的人们是不可比较的,那么你就不得不接受人类对于简单感官体验的评估是完全不可比较的,即使那些体验没有明显的生理和

65

---

　　① 就目前来看,这肯定是不现实的,如果允许为了自己的利益而故意设计替代方案,这可能甚至是一个不好的理想("除了提出的法律,我宁愿除了我以外的每个人都服从这个规定")。然而,如我们在第三章第四节中将看到的,议程设置的基本点是一个很重要的点。

心理特性。这确实是一个非凡的假设,一个操作主义者教条的遗物。① 如果是这样,那些相对冷漠的多数和热情的少数就变得有意义了。在这样的实例中,关于选举的多数观点就不能够充分表达民意了,对于"民意"最好通过指向某一个选项的感觉的总量来衡量,而不是通过那些倾向于某一种方法的人的数量来衡量。

选举与多数规则的存在不构成民主的本质,它们通常只是民众控制这一更深层次理念的表现。尽管如此,它们也可能不表现这一理念甚至背离它。我们必须进一步挖掘,寻找一个对民众控制以及我们为什么需要它的解释。关于民主的日常修辞提供了方向:民主是政治自由的关键(回想一下柏拉图对民主之友的看法)。这仅仅是故事的一半。对民主的诉求基于两个理想,一是自由,二是平等。但是,最好从自由理想的不同版本开始。

第二节　自由理想

以赛亚·伯林(Isaiah Berlin)的就职演讲包含了几个世纪以来关于政治自由的思想。伯林区分了两种主要传统:一是消极概念,将自由与威胁相联系,即自由是"免于……的自由";另一个是积极概念,朝向自由为我们打开的多种可能性,即自由是"达到……的自由"。尽管这一区分是有价值的,但它应当以两种方式被进一步阐明。第一,这两种主要类型有一些重要的变体;第二,将积极自由的概念与一个国家的极权主义概念分离开来(两者经常联系在一起)。

66

---

① 因为担心人际效用比较的假设不适合精确的操作测试,关于偏好不相容性的标准经济教条增加了其吸引力。尽管如此,我们仍然可以根据关于我们物种反应的心理和生理信息做出粗略的判断。作为文中给出的场景的纯粹实例,假设两个主体在二元选择中都更喜欢相同的选项,如果停留的代价是受到轻微电击,那么第一个将会选择转换,而另一个则不准备转换,即使电击可能造成其失去意识。假设对他们的神经和心理测试没有显著的反应差异,那么我认为坚持我们不能分辨对前者的微弱刺激和对后者的长时间刺激之间的差别是没有基础的。

消极自由的理念在英美政治传统中曾占有突出地位，这可以追溯到霍布斯（Hobbes），他通过对一个"自然状态"的解释来架构其政治理论，在"自然状态"中个人倾向于干涉和阻碍其他人的表达和愿望。来自他人的干涉是自由的对立面，过渡到一个国家将减少或理想地消除这些干涉。当然，霍布斯的提议中一个鲜明的危险就是一个专制国家，一个强大的利维坦。一个全能的统治者的存在可能阻止他人干涉"我"，但这个国家自身可能产生新形式的干涉。的确，如果人类动机如霍布斯所想的那样，且干涉他人的倾向是非常根深蒂固的，那么将很难确保国家不能产生出新形式的干涉。照此推测，至少我们中的部分（也可能全部）人有干涉他人的倾向，并且如果国家准备提供其需要的保护，它将必须阻止这些倾向并反对其自身变为一种干涉。在向霍布斯式的国家过渡时，收益伴随着损失，一个充分的辩护将必须采取我们之前提出的平衡形式。

这并不是霍布斯关于国家如何运行的独特概念的产品，也不是他的专制主义的结果。这一点具有一般适用性。如果在一群人里人们的目标相互冲突，且每个人都决心追求自己的目标，那么在没有规则的情况下做出决定，将产生一些形式的干涉。同样地，在有规则的情况下做出决定也将产生干涉。因此，任何国家都会产生一些形式的干涉——当然是不同形式的，并且如果说国家可以促进自由，那就一定意味着其产生的干涉比其消除的干涉更易于忍受（较低侵略性的自由）。

从这个角度来说，消极自由的概念可以以多种形式被发展。最严格的可能性就是宣布所有的干涉都是坏的，干涉越少越好，因此国家的任务就是使干涉的总量最小化（最粗糙的方法就是简单的聚合，但更多微妙的方法显然也是可能的）。另一个选择就是宣布在所有人类当中存在某种自然权利，国家通过消除那些侵犯了自然权利的干涉来提供自由。在此基础上，可以通过比较不同政治国家所产生的干涉的分布，来确定某个国家提供了更大的自由，因为其直接指向

67

阻止侵犯自然权利,而不是阻止那些对自然权利而言中立的行动,甚至产生对自然权利的侵犯。这种方法的吸引力在于其避免了如何聚合干涉所产生的困难,并且得出了不是所有干涉都是坏的这一合理的结论。当然,我们也应该欢迎那些可以阻止人们的权利受到侵害的方案(当 A 想要打 B 的头时,执法人员的干涉是一件好事)。

考虑到上一章的道德工程的观点,"自然权利"的理念独立存在于人类协商并且等待被深刻的政治理论家发现都是毫无希望的。权利的归属取决于,对我们社会技术的进步性阐释加以何种限制,在互相承诺参与条件下的对话发挥何种作用。依据保护权利构思的消极自由理念,我们已经预设了一个很深的民主概念,即在平等方面的讨论。

当我们考虑关于政治自由的消极观念的不同传统时,将出现类似的观点。像边沁(Bentham)、密尔、马克思(Marx)都认为,含糊地诉诸权利会导致对社会不公正的掩护,他们试图寻找一个可替代的基础。密尔的经典构想提出人们的生活以表达为中心,其体现了人们关切什么以及他们是谁的关键概念,政治自由就在于表达不被干涉,除非他们干涉了别人的表达。对于每个公民而言,一个自由的社会包含了一组私人空间,从而保证一个公民在其私人空间内的操作不受干涉。在那些进入私人空间的形式的干涉与那些保护私人空间的形式的干涉之间存在重要的区别,前者违背自由,后者构成自由。

任何这类观点都必须界定这些私人空间的边界,密尔及其后继者在消除这些限制的尝试中采用了"伤害"的概念,只有你的行动伤害了其他人才形成了干涉。人们做的很多事确实导致了其他人在追求他们的个人表达时的困难,那么其中哪些事构成了伤害呢?密尔之后的自由主义政治思想的发展历史表明了这个问题的困难之处。与"自然权利"的概念一样,"客观伤害"的思想等待被深刻的理论家识别,也被道德工程的特征证明是错误的。再一次强调,边界是在我们对我们社会技术的阐释中划定的,是通过相互承诺的条件下的对话确立的。①

现在转向自由的积极概念。一些人（如卢梭）从自主的角度理解自由的概念，有两个理念构成了这一观点的基础：第一，人们被设想为拥有深层的欲望，甚至需要与其他人的共同活动；第二，人们都拥有的欲望和感情可能很容易将其引向不相容的方向。人们的社会本性使其倾向于参与到能够有利于所有参与者的合作项目当中，而在其他时候，人们可能会有一种强烈的冲动去放弃任何这类项目，转而追求吸引其个人或将给一些小群体（家庭或亲密的朋友）带来好处的目标。社会契约的关键在于，参与各方首先要认识到大家为了富有成效的合作而成为一个群体的潜力是存在的，然后看到这种合作的愿望。② 在达成契约的时候，人们总是承诺那些可以将合作的好处带给所有人的结果，同时也承诺了那些可能与他们以前的个人偏好更一致的结果。③ 这之后，如果有人试图偏离契约，那么为了他开始所承诺的社会导向的且表达了他最深的社会本性的结果，其他人将他带回原来的轨道而拒绝他暂时的、个人的选择，是强制让他自由了。

这里所讨论的自由概念认为，法律的实施通过使我们回忆起我们所拥有的最深的社会愿望来解放我们。其具有的一个重要的意义是，我们通过对与他人分享一个社会的承诺来改变我们自己，因为我们创造了一个控制我们的竞争趋势的秩序。通过这种方式思考自由体现了上一章的一个伦理主题，即与他人一起行动是任何令人满意的个人项目的核心。然而，当社会契约的参与各方被操纵承诺于一

69

---

　　① 一些当代理论家倾向于通过把自由视为没有支配来接近消极自由的概念，其中只有当 A 有可能随意干预 B 的行为，A 才会被认为是支配 B 的。这种观点的重要变体可见于 Pettit（1997）和 Richardson（2002）的研究。对于"共和的"自由理想，"任意干涉"概念的界定最终是由共同参与条件下的理想对话的结果决定的。

　　② 这是卢梭的重要预设，即不是每个群体都可以形成一个真正的社会契约。合适的群体要满足规模的要求（必须不能过大），并且必须满足一个共同价值的条件（Hackett, 1987）。

　　③ 我曾阐述这一观点并对其进行简单辩护（Kitcher, 2010）。

些无价值的甚至压制性的"合作的努力",如对领袖的赞颂或祖国的胜利,这个积极概念很明显是可以被歪曲的。为了限制这些困难,我们应该要求任何合作的真正形态必须给所有人带来真正的益处——此处对于益处的评估建立在相互承诺参与条件下的理想讨论。此外,这个要求必须包含所有被活动影响的人,甚至包含那些不能算作"合作者"的人。如果一个社会契约的参与者都可以获益的某个结果威胁了另一社会契约的参与者,那么这种更广范围内互惠互利的失败就破坏了他们以一种有价值的合作形式来共同行动的身份认同。将自由构想为自主包含了其于民主友好的变体,即来自消极自由方面的一种约束:自主的能力建立在任何群体的类似能力都被尊重的要求上。积极的民主的自由是以协商者共同体的包容性概念为前提的,这在本书第二章第三节中已被辩护过。

杜威从自由社会的密尔式图景及其个体自我实现的受保护领域开始,提供了一个相关的积极概念。他认为这只是一种名义上的自我实现,因为那些最吸引人的重大项目涉及与他人的互动。一个受保护的个人空间仅仅只能保障一种不完善的人生机会。真正重要的计划不是"为了我"或"为了你"的计划,而是"为了我们"的计划。自我实现在于许诺这些能力,当那个能力变得可能时,真正的自由便产生了。

在超越了投票和选举这些表面现象去探究民主的概念的尝试中,杜威提出,"民主不仅仅是政府的一种形式,它最初是一个相关生活的模式,一个共同交流经验的模式"(Dewey,1997)。达到真正民主的关键是一个打破障碍的过程,这不仅在个人之间,更在于更大的群体之间,在阶级、种族和国家之间。"这些数量更多、种类更多的接触点表示个体必须对更多样的刺激作出反应,他们因此重视自己行为的变化。由于他们必须在一个群体内而这个群体的排他性将很多利益拒之门外,所以只要对行动的激励是不充分的,他们想要解放的力量就一直被压抑。"(Dewey,1997)相同的主题在另一篇文章中再

70

次出现："对我而言,民主的主旨作为一种生活方式可以被表达为,每一个成熟人参与到将人们的生活调和到一起的价值形成中的必要性:两个必要的要点是社会总体福利和人类作为个体的全面发展。"(Dewey,1958)这些表述以及杜威著作中的很多类似章节,都提供了一个自由的理想与一个关于自由民主关系的主张。这个理想提出自由包含了某种形式的自我实现,即参与集体合作活动的人的能力的发展,这种自由是一个真正民主社会的关键组成部分①。

由此产生的自由社会的概念要比密尔提出的概念更加复杂,因为它设想了需要受保护空间的不同层次。家庭、朋友、队伍、社区、工会、专业协会、社会运动、教堂、政党、国家以及作为一个整体的种族,所有这些都参与到共同项目中。个人实现自己的典型方式不仅仅通过孤立地参与其实施的项目,而且也通过作为这些更大群体的一部分,并且,对不同类型的主体之间的个体努力的区分通常是异质的。因此,密尔式的"以自己的方式实现自己"的概念应该要求一种积极自由,即在共同体中行动的自由,通过共同参与项目实现自己的自由。同时,那种积极自由依赖于对密尔所提出的保护的种类的扩展,在所有层面中的共同活动都必须得到保护,除非它们侵入了其他人的类似活动。②

考虑到它们的共同主题,以上提到的四种关于自由的观点(霍布斯、密尔、卢梭、杜威)不必被视作竞争者,它们只是提供了阐释关于价值的核心理念的不同方式。此外,之前的章节中对它们的评价阐释了个体项目、有价值的个体项目中的社会互动,以及相互承诺参与条件下达成的决策的重要性。的确,我们不必选定这些理念中的一种并让我们的民主概念适应于它,我们可以认真对待每一种观点,在

71

---

① 值得注意的是,杜威尤其关注伯林的两个概念的相互对抗,利用每个概念来揭露对方的局限性并试图将两者的观点结合起来(Dewey,1997)。

② 因此,当杜威提出他对社会哲学最广泛的处理方式时,他首先提出了《论自由》中核心问题的普遍版本,即个体之间交易控制的问题。

我们试图理解和改善我们所处的民主困境的时候考虑到它们强调的不同方面。

明确这些基础概念的区别,并且弄清楚那些自称政治自由的拥趸所散布的粗糙和肤浅的想法是有意义的。保护私有财产是对自由的一种表达,这是因为使用我们认为合适的特定资源的能力有时对促进有价值的生活项目是非常重要的。但是,任何保持大量个人收入且抵制纳税的概念是非常脆弱的,没有公共收入就没有了实施合作项目的必备品,所有人的基本自由都会被削弱。对形成那些公共收入的措施的尖锐攻击,经常构成了对我们所珍视的政治价值的最具误导性的贬低。

第三节　自由中的平等

人们在许多方面可能认为是平等的或不平等的,其中一些是与对民主的考量相关的。尽管可能有人认为社会生产或其他因素对不平等的放大代表了一种民主价值的失败,但没有民主主义者应该承诺关于所有人在天赋和能力上平等的信条。同样地,人们可能聚焦于资源分配的不平等,认为民主需要对任何的对平等的偏离进行辩护。我将从一个相对弱的平等概念出发,而后逐步接近更具野心的可能性。

民主的平等最直接的概念集中于社会运行的程序,集中于民主的表层表现。在一个民主政体中,公民被认为是平等的,即他们在社会运行的程序中被平等对待,每个人被要求做同样的事情。正像我们如果不考虑这些程序是为了什么就无法理解民主一样,我们同样无法确定民主的平等,除非我们发现了这种就程序而言的正式平等为什么是一个好东西以及它怎样服务于重要的目标。尽管我们还没有探索出将这种程序与民主政治安排相联系以促进刚才所提到的多种形式自由的方法,但是构想被这些自由理想所维持的平等理想对

72

我们是有帮助的。我们重视现存民主的程序,因为其促进了公民的自由;我们需要与这些程序有关的正式的平等,因为我们需要与我们所欣赏的自由相关的某种平等。因此,以民主为基础的平等理想是与这些自由相关的某种形式的平等。

这种做法是模糊的,但确实有助于明确关于民主所需要的平等的研究。与前一节的自由理想相联系,民主的平等这个概念应该被理解为对自由理想的平等实现,还是一些形式的平等路径,或者是平等机会及平等能力呢? 我将从消极自由的概念展开论述。

不论我们是否接近于解决权利或受保护空间的问题,国家被构想为建立机制以保护某种形式的干涉,并且尽管其确实产生了另一种形式的干涉,但这后一种干涉被认为是相对温和的。法律机构被用来保护自然权利或保卫个体追求其项目的私人领域,并且拥有这种机构的损失及其加诸公民的限制,都被认为是在追求有价值目标时应该付出的代价。一个非常明显的解释平等的民主理想的方式是:在法律机制的创设中,所有的公民被平等对待,每个人受到相同的保护,每个人也被要求放弃以相同方式侵入他人生活。对所有人的真正保护且没有公民比其他人更容易被侵入权利或个人项目,是这个平等理想的重要组成部分。支持法律机构的责任不能被不均衡地承担,一些法律机构的有效成本也不得明显高于另一些机构。要求所有公民执行一个特定类型的行动可能制造一种实质性的不平等,这是因为对于一些人来说这个行动已经完成了并且没有减弱其追求私人项目的能力,而对另一些人来说执行这个行动不符合任何令人满意的生活方式。由于责任通常伴随着要求维持保护性法律的行动,在法律产生之前的平等理想被构想为与消极自由相关的平等,是典型地与资源方面那些大的不平等不相符的。与消极的自由理想相关联来评估一个社会的民主条件涉及两方面的问题:一方面是关于法律禁止的干涉与法律产生的干涉,另一方面是关于在公民当中保护与责任的分布。

73

自由的积极概念产生了要求更高的平等类型。假设自由要求面对大量可能的生活项目时（不论被视作个体的活动还是集体的活动）的识别及有效选择能力，若将这个假设与一个平等理想加入自由当中，将使得某种机会平等成为基础。这种机会平等不能被理解为获取资源的平等可能性，而是对于个体生活的一系列丰富选项的平等可用性——就是在第二章第三节中指出的善的概念。对每个公民来说，相同丰富的选项清单当然是不现实的，这是因为，当个体特征一旦被识别出来这就变得不可能了：一个音盲是永远不可能成为歌唱家的。然而，理想却是可以做到的，这就需要一些特定的选择：我们应该选择扩展那些选项清单还比较局限的人的选项范围，尽管这可能使得那些幸运者放弃扩展他们的清单。如果差别非常大，减少幸运者的选项甚至也可以被用来促使那些前景非常局限的人拥有更多选择（Rawls，1971；Mill，1970）。①

卢梭式的自由的积极概念集中于为了共同善的社会契约的参与者的承诺，这个共同善的概念包含了一个平等的理想。在卢梭的意义上，为了一个社会达到自由，公民的共同行动必须指向共同善，并且共同善是与收益分配的持续增长的不平等相矛盾的。因此，在这一点上，平等理想不是自由理想的附加物而是其结果。

我已经概述了为何一个社会中的资源分配容易与社会中的自由分配相关。相较于详细考察特定的社会是否达到其声称的民主理想的方式，这类考虑是次要的。然而，社会应该发动政治理论家以及有关怀的公民实施这种详细考察。大声要求坚持所谓民主范例中的"个人自由"的巨大丑闻是，忽略了关于分配任何名副其实的自由的事务。很多那些"自由"的佼佼者们仅在心中拥有他们自己的"自由"，他们想要完

74

---

① 因此，密尔的政治经济学更关注分配的问题，他要求较重的遗产税以及为所有人提供教育机会。密尔确实认为，从极其富有的人手中收回多余的财富将有利于他们孩子的发展，但是即使他放弃了这个心理假设，他也会坚持对扩大穷人机会的承诺。

成的事会进一步削弱那些本身已经缺乏自由的人的自由。

第四节　民主的图景

我一开始提出了民主及其表层表现,即投票和选举,这引向了关于对决策行使共同控制的人的有提示性但却含糊的语词。在那些语词之后,我辨识了自由的理想和平等的理想,现在应该尝试将这些片段组合起来了。

图景的基本形式是比较明显的,我们有三个层次。自由的理想与自由中的平等(第一层次)被公民参与影响他们的事务决策(第二层次)所促进,并通过选举(第三层次)的标准机构、投票、法律等实现。

我所展示的这个图景提出了两个非常明显的问题。第一,一般来说,不同层次间的关系如何运行? 第二,这个图景与我们所说的"民主"的社会有什么关系? 我的论述将从第一个问题开始,特别是从公民参与决策促进自由和平等的理想实现这一理念开始。

在一些自由和平等的概念中,不同层次间的关系是明确的。如果你将自由视为自我实现,并且将自我实现构想为追求共同的项目,那么就会一点都不奇怪为什么公民平等参与的共同决策促进了自由的理想和自由中的平等——这个被视作手段的活动自身被包含进了其要达成的目的。当然,这个概念确实引起了一些关于现实民主中的机构设置是否是这个理想的恰当实现的质疑:平等地保护每个公民的法律通过投票产生显然是不够的,参与者之间必须有真正的讨论,这更类似于 18 世纪美国的市民大会的民主。① 投票和选举必须

75

---

① 当然,这给托克维尔(Tocqueville)留下了深刻的印象。尽管他担心,随着一个更复杂的社会的发展,它将会被通过。杜威强调集体行动中的自我实现,他将投票和选举视为"基本的政治形式"、讨论的可怜替代品以及"相互教育"(Dewey, 1985),并使得自己的关切与托克维尔的分析相一致。

与促进自我实现的潜在理想相联系,因为它们是实现这些理想的必要条件,但是只通过它们来实现显然是不够的。

　　同样地,作为另一个版本的自由的积极概念,卢梭的自主理想顺从了公意。尽管这个理想与平等参与讨论和决策之间的联系更弱,这是因为,对于卢梭观点的极权主义发展已经显示,国家权威可以不通过公众讨论就确定共同善——你可以信以为真地认为公民如果要履行他们对共同善的承诺就需要集会和讨论。公共论坛可以被视为公民彼此教育的场所。仅仅记录一个可以服务于相同目的的选举,或揭示少数人的观点与公意不一致,这距离厘清问题还很遥远。①

　　然而,当我们转向自由的消极概念时,自由理想及自由中的平等理想与促进其发展的公共决策之间的关系变得有问题。仅仅是定期进行选举的多数统治制度不能保证以保护权利或个人项目的方式减少干涉,也不能保证这样做就能平等对待所有公民,甚至不能保证让这些结果更容易发生。托克维尔和密尔都认识到,多数人可以把自己的暴政强加于人,密尔得出了一个明确的结论,即促进自由的问题被错误地理解为与多数人统治有关。理想与现实的连接被伪造了。即使我们预设了集体决策——公民参与到影响他们事务的决策中——情况也没有任何改变。如果说潜在的自由理想和平等的理想被实现了,那也是因为本质性的规定阻止了某些类型的干涉、对私人领域的侵犯或侵权。如果公共讨论、公共决策、投票以及选举起到作用的话,那是因为它们也设置这些规定并在它们所及之处捍卫这些规定。仅仅是诉诸投票可能做不到这一点,还有可能起到反作用。

76 潜在的理想与被预设来促进理想实现的决策之间仅仅存在一个松散

---

　　① 尽管卢梭试图在承诺公共利益和表决程序之间建立联系,声称那些在投票中被击败的人必须承认自己是错误的,但是这一般不能成立,因为大多数人可能根本不知道他们的决定会造成可怕的后果。事实上,卢梭自己的表述隐约暗示了实现这种教育功能所必须满足的条件。在这里诉诸孔多塞陪审团定理(Condorcet Jury theorem)也是不合理的,问题的关键在于,对于占多数的公民来说,决定公共利益的个人概率是否大于一半。

的配合。

　　扩展民主程序以涵盖曾经被排除在外的人与通过那些人达到类似这些形式的消极自由之间的关系是明显不同步的，允许穷人和少数族裔参与投票并没有消除那些以独特的方式进入这些人的生活的干涉，也没有给他们带来平等的权利。如果在将消极自由扩展到包括穷人和少数族裔方面已经取得了进步的话，那是因为他们中的一些成员所进行的进一步的社会努力（通常被一些具有同情心的人施以帮助）。美国妇女在一战后被赋予了投票权，但是妇女的解放运动直到 20 世纪 60 年代还在争取增加消极自由——当然，平等权利修宪案一直没有被通过。① 在选举和投票中实现且被广泛认为是民主核心的共同决策，显然没有满足消极自由理想的需要。此外，严格地说，共同决策甚至不是一个必要条件，因为维持消极自由的本质性规定可以被明智和蔼的统治者制定并维护：你可以想象人们接受反映了最高尚的废权主义者态度的一个广义版本。

　　因此，关于民主的官方故事（或者是各种官方故事，因为存在很多潜在接近自由的变体）的不同层次之间存在着相当大的松动。因为我们很自然地引入了产生我们民主制度的历史进程的叙事特征，所以这些松动就从我们的视野中消失了。我们回想一个特定的方式，在其中，对一些拥有充足的资源并试图抵抗对消极自由的侵犯的群体来说，干扰或侵权的形式变得非常突出。当我们将我们描绘的历史转换看作通向民主的台阶时，我们可以认识到一种模式。在一个社会之内，存在两个群体，即压迫者和具有丰富资源的被压迫者；这些群体并不是社会的全部，因为将很容易存在更大的群体，其成员受到更强的压迫且没有资源去抵抗。具有丰富资源的人受到的压迫可以被很典型地识别为真实的干涉或侵权（消极自由的变体很容易

---

　　① 许多学者认为，平等地消除支配、干涉和侵犯穷人、妇女及少数民族的权利仍然是不完全的。有力地阐述女权主义的案例，参见 MacKinnon(1989)的著作。

适用于民主出现的叙事手法),资源丰富者的资源充足到可以使他们有能力推翻压迫者,或者至少限制其行动的能力,并且有能力设置保护以抵抗曾经受到过的那些形式的压迫。为了让这些保护得以稳固,后续管理必须受到被保护群体的检验。这种检验的比较明显的形式就是要求被保护群体的成员参与到一系列相关决策中,并且拥有投票选举相关领域管理者的权力。这些决策和选举构成了一种试图阻止之前的压迫再次发生的控制模式。

这种模式可以在很多历史事件中得到追溯:在罗马的历史中(包括共和时期和帝国时期),在意大利城邦的历史过程中,在大宪章所开启的英国议会体系中,以及在美国独立战争及其结果中。在所有这些情况下,对压迫者和昔日被压迫者的控制,是通过将被压迫者纳入之前导致他们消极自由被限制的决策中达到的。关于消极自由有一个特定问题,正如官方故事所构想的一样,即对于某种民主的可识别的压迫者(identifiable oppressors)的问题给出解决办法。当对消极自由的侵犯可以归因于一种压迫的来源(一个暴君或一个行为残暴的群体)时,这个特定问题便出现了。如果这个压迫的来源可以被推翻或被限制,并且如果与之前的侵犯相同类型的行为受制于对潜在目标的共同控制,这个问题便可以被解决。

正如托克维尔和密尔所看到的,共同控制的新体系会导致一个过去问题的新版本,在其中新近被赋予选举权的多数人会以之前压迫的方式侵犯少数者的自由。即使一个体制性的规则已经设定,对这个体制的保卫很显然是无法通过民主决策、投票或多数统治来达成的,因为那只能产生多数人行使暴政的一个新场合。因此,从麦迪逊(Madison)开始的建设性的政治家已经发现,必须设计其他方法。我们可能会质疑这些方法可能容易与一些潜在的理想相冲突(特别是与自由中的平等相关)。①

----

① 相关评论可以参见 Dahl(1963)的著作,特别是第一章。

然而,我主要关心的并不是应该如何更清晰地表达对可识别压迫者问题的民主回应,以避免产生新的多数人的暴政。有两个与民主的特征及科学在一个民主社会中的地位相关的问题。第一,如果我们要理解已经出现的民主图景中不同层次的关系,我们最好从民主化的持续进程的角度架构我们的问题,因此我们的任务总是思考我们已经继承的制度,思考它们是如何回应实现潜在理想的早期困难的,以及它们可能被如何进一步发展和精炼以促进那些理想得以实现。第二,过去的民主化努力的主要问题预设了一个超出了对消极自由限制的可识别来源,即使是在公共决策、选举以及常规民主机制存在的情况下,一种对待压迫的方式是坚持较好地识别出压迫的来源。如果选民无法看到正在发生什么,或者他们不能追溯他们感觉到的对他们的限制,那么选举将不太可能作为一种控制的手段。从功能性的民主国家到极权主义国家的衰退揭示了这种情况可能发生的一种途径。我们的兴趣在于一个不同的可能性,一个现代大型社会的特征,即不可识别的压迫(unidentifiable oppression)的难题,这意味着对自由的限制不能被感觉到,即使被感觉到了也由于包含了非单一行动者(或是当行动者的作用是间接的)而很难被溯源。要解决这个难题,公共知识是必不可少的。

我们不难想象,在小规模的社会中,民主图景的不同层次间的关系是可以如其所描绘的那般被直接表达的。面对数量不多的决策和一个小的群体,决定是可以通过所有参与者被平等对待的深入讨论来形成的。你可以详细阐释对决策的解释,以使得其铭刻了我所区分的自由理想和自由中的平等理想。现存的狩猎——采集部落——以及我们那些发起道德工程的先辈们——可能接近于平等主义的民主理想(Lee,1979;Boehm,1999)。那个理想可能也在小规模的新英格兰社群中兴盛过,他们的镇民大会曾被托克维尔所赞扬。

然而,在工业化和后工业化的民主国家中,影响到所有公民的决策的公众控制理念看起来是荒唐可笑的。错综复杂的劳动分工意味着任何个体的生活都被大量他人行动所影响,因此大量体制机制需要被设置以限制相互作用发生在难测的距离之间。为了设定可以控制所有这些真实和潜在的相互作用的规则,为了执行这些规则,就需要大量的决策,每个决策都可以影响到许多公民的生活。至少在来自许多不同方面的专家汇集他们的洞见之前,是没有哪个个人可以对一个新提案的所有可能结果都有一个清晰认识的。例如一个对车速限制的修改提议,这个修改可能以任何方式影响你和他人:可能增加或减少你遭遇意外的可能,可能提高或降低你用于旅行的时间,可能提升或降低大气污染物的含量,可能会增加或减少货物被运送到各个地区的吸引力,可能会鼓励运送那些货物的方式发生转换,可能会要求维持多种运输模式的不同方式,如此等等。你没有能力评估所有这些结果,甚至没有能力意识到其中一些结果。那些被赋予决策责任的人也没有能力做这些事——至少在不同的专家贡献他们的看法以及集成者引入他们的总结之前。我们被受我们委托的其他人的大量决策所影响,而那些其他人又进一步委托别人,直到最后,一个笨拙的分布式实体得出一个结论。

正如达尔在一个经典讨论中指出的,对于一个公民必须做出许多决策的大型社会而言,任何的完全参与式民主的理想都是不可行的。设想一年之内出现了相当数量的决策,并且每个人都有一定的时间发表其看法,需要的参与和协商的时间将不得不由公民数量、决策数量,以及分配给每个人的演说时间共同决定。一个拥有一千个公民的群体,一年面对一百件议题,每件议题将留给每人 5 分钟的时间——假设大家完全致力于这种做法且都不睡觉;如果公民数量增加到一百万,那么每个人的份额就降到了 0.3 秒(Dahl,1970)。[①]

当然,这意味着,建立在积极的自由理想(通过与他人一起参与

---

① 我通过查看每次演讲的最长时间来修正达尔的分析,而不是花时间来确定(他的选择是 10 分钟),并考虑到了所涉及的问题的数量。

决策的自我实现，通过与他人讨论的公意中的教育）上的一些民主概念是不可能的，除非公民和决策的数量都很少。即使你假设民主只要求与社会必须做出的决策相关的选择权的表达，只在那些事务上进行投票，也仍然有麻烦。公民必须在提交给他们的每个问题上投入相同的时间进行理解，这将是很不容易的。如果一年有一千件议题，且每个公民每周投入 20 小时准备这些议题的投票，他们将在每个议题上投入 1 小时。考虑到关于国防、健康政策、就业、教育及环境影响等问题的范围和复杂性，即使那些处理信息非常快的人也无法完全将这些事情考虑清楚。

80

真正地参与到所有影响公民生活的决策中显然是不可能的。你可能认为可以通过聚焦于那些对公民最重要的决策来改变这个困难。也许很多议题是不重要的，其可以从议程表中被撤出而不带来太大损失，从而使得人们可以集中精力于剩余的重要议题。然而，经过片刻思考就可以发现几乎不存在对每个人而言都不重要的社会决策，没有一些议题对所有人都重要，也没有哪些议题对所有人都不重要。我们应该专注于那些与我们自己有关的议题，并且同意不对那些与我们无关的议题投出愚昧的一票。当然，找出那些对你重要的议题，需要对整个议程表有足够的理解以过滤掉那些不相关的议题，这样的话我们就又回到了需要投入相当多的时间去了解所有议题的境地了。

所有大型民主社会的出路都是追求一种政府制度，就此而言，引入民主这一术语的古代社会将不能被算作民主。除了少数例外（需要公投的议题），我们将决策工作委托给那些代表我们的人，这些代表们再将得到复杂议题的简洁总结的任务与对具体政策的详细阐释的工作委托给其他人（Richardson，2002）。一个高度分布式的代理人制定了一个详细政策以指导行动，这些行动将与其他类似分布式决策产生的政策所指导的行动相结合以得出结果。这样一来，经常出现的情况就是，不仅公民没有做出决策，而且得出的结果是任何人都不能预见和满意的。

那么,公民投票者如何控制以他们的名义进行的决策呢?经典
的回答是,代表们给公民提供了一些选项的不同组合,诉诸前瞻性的
评估,公民可以投票选出最吸引他们的那个组合(Schumpeter,
1947)。对这些组合可以进行回顾性的判断,因此当代表们做出被证
实是与公民的愿望相违背的决策时,公民可以替换掉他们。但是这
种公民控制的概念也是乏力的,不仅因为选民没有办法将他们喜欢
的选项加入那些组合(Dahl,1963),也因为合适的组合可能而且通常
会混合了现存的选项,所以在这种情况下无论何种选择都会与重要
的选项冲突。进一步来说,任何预期的控制都依赖于代表对决策的
分布化进程的充足影响力,以使得他们的承诺得以真正兑现。对于
这个公民控制模式的乐观主义态度取决于,选民能够确定他们的不
满,能够知道他们的自由何时已经被侵犯了,以及能够追溯问题的原
因。最后,这种模式假设对于公民来说,决策结果不是不可挽回的,
他们投票反对的那些被视为已经欺骗了他们的代表,将被那些有能
力并且愿意改正决策结果的代表替代。

这些模式都很容易失败,因此,认为民主可以全面增进公民的自
由和对生活的完全控制是一个巨大的幻觉。那么人们为什么对民主
如此热情?他们为什么认为自己拥有一些重要的控制形式?

任何对民主的好处的解释必须是多层面的。当代民主中的很多
公民,都未能意识到实现自由理想和自由中的平等理想的任何失败。
当这些人思考他们自己以及他们朋友、邻居及合伙人的生活时,意识
到了对他们行为的限制,但是他们不把这些限制视为对自由的侵
犯——这些限制是这些人追求其项目的能力的麻烦、不便甚至是真
实的约束,但这些人却将其视为生活的现实。一个无法上学的学生,
他需要意识到他的理想,或者他的进步被无能的教学、不足的文献和
设施以及恶劣的环境约束了,他将感受到挤压,但他却不会将其描绘
成对自由的压迫或限制。因此,他不会对民主理想被侵犯或至少妥

协而表达愤怒。

这个解释的第二个层面是,那些对他们自己的自由状况很满意的人,那些认为现有的制度可以帮助他们获得自由的人,伴随着自由的分布,经常不能意识到不平等。在法律面前,他们运用对平等的正式保障以及他们自己对自由的适当规则的感觉,总结出民主实现了其理想。如果关于自己的自由我没有发现任何问题,如果我知道宪法给予我和在破旧社区的少数人以平等对待,我可能得出这些少数人享有了与我一样的自由的结论。当然,如果我花了一些时间走在街上寻找工作和住宿,而这些少数人也在我身边,我可能会得出另外的结论。

然而,这个解释中的主要因素,既不是虚假意识也不是与不幸的社会成员的失败接触,而是对民主社会的成员来说,最突出的民主在面对一个重要历史困难时的毋庸置疑的成功。民主化是对可识别的压迫这个难题的一个有效回应,即使在社会变得异常复杂的时候,在选民控制被减弱的时候,对解决这个难题而言仍旧有效。这是因为处理可识别压迫者的通常策略并不是推翻他们,而是对他们的执行行为设置清晰的限制。宪法对领导者做出了限制,一旦这些限制被忽略或否定,公众将很可能会明白并注意到。因此,我们以其现有的形式合理地期望民主可以提供保护,以对抗在政治历史中已经被指出的最重要形式的压迫。当现有的民主制度与其他制度相比较,可识别压迫者的问题大量突显,并且甚至在其目前的形式中,民主看起来显然更可取。

即使如此,在其目前的形式中,民主并没有解决所有促进和增强自由(以及自由中的平等)的难题,它应该只为它确实能达到的而欢呼。在那些最大声鼓吹民主成就的国家中反思完全民主的失败,将很容易激发对真正完成了什么的一种偏颇态度。相比之下,最近经历过暴政时期的国家的公民——例如,考虑到纳粹统治对德国民主的破坏——将正确地得出解决可识别压迫难题是一件没有意义的事

82

情这一判断。这一事实指出,我们应该意识到还有很重要的工作没有完成。

遗憾的是,尽管人们经常哀叹他们的选举并没有改变什么,但人们普遍感觉他们所享有的有限的选举控制力已经足够大了。这种感觉取决于认识到可识别的压迫怎样能被检验。然而,如果我们认真对待三层次民主图景,过去的民主化进程很明显需要继续向前推进。民主应该被视为一项进行中的工作,因为可识别压迫的难题尽管很重要而且我们也有一些部分有效的解决方法,但它并不是限制我们实现民主价值的基本理想的唯一难题。无法识别的压迫的难题也应该被重视,这类问题以两种形式出现:一是,一个压迫的代理人善于对可能替换掉他的公民隐藏他的责任;另一个是,即使不存在一个公民们可以直接否定的人,压迫还是存在。如果要解决这两种形式的问题,就需要公共知识。第二种形式的问题在当代生活中非常普遍,这恰恰是我们公共知识体系中的缺陷所导致的。第四章将审视当前公共知识体系的形成过程,来为后面的诊断工作做准备。第五到第九章关注的是公共知识体系中的一些缺陷和它们所带来的无法识别的压迫,以及对于弥补这些缺陷的一些初步建议。

第四章 公共知识的进化

第一节 起 源

公共知识已经存在很长时间了。通常,其组织方式独立于任何民主价值的承诺。因为民主社会和民主理想出现于对早期政治形式的反应,而嵌入民主社会的公共知识体系还带入了一些非民主领域的理念,并且这些理念中的一部分仍旧在我们现在关于公共知识的思考中发挥作用。进一步地,我们所继承的公共知识体系也在演化着——没有人设计公共知识体系,或将其视为促进民主的关键因素。因此,我们没有什么特定的理由认为我们的公共知识体系的功能是服务于民主社会的,我们也没有理由认为我们思考公共知识及其价值的方式是独立于精英主义元素的。

这些是本章要捍卫和说明的主要主题。首先,我们来讨论什么可以算作是公共知识。

被称为"科学"的研究形式曾经包括了艺术、文学、音乐及其他对人类行为文化和社会的探索,这些研究在我们当今的公共知识体系中起到了重要作用,即人们在追求自己的目标时所需的共享信息体。由于它们在探索自然的某些方面取得了巨大成功,尤其是自然科学的成就让人印象深刻并成为人类知识的典范。然而,其他类型的探究不应该被轻视。尽管存在轻视"软科学"(soft science)的倾向,但创作图画、谱写乐章、追踪文学人物之间的影响模式、再现过去的生活方式、揭示不同语言间的关系、展现未知社会的结构,这些工作并不比物理学家、化学家和生物学家的工作低级。当代公共知识体系在众多方面服务我们。

这本书的主要目标是为这个广泛的公共知识体系如何有助于实现我们的价值,如何推进民主目标或受其约束,以及其当代版本如何修改以促进这些价值和目标的实现提供一个解释。其中,科学是一个很突出的部分。为了发展这种解释,我们需要理解公共知识的历史发展,因为其解决过去一些特定难题所形成的必要特征可能至今仍未被抛弃。例如,在这一章中,我们将考虑一个曾经的私人事业是如何变为公共生活的核心部分的。

只要有交流的渠道,就有公共知识(信息)从一个社会群体中的一些有机体传递到另一些有机体,即使没有语言,连蜜蜂都有一个通过"摇摆舞"来分享信息和指导集体觅食的基本的公共知识体系。灵长类动物通过发声提醒群体成员危险的来临,人们通过手势的排练就能指导和协调联合狩猎活动。所有这些活动的基础是一种原始的认知劳动分工(Cheney and Seyfarth, 1990)。在一个社会团体中,特定的个人可以接触到其他人无法接触的世界状态。那些状态的某些方面与动物需求的满足有关,并且信息从那些有特权的人向团体内其他成员的传递促成了总体成功。

当我们的祖先掌握了语言之后,他们能够改变这些基本的公共知识体系,产生一些真正配得上这个头衔的东西。他们能够区分出环境中一些朝生暮死的东西和持久性存在的特质,能够知道在某个特定地点有潜在的食物来源,或者潜伏着危险动物。更有用的是,他

们认识到了一些固定的状况,例如某些地方总是有危险,或者在有水 87
的洞口总能发现猎物。因此,除了信息的及时传递能够指导当下行
动之外,还有一些被全体社会成员记住并传给下一代的学问。

公共知识最简单的意义在于共享信息。人类语言包含丰富的语
料资源,它们能够被全体社会成员接受,用来指导一系列不确定的行
动以及传递给年轻人。因此,在这一更实质的层面上,人类社会拥有
数千年的公共知识体系。就像在道德工程早期阶段出现的问题以及
用来解决它们的规则一样,公共知识体系的原初内容很有可能与获
取资源和避免环境危险相关。在真的陈述之外,诸如对哪里可以找
到工具制作材料或水源、怎样应对危险性动物等问题的正确描述,也
都被我们的祖先混入他们的"学问"中,即使在缺乏必要的准确性的
情况下也被接受为公共"知识"。面对不能理解的现象时,他们引入
了个人能动者,认为他们制造了这些现象,他们还通过归因于某些超
自然的存在观察人类行为,来增强对道德规范的遵守(Boyer,2001;
Westermarck,1924;Kitcher,2011a)。他们混合了真理和假象的包
容性的"学问"构成了他们的公共"知识",我们可以将其中真正正确
的部分视为知识。

他们的"学问"是通过很多个体的努力产生的,每个成员都起到
了一定作用。在相对早期阶段,我们的祖先已经开始意识到信息错
误的可能性,其中一些相对成功的群体可能已经采取措施,预防他们
的公共"知识"中包含的错误可能导致的危险,他们会心照不宣地采
取诚实守信的态度。考虑到道德项目的原始功能,弥补利他主义的
失败和坚持社会成员只报告他们的信念就成为一种进步性的举措,
培养成员认真研究的习惯几乎也是同样重要的。由于记录有关即时
环境的事实的优先性,年轻人会学习如何专心观察和倾听,并且只会 88
提交那些基于负责任感觉的报告。

认知劳动分工的最基本形式源于社会成员在日常活动中呈分散
状态,因此他们获得了感受不同栖息地的机会,而社会团体就通过综

合其成员的分散观察所得的信息来获益。公共知识来自不同的个体认知者的努力,这些认知者是由真理和责任的规范来支配的。认知者们被期望能提供有关他们接触过的栖息地的真实陈述,同时他们也被期望能充分考虑到周围环境以使得他们的信念更加可靠。①

对这些社会成员的期望不仅限于成为准确报告他们所经过的区域的认知者,他们还被视为探究者,还需警惕重要的信息。比如,某人能够从特定视角提供真实准确的描述,但不能对毒蛇出现频率的提升或湖泊水位的下降做出反应,那么他可以算作一个认知者却不是一个探究者。人类公共知识体系即使在其早期形态中,也能够引入探究的规范,要求探究者发现并报告与他们相关的自然的某些侧面。

但是如何决定这种相关性或意义呢? 通过认为某些问题对他们很重要的人之间的集体协商,他们的"学问"中的一部分就是对他们自己无知的一种理解。他们学习如果未能掌握特定类型的信息会给他们制造何种麻烦,在经历了无法赋予某些问题以重要性的困难后,社会成员明白了哪些类型的观察是会受到欢迎的。那么,他们的日常探究将会是提供受欢迎的知识。

到目前为止,我已经描述了一个相对平等的认知劳动分工,其中的认知者或探究者是通过他们在栖息地的运动轨迹划分的,而不是通过他们的天赋或能力。随着一般劳动分工的进行,认知劳动分工

---

① 关于个体认知的条件的研究已经耗费了大量的哲学墨水,我同意克雷格(Craig)的重要洞见:知识概念的中心作用是标记潜在的信息来源(Craig,1990)。用这些术语来理解知识,可以看到其根本概念是一个认知者的概念,而且这个概念与特殊的角色控制规范是有联系的。在"自然状态"中,在旧石器时代和当代的一些群体中,这些规范很容易以真诚和观察责任的方式表达出来。反过来,观察责任可以被视为使得你将获得的信念更加可能。因此,克雷格的见解可以与戈德曼(Goldman)所阐述的可靠主义的知识方法相结合(Goldman,1986,1999)。认识到在社会交换中的知识概念的克雷格式功能与这个概念的其他功能相一致,如在个体能动者的协商中。正如列维(Isaac Levi)所指出的,解释这一功能所需要的知识概念可以被视为真实的完整信念(Levi,2010)。因此,可靠性只与这个概念的一个功能有关,尽管这是本书的核心之一。

是被强化的。负责打猎的成员学会了通过脚印、粪便以及灌木丛的
细微变化寻找动物。作为学习者,他们被要求掌握这些不同的技能;
作为认知者,他们被要求仔细观察各种残留物和痕迹;作为探究者,
他们被要求对潜在的线索保持警觉,如负责采集的成员被要求具有
辨识重要植物的能力。由于人们在观察能力方面具有个体差异,存
在着不同类型的认知者。随着认知者和探究者概念的进一步明确,
最初的主题依然是规范的来源:获得真的信息是目标,负责任的认知
者要保证他们获取的信念尽可能真实,而合适的探究者则旨在消除
团体成员对重要问题的无知。随着复杂工具的出现、动物的驯养、稳
定住所的出现、灌溉系统的形成,劳动分工更加细化。在认知者和探
究者的分工条件之下,社会自然的区分出了不同形式的专业知识。

第二节　公共存储

在写作被发明之前,公共知识的保存和传播依赖于个体记忆。
随着社会规模变得越来越大,劳动分工变得更加精细,人们的"学问"
变得更加复杂,他们可能开始认识到需要保存他们最重要的发现。
这就要求发展记忆的技术,也许在劳动分工中需要给具有更好、更清
晰记忆的人以特殊地位。写作的出现则突破了这种限制,允许了文
档的收集并创造了一个公共存储。

在过去的五千年中,公共存储已经成为公共知识体系的核心。
公共知识的一般结构已经被界定为这样一个过程:研究
(investigation)、提交(submission)、认证(certification)、传递
(transmission)——在不同的社会中它们以不同的方式被阐述。这
些过程在早期的小型社会中是有对应物的,但是在已经通过劳动分
工划分了层级的大型社会中,已经存在很多替代形式。在最早的阶
段,社会全体成员都是潜在的贡献者,每个人都可以作为探究者通过
接触栖息地来提供有价值的信息。他们所寻求的知识类型是集体价

值的表达,这些价值是被所有成员参与的协商所接受的。个体的信息提供者需要遵守传递真相和仔细观察的规范,并且,除非他们的诚信受到怀疑,否则他们提供的报告就会被接受为集体"学问"的一部分,也就是说它们会被认证,这些"学问"会被集体传播给所有人。

在有文字的社会中甚至更早,由于人们扮演的特殊角色,这些过程曾被改变过:不是所有人都被视为探究者,探究者有其特殊的领域,认证不再是自动的,传递只面向一部分人而不是所有。正如很多最早期社会(美索不达米亚和古埃及)中人的愿望和欲望超出了道德项目早期参与者的视域,与人们具有相关性的信息类型也被极大地扩展了。当许多人住在一起的时候,个人的不同行动轨迹所带来的新发现可能就不存在了。在维持社群中起到重要作用的建筑工作带来了新的认知任务。观察者不再像过去一样在闲逛中发现新的环境并提供报告,而是需要对重要的人造特征仔细审查(专家需要保证灌溉渠道得到了合适的维护)。偶然的观察很难再对公共知识的扩展起到什么作用了。对于重大事件,即使提交者非常诚信且有能力,但还需要有新的方法评估他们提交的报告。这就意味着,认证有时需要证据。自从公共知识通过文字材料保留,就只有一小部分人能直接获取它们了,这就需要决定怎样向大多数的不识字者转达他们在自己任务中所需要的信息了。即使是在有阅读能力的群体中,也存在什么样的文件由谁来读的问题。原则上,在这个体系中可能没有一个人可以获取所有的公共知识。

91　　对于有公共存储的任何公共知识体系,我们可以对以上的过程提出一系列问题,这些问题将提供一个理论框架,以说明公共知识如何促进民主背后的价值观。以下四个公共存储过程产生了一个有用的区分:

(1)研究:什么类型的研究被视为是值得做的? 它们如何进行,有什么约束条件?

(2)提交:什么人有权向公共存储提交报告? 他们可能提交什么

主题？他们如何被训练？我们期望他们的研究达到什么标准？

（3）认证：被公共存储接受的提交报告需要达到什么要求？哪一类知识应该被记录下来？已经被包含在公共存储中的陈述在什么条件下应该被抛弃？

（4）传递：公共存储的哪些部分可供哪些人使用？如何把不同的人所需要的公共知识传递给他们？

在公共知识刚产生的时候，所有的信息都是直接被接受的，以上这些问题还没有出现。上面这部分才讨论了一个公共知识的"体系"，在其中：研究方向是通过平等参与的协商决定的；被认定为重要的问题是聚焦于人们对环境的基本需求的；社会成员的分散性使得他们每个人都成为新知识的来源；人们被期望能够仔细观察、真实报告；每个成员的报告一般都被自动接受，除非他们的能力和诚信受到质疑；信息都被传递给所有人。在引入了劳动分工之后，其附带效应就显现了（狩猎者在报告动物迁徙方面有了特殊的专业知识），但是我们很容易发现其中一些附带问题与我所列的知识的公共存储的四个部分并不相关。然而，对于发明了文字的复杂社会来说，所有这些问题就会显现出来了。

在美索不达米亚和古埃及，生活依赖于大型建筑的建造和土地的灌溉。对城市生活、贸易及农业的成功管理涉及了一些早期公共知识体系无法阐述的问题，这些受社会重视的研究包括：统计、计量方法，记录和测量土地，跟踪天体运动，以及立法。他们凭借解二元方程以及认识特定几何公理的能力，揭示了一个既强调实践又强调解决实践问题的理论方法的公共知识体系。测量学与天文学都要求他们掌握独立观察之外的方法，他们的法律规范（即使在我们今天看来是很零散的）揭示了一种限制知识发现的私有财产制度（例如：测量者在放置工具时应避免侵犯他人领地）。

现存的文献显示了美索不达米亚和古埃及的生活是如何要求具有不同专业知识的人员的，其中包括了仔细审查贸易措施的人、记账

92

的人、检查田地和河运的人、监督货物运输和存储的人。他们在工作中的表现被要求与他们学习到的程序和技巧相一致,即依赖于数学家和天文学家所提供的实践知识。在制定、监督和修改这个认知劳动分工的过程中,以上围绕"提交"的所有问题都已经出现。

在"认证"方面也是类似的,如果没有能得出不同结论的专业知识,复杂的土地和天文测量也许很难得到长足发展。因此,缺乏诚信和能力就不再是出现假的报告的唯一原因了:即使是训练有素的观察者也会出错,并且他们出错的原因还需要进一步诊断。证据的标准被阐述为解决争议以及修改公共知识。① 毕竟,既有的历法并不总是有效。

最后,在这些大型的分层级社会中,学者的深奥知识对于工匠、农夫以及奴隶来说是不可获取的。在这些社会中,不但要决定如何训练从事粗重工作的人,而且也要决定将公共存储的哪些部分向不同的知识精英开放。

那么由谁做出所有这些决定呢?我们对此缺乏足够的证据,只能推测,那些参与这些事务的肯定是一小部分社会成员。美索不达米亚和古埃及的公共知识体系可能演化了几个世纪,当精英管理者意识到执行统治者计划的困难时,有时候会对公共知识体系进行大的修改,有时候只朝着某个方向推进。关于贸易的投诉可能激发了对标准化措施问题的重新关注(一个古代法典的普遍主题),这就要求生产、培训和检查的调整。具有破坏性的洪水推进了对土地测量技术的审视、对工具的精细化,以及对不同任务的重新确认。责任官僚们塑造了一个高度不民主的公共知识体系。

① 在任何有着复杂法律制度的社会中——在现存文件中记录的法律规范的扩展使得在这些文件写人之前就已经存在复杂的法律体系,将会有程序来裁决不可避免的纠纷。必须制定证据标准,以评估信息提供者的可靠性,这些标准当然是制定认证公共知识程序的起点。

第三节　后来的变体

上述早期人类公共知识体系是与一个小团体的实践需求联系在一起的，在这些早期体系中，界定重要信息和分配知识的过程都有全体成员的平等参与。但是与其相反的是，最初的文字社会（美索不达米亚和古埃及）的公共知识体系是非常不平等的，不仅缩小了享受知识益处的"公众"的范围，而且将研究方向的决策权交给了小部分统治者和管理者。对于这些公共知识体系而言，一些不同模式的组织形式或不同的探究选项可能带给大多数人的重大益处是完全不重要的。除非对立的观点有利于达成精英决策者所追求的目标，否则，他们对以上选择毫无兴趣。

很多后来出现的公共知识体系都可能像这样忽视多数人的关切，然而，它们引入了一种现在的例子中尚未明显考虑到的特征：有些类型的知识可能是具有内在价值的，即其值得追求但并不是由于其所带来的任何实际结果。据我所知，这种纯知识（pure knowledge）与成功实现干预世界的愿景之间的分离在美索不达米亚或古埃及并未实现。在它们的体系中，人们对问题的兴趣来自直接完成实践项目或发现解决的方法，例如：几何学来自丈量土地的实践，解二元方程的能力来自划分遗产的需要。

古希腊思想改变了这种风格的追求方式。如果我们能完全重现古希腊的公共知识体系——在苏格拉底和年轻柏拉图所生活的雅典，其可能与美索不达米亚和古埃及的公共知识体系有很多一致的地方，如在实践任务中会出现类似的专业分工：丈量土地、起草法律、维持身体健康。在对大多数人漠不关心的情况下，关于研究、提交、认证和传递的理念也会揭示出与前面类似的模式。当领导者回应了他们在现有安排中发现的困难时，这些理念也会以类似的方式演化。

然而，由文本所引入的两个重要特征已经摆在我们面前。第一

94

个特征是将数学与测量物体的应用分离开来,并构建了一个要求所有论断都要得到证据支持的体系。这一特征集中表现在欧几里得对几何学的重建中。欧几里得提出了公理化的体系和证明概念,这有效地改变了几何学判断的认证规则,其终极检验不再与人们测量土地的实践相关,而是几何学家能否提出一系列推理使得被指定为公理的陈述得出需要的结论。我们很容易联想到,正是欧几里得将推理视为认证的标准影响了柏拉图,促使柏拉图在学园门口立了"不懂几何学者不能入内"的著名标语。

当然也可能还有更早的来源,但有一点是很明显的:柏拉图和亚里士多德在其著作中已经对认证的过程给予了特别的注意。不论曾经用来解决不同专家提交的不同公共知识之间差异的程序或经验法则是什么,现在都出现了新类型的知识,这些知识负责确定将什么陈述引入公共存储并维持它们的条件。(这一发展可能与私人争论的解决交织在一起,特别是在法律程序中)。由此,公共知识体系开始自我反思了。

第二个重要特征也包含了自我意识的增强,且主要表现在合适的研究的概念中。苏格拉底、柏拉图与亚里士多德将如何生活作为哲学的核心问题,尽管他们可能是民主地看待这一问题的,但他们构造问题和寻求答案的方式都预设了其只属于少部分人:古希腊城邦中出身高贵的人。对于这个主题,柏拉图和亚里士多德都提供了他们的洞见:好的生活包含了行动、贡献社群、实现美德以及友谊。此外,更重要的是对"理解"的实现,这一点可能超过以上所有要素。

不论这些观点是否引起了公共知识演化的重大变革,由于它们强化了欧几里得式的知识类型的概念,它们都已经对公共知识的后续思想产生了重大影响。再加上对贵族男性的生活的强调,这些观点提出了知识形式和人们生活的并行关系。大多数人(包括大多数

或全部女性①）都不能享有最高的生活质量,他们可触及的知识类型
也仅限于他们的世俗活动,只有很少的人有能力达到理论思考的高
度。达到这样的高度将获得额外的价值:尽管对这些优秀的人来说
参与社群事务仍是非常重要的,但他们只有在柏拉图的"守卫者们"
要求的情况下才会不情愿地回到实践活动中。

　　我在这里提出这些我们所熟知的古希腊思想的目的,是分析古
希腊人对我们有关公共知识的视角的促进和扭曲的方式。其中促进
的方式表现在:核心问题的提出、认知过程应该满足的条件,以及最
重要的——应当被探寻的知识的类型。进一步地,为了回答如何达
到哲学或探究的核心的问题,苏格拉底、柏拉图和亚里士多德提供了
一个公共知识的讨论可以被规制的框架。史前简单的公共知识体系
默认的关于好生活的基本观点是:好的生活应满足团体成员的基本
需求并促进一个其所有成员的生活。后来,古希腊思想家们提出了
内涵更加丰富的有价值的生活的概念,但是否定了前人关于民主的
观点,使得公共知识只针对一些特权阶层的愿望,并且将知识等级与
人类等级结合起来。正如第二章第三节已经提到的,我们可以以一
种更平等的精神解决有价值的生活的问题,即公共知识应该在提升
人类生活质量的同时结合民主价值的思想。当我们试图这样做的时
候,我们要防止以古希腊的不平等假设为前提的思想的入侵。

　　现在我们转到对公共知识体系的第二次重要修改,这是由基督
教的兴起及其在西欧精神生活的统治地位带来的。② 与古希腊人的
理论概念类似,基督教的观点也认同公共知识的最终目标——有价
值生活的达成,他们也对知识进行了分层并同样忽视解决实践问题

————————

①　柏拉图显然允许少量女性进入最具特权的群体,亚里士多德则似乎将她们都排除
了。

②　我将做一个简要的补充说明,在伊斯兰和犹太社区中以及三种一神论宗教的相互
作用中,都曾产生了公共知识体系。然而,基于我的目的,基督教是特别合适的,因为它产
生了现代科学的早期捍卫者所反对的公共知识制度。

的相关知识的重要性。我们的确可以将基督教的概念们视为对"如何生活"这一古希腊问题的背书,但是它们对该问题的答案却是大相径庭。有价值的生活是针对上帝而言的,如奥古斯丁(Augustine)在《上帝之城》(City of God)中所述,有价值生活的最终完善在于日后与上帝的联合中。有趣的是,尽管他们保留的某些类型的知识符合只适用于少部分人的古希腊式概念,但基督教的概念恢复了一些被古希腊人抛弃的民主主题。最高类型的知识是上帝的知识,尽管这类知识中的一部分不能被大部分人所理解(比如三体问题),但这不影响其最重要的核心内容被所有人了解。即使卑微的农夫也明白他们的世界是被上帝创造的,他们生来有原罪,以及上帝的牺牲救赎了他们。尽管他们无法解答三体的细节问题,但圣帕特里克(St Patrick)依然可以通过向他们展示三叶草来进行说明。

(至少是正式的)公共知识集中在最重要的宗教真理、将上帝描绘为创世者和维持者的陈述、将人类描述为堕落生物的陈述,以及对我们被救赎的故事的陈述。神学中的进一步探索应该深化对这些基本原则的理解——也许这有利于精英们享受这些关于创造的深刻事实的理论思考,即在基督教特定背景下对柏拉图-亚里士多德式的"纯知识"的再加工,也许是因为这种深入的理解将有助于喜欢它们的人向大众更明确和生动地传递这些知识。包括了基于古代知识的其他探究形式,是通过它们对理解神及其美德的贡献来获得其意义的。关于这种意义获得方式是有争论的:异教徒的知识也是有价值的吗?延伸古代对自然现象的处理方式还重要吗?(算术和欧几里得体系之外的)数学不仅仅是好奇心或一组有趣的难题吗?

基督教的公共知识体现在修道院、学校和大学的活动中——最明显的是在课程的分类中。知识类型的官方层级部分反映在社会分工中,以及认知劳动分工中不同人的相对地位。由于教堂在日常生活中的普遍作用,这种反映只是局部的。实际的管理需要法律知识,而且成功依赖于逻辑和修辞技巧。疾病的爆发揭示了医学研究的重要性。因此,在理解上帝的努力之外,部分公共知识获得了较高的地位。而像数学或运动研究,似乎对理解神或实际事务都缺乏影响。也许只有在历法改革变得非常急迫时,去要求一个被教会法规训练的波兰修道士关注这些领域的公共知识才看起来是合适的。

　　知识类型的层级在认证的观念上留下了印记,并延续到今天:一方面是对主要宗教问题的研究,这是由一些关注文本和权威的传统的知识分子开展的;另一方面是对自然现象的相对地位较低的探究,其问题相对不那么重要且结论不那么确定。当人们在这些不同领域中提出的主张相互冲突时,人们很自然认为文本解释工作是更严格的、更有根据的,其所使用的方法更有利于传递真理。因此,宗教权威有能力推翻来自观察和数学推理的证据。即使是新的科学开始提出这些领域中证据的力量被低估了,也很难排除其对经文的解释。宗教传统可以当然地构成整体证据的一部分吗?

　　我所勾勒的古希腊和基督教概念在考虑公共知识时具有内在一致性,接下来我将考察我们的科学体制是如何从中产生的。

第四节　从私人到公共

　　科学最重要的特征是其并非被计划的①,很多推动了现在被我们称为"科学"的发展的先驱们,对如何开展个人或集体探究持有很强势的观点。笛卡尔(Descartes)、伽利略(Galileo)和牛顿(Newton)都对方法问题有过认知的思考(以个人的知识寻求活动为例证的),培根详细讨论了个体研究者和研究者群体的适当组织所需要的条件。作为曾经的大法官,培根也许曾有置换公共知识体系的野心,并希望

---

　　① 这里需要澄清一下。英国皇家学会受到了培根(Bacon)的启发,培根明确规划了将科学融入社会的计划。然而,皇家学会的早期成员们,只要真正关注培根的思想(而不是虔诚地喊着培根式的口号),就会忽视计划中社会导向的部分。

构造一些更可靠的东西来指导一个国家的活动。另外一些人即使受到过培根的影响,也仅仅是走出现有的公共知识体系,他们希望以不同的方式探索不同的问题,提出他们自己的问题以满足他们自己的好奇心。只要他们的事业是集体性的,科学就会为一小撮人的利益而进行。

1640 年,英国建立君主立宪制。1660 年,一群才华横溢的绅士劝说新的国王以他的名义支持他们的事业。因此,英国皇家学会诞生了,并且很快给皇室赞助人带来了乐趣。在了解了波义耳(Boyle)的空气泵实验后,据说查尔斯二世(Charles Ⅱ)还嘲笑了这个有学识的绅士"为空气称重"的想法。1676 年,皇家学会的这些滑稽行为已经被公众充分了解了。沙德威尔(Shadwell)在伦敦的舞台上演了一部成功的喜剧——《大师》(The Virtuoso),其中主角尼古拉斯爵士(Sir Nicholas)引入了一个新名词。以下的对话具有代表性:

尼古拉斯爵士:我对自己在游泳时的思考状态很满意,我对游泳实践本身并不关心。我很少带来什么应用性的东西,这不是我的目的。知识是我的终极目标。

布鲁斯(Bruce):爵士,您有理由这么做。知识就像美德,它本身就是奖励。

弗马尔爵士(Sir Formal):对于一个沉稳哲学家的平和性情来说,为了应用的研究是低劣且唯利是图的。

尼古拉斯爵士:你说的很对,爵士,除了物理学之外我从未做任何有应用目的的研究,而物理学是用来服务穷人的。

在牛顿定律发表的十一年前,这个科学研究的最好团体中的成员们并不被认为要承担任何社会角色。他们只是一个俱乐部的成员——他们形容自己为"自由、松散的绅士们",并且他们当中那些有"低劣"动机的人被排除出去了,比如为了"贸易"而提出或解决问题的人,还有古怪、不善交际的人[如霍布斯(Hobbes)],以及所有的女性(在 1944 年皇家学会的一项修正案通过后,第一位女性会员才在

1945 年 3 月通过选举产生）。

　　没有社会角色，就没有社会责任。皇家学会的很多早期参与者都是在公共知识体系的官方机构（大学）之外的，他们通常对这些机构不屑一顾，即使像牛顿这样拥有教职的人也没有看到新研究群体的活动与既存公共知识体系间的竞争。他们将自己视为自治的（autonomous），不受研究规范以及大学中流行的信息传播的控制。他们可以"自由"地提出任何他们喜欢的问题，并制定出任何他们集体认为的最好的规则。

　　我们现在科学的社会建制来自：原初私人的研究项目逐渐变得有用、有价值，并取得很高的人类成绩，甚至成为现代社会必不可少的一部分。科学已经嵌入我们的公共知识体系，不仅通过其惊人的成功获得了重要地位，还为其他研究形式设定了标准。这种转变跨越了几个世纪：19 世纪，科学研究在大学中获得了核心地位；20 世纪，投资科学被认为对国家力量有重要意义，而且科学教育变得很必要。

　　科学是偶然发生的，它在很多社会中的地位是由偶然事件及其提供的机会确立的。科学的结构和规范部分来自保留人类早期想法的需要，而由于其他类似机构的成长（德国研究型大学及其在美国的发展）以及一些急迫需求（特别是在战争时期），这些私人绅士的设定就变得不合适了。作为公共知识的科学保留了古希腊和基督教关于知识的高等和低等形式的概念——从尼古拉斯爵士对"游泳的思考属性"的态度可以看出。在旧石器时代的公共知识体系中有一个明显的结构和连贯性，在古希腊和西欧基督教的公共知识体系中也有一个明确的基本原理，而我们当今体制化科学作为其核心部门的公共知识体系却显得很偶然和随意。很少有人考虑如何塑造公共知识体系以促进民主，我们缺乏科学如何有助于实现有价值目标的令人信服的理论概念。

　　这最后的判断可能被夸大了。因为在过去的一个半世纪里，很

100

101　多杰出的思想家都提出过关于科学和科学家角色的问题。作为达尔文的表弟和优生学的拥护者,高尔顿(Galton)将科学家共同体的形象视为一个世俗的教士,其责任是指导人类的智识和道德生活。高尔顿的理念至今仍有影响力,出现在当代科学拥护者的修辞中。如萨根(Sagan)、道金斯(Dawkins)及威尔森(Wilson)等人在一个"不再使人着迷的自然"中讨论我们的进步,并且追问"将我们的主要精力投入对太阳的思考以及对宇宙的理解工作中是否就是高贵的、进步的"。这种理念保留了将理论思考视为满足人性的一种方式的亚里士多德式的概念,尽管我所引述的这些科学家将其从亚里士多德的精英主义中分离出来了,但他们致力于让科学被更广泛的公众理解,并且乐此不疲。

　　反之一个科学体制化的原初动力要求一个非常不同的科学形象。第二次世界大战后,布什(Bush)为科学的公共支持巧妙地提出了一个功利主义的理由:科学研究并不像查尔斯二世或沙德韦尔(Shadwell)所想的那样是一个业余爱好者的无用实践或一种无私利的对真理的追求;即使是看起来远离实践问题的对自然的探究,也是未来进步的一个极好的策略,将改变满足人类基本需求的方式;在未来,科学将提供更多的食物供给和疾病治疗方式、更便捷的交通和更安全的住所,并且提升我们防御敌人的手段;资助科学,尤其是资助"基础研究",就是为我们未来的更多收获而播下的种子。有趣的是,尽管布什的观点与17世纪学者拒绝将他们的研究导向现实利益的观点相悖,但布什保留了科学自治的理念:公众提供资助,但需由科学家共同体决定如何在潜在的研究项目间进行资源分配。

　　在一些文章中,科学被视为教会或党派的延续,被视为限制人们思想和生活的意识形态的受益者。为了反对这种严格控制,福柯将

102　他的任务视为一种"反对体制以及科学话语中知识和权力的影响的知识暴动"(Foucault,1980)。你即使反对福柯的说法,可能也会赞同这样一个真实的洞见:科学(或公共知识)真的扮演了我们所需要

的揭示未识别的压迫的角色吗？

我们已经沿袭了一个由许多不同要件组成的机构，并且这些要件都指向不同的目标。聪明人在思考科学时，用他们的观察来描述科学探究和知识的价值和功能。他们提供的图景完全不同，而且似乎并不存在一个持续对话的框架。对于考察价值判断或理解和辩护价值观的普遍反感，催生了一组相互对峙的立场且几乎无法综合。因此，尽管以前的公共知识体系允许进行连贯的理论处理，但是在科学作为突出部分的当代公共知识体系中，我们却缺乏类似的东西。正如我在第一章中所述，其结果就是一系列对特定研究的挑战以及对科学权威的腐蚀。

现在，可以将我之前的讨论连贯起来，进行更加细致的表述。核心任务是理解公共知识体系可能达成什么有价值的目标、我们现有的体系如何达成这些目标，以及该体系的功能如何可能被进一步改进。为了完成以上任务，需要一个讨论价值观的明确承诺：在第二章中，我解释了计划使用的术语。此外，了解我们的体制应该适应的社会类型是很重要的，特别是其自我概念：由于现代科学所嵌入的现代社会自认为是民主社会，因此在第三章中有必要审视民主的要求（以及将其与第二章中所描绘的价值相联系）。第四章快速考察了很多公共知识的不同组织形式，这不仅是因为过去视角的一些元素可能仍然徘徊在我们当前的实践中，也是因为这些相互竞争的观点揭示了很多重要的问题。我将通过发展这最后一点来结束本章，从而为后面的内容设定提纲。

任何公共知识的制度都必须承担很多任务。它必须保留之前的贡献，并让其以所有阶层可接受的方式向他们提供他们所需的任何信息。它必须要确定下一阶段要研究的重要问题。为此，它必须考虑探求这些问题的方式——因为如果不做这些考虑，将很难决定哪些问题是最有意义的。它必须决定哪些团体去提交解决重要问题的答案，并进一步决定什么时候他们的答案已足够完善而能够得到认

103

证,即归入公共存储,记载到书中。它必须决定有多少关于既定知识的讨论是可能的。它必须决定具有多大异质性的意见是有价值的,以及研究者共同体中多大程度的多样性是值得鼓励的。最后,它必须决定如何应用既有的知识,特别是当没有完全确认解决方案的紧迫难题出现时应该做什么。

其他问题都与我列出的问题有关:谁属于被服务的公众?公众当中存在多少不同意见时是有价值的?批评何时应该结束?知识在何种程度上可以是私人的?追求知识以何种方式被支持?

我在第四章第二节中区分的四个流程提供了一个考察这些问题的有效框架。第五章将聚焦于研究和提交,即考虑研究如何被评估为有意义的以及它们如何被推进;第六章将考察认证以及何种被认证的知识可以指导民主决策;第七章将从被认证知识的应用和向公众传播方面考虑传递问题;第八章将探索有关多样性和异议的问题。根据这些讨论,我们将有可能回到第一章中提出的问题,并评估当前有关科学的一些主要争论。

正如我们在本章中所看到的,刚刚列出的问题可以用许多不同的方式来回答。公共知识并不一定要体现任何民主理想:它可以通过支持专家知识来缓和民主与专家知识间的紧张关系(正如柏拉图所做的);它没必要假设在独立于实践问题解决的纯粹的理解中有任何内在价值;它可以将"公众"确定为一个特权群体,也可以将其确定为特定状态的公民,还可以是整个人类。我们所沿袭的公共知识体系可能会变得符合民主理想——但是,因为它并没有被规划用来促进这些理想的实现,那可能会是一个幸运的意外。我深信这个问题是值得探讨的。

第五章　良序科学

第一节　科学的意义

公共知识体系希望研究者向公共存储贡献新的陈述，并且他们希望这些贡献是有价值的。很明显，我们也知道很多研究对象可能是贫乏的，我对旧石器时代公共知识体系的推测就预设了对周边环境的详细报告并不受欢迎。时至今日也是类似的。有大量的方式可以描述我们所到的世界，也有大量的真描述可以提供——有关温度、颜色、空间关系、特定物体的数量，只有偏执狂才会觉得这些有意思。因此，真理并不总是受到关切。有些时候，一个近似的或"足够真"的假陈述反倒会有利于我们的目标的达成（Elgin，2004）。[①]

如果当代科学及其所在的公共知识体系是服务于民主社会中的

---

① 需要明确指出一个复杂的问题。达到第二章第三节的价值判断的方法认为，一个理想对话的参与者不能受到假信念的影响。考虑到与事实的分歧，上文论述乍看起来似乎违反了这一条件。然而，当问题出现时，解决方案是显而易见的：评估陈述是否"足够真实"的背景范围必须包括协商的情形——接受这个陈述必须能使得理想对话达到一个不同的结果，而不是采用确切的事实。

公民的,那么我们应该进行什么类型的研究呢? 尽管将公共存储视为一个陈述的集合是容易的,但很多类型的研究都指向非语言产品:研究者们寻求新分子、新生物、新药物、新工具、新技术。想象一下当某个特定类型的实体被寻找时出现的研究难题,这些值得追求的难题可以被标识为有意义的。当一个足够接近有意义目标的解决方式的项目出现时,这些难题就被充分解决了。如果难题是回答某个问题,那么一个充分的解决方式就是一个"足够真"的陈述,其可以使拥有它的人达成任何使得这一问题有意义的目的。如果难题是生产一种新疫苗,那么一个充分的解决方式就是为相关疾病提供可接受的预防方式。如果难题是发展一项新技术,那么一个充分的解决方式就是使人们能够在预期的使用范围内充分顺利地运用该项技术。

本章的第一个任务是解释一个符合民主价值的科学意义的概念。很明显,意义的概念是价值负载的,我所提供的解决方案将来自第二章所提供的价值观点。以上那些难题的科学意义将在良序科学的条件下体现出来:当值得探究的科学问题是由一个体现了所有人类意见的人类共同参与的理想对话所决定的时候,科学就是有良好秩序的。① 这种对科学意义的理解需要进一步发展和辩护,然而,在进行解释之前,值得注意的是,为什么通常在科学目标下现行的对意义问题的处理是不完善的?

科学家和哲学家经常宣称科学的目标是向我们提供关于我们世界的全部真理,显然这不可能是对的。人们可能会用很多种语言来谈论自然,划定物体边界和组合物体就有无数种方式。每一种语言都包含大量关于宇宙的真陈述。考虑到这些基本事实,"全部真理"(whole truth)的概念并不是那么明了,即使是这样,也可能超出了人

---

① 为了提出了一个与《科学、真理与民主》类似的观点,我从对科学的思考开始提出了一个关于价值的有限的建议。在这里,我的建议是基于一个更普遍的价值概念,我曾对比进行过更充分的阐述:早期的是"科学与价值"(人们担忧科学中的价值判断),而现在侧重"价值与科学"(Kitcher,2011a)。

类的构想或理解。此外，已知的物理学告诉我们，宇宙的某些部分是完全无法接近的，光锥外面的区域就是一个很好的例子。事实上，由于"全部真理"无关乎任何人的任何利益，所以这些关于真理的损失并不重要。科学旨在提供关于世界的"全部真理"是一种误导，就像地理学试图提供一幅揭示地球所有特征的地图一样。①

在科学旨在提供"全部真理"的观点背后有一个似乎更加合理的想法，即科学主要从事提供理论理解的工作，学者们面临一个由自然为我们设定的客观议程，而人类作为认知主体应该对其进行回应。②不幸的是，自然的议程设定是一个经不起审视的隐喻。唯一能使其具有实质内容的是另一个隐喻，即科学寻求"自然规律"的完整清单。

科学研究有时会寻求普遍化，而且有充足的理由。知道一些普遍的东西是有价值的，因为你可能运用普遍化来回答很多重要的具体问题，例如：牛顿第二定律适用于不同的动力系统，遗传密码中的普遍性可以用来预测大量的氨基酸序列，等等。然而，这个平庸观点为对科学目的的不同理解留下了很大余地。普遍化是唯一重要的陈述吗？当然不是，我们有时候也将关于具体事物（地震区域、特定的疾病载体）的问题当作科学研究的最终目标。什么类型的普遍性可以算作规律？这是一个长久以来的哲学难题，任何回答它的尝试都不能理解为什么自然规律是值得认识的。

思考科学及其目标被人们早已抛弃的观念的残余物所污染。当研究者的思想通过明确的神学术语来表达，将关于自然现象的普遍化视为立法者的法令表达时，对讨论自然"规律"的偏爱就完全可以被解释了。哥白尼、开普勒、笛卡尔、波义耳和牛顿都认为他们的研

107

---

① 正如那个聪明的逻辑学家查尔斯·道奇森（Charles Dodgson）所看到的，唯一完整的地图就是地形本身（Carroll，1976）。

② 对这个观点的深入阐述可以参见 Salmon（1984）的研究，我也曾为这个观点着迷（Kitcher，1993）。对这一观点的有效质疑，可以参见 Rorty（1982）以及 Kitcher（2001）的著作。

究将重建创始者所使用的神圣规则的一部分，并且这种重建将使人们能够"思考上帝的想法"（Burtt，1932）。由此，他们认为，发现规律是有价值的这一理念是不容挑战的。但是当神学地位下降后，揭示宇宙运行的某些基本规则的任务就留给了我们。为什么这些规则应该成为重要的范式？

为科学确定目标的最近期望是提供一个"客观议程"，因此要避开令人担忧的价值判断就需要接受普遍化是有用的这一观点。试想欧几里得的几何学作为科学的整体。存在一些基本规律的集合，从中形成了关于自然的所有普遍化：这些基本规律是"万物理论"的第一原则。任何特定的解释或预测都可以通过将这些大公理体系的原则与具体情况相联系而从理论中产生。科学提供了一个通用的工具，任何人都可以用它来理解或预见自己感兴趣的事情。因此，判断什么是重要的、什么是有意义的任务，就交给使用一个通用工具的特殊利益的使用者了。

尽管这幅科学统一的图景已经吸引了很多信徒，但其不可持续。对于一系列还原的预设来说，"原则上"是可能的，一旦仔细审查，就会失败。经典遗传学和分子生物学已经是发展比较完善的科学了，很明显后者在提炼有关遗传现象的观点方面更有价值。尽管对生物学重要分子的化学理解提供了见解，但假设每个重要的概括都可以在分子生物学中得到解释是错误的。例如，不同染色体上的基因在减数分裂时独立分配的原理。这不能从分子生物学的原则中产生，因为没有办法在分子生物学的语言中挑出所有那些被视为基因的实体。即使这个障碍被克服了，独立分类的解释集中在减数分裂过程的一般结构上：在减数分裂中，将同源染色体配对，并且在同源染色体之间交换遗传物质之后，将每一对中的一个成员传递给配子；由于配对和分离的方式，不同染色体上的基因是独立传递的（Kitcher，1984、1999）。

适用于所有事物的单一公理体系是不存在的。或许科学可以解

决的更少——因为每个学科都有其基本原则。尽管不如一个所谓的
万物理论来得整齐划一，但一些可管控的科学还是提供了一个普遍
工具以排除价值判断，并将其留给不同的个体。即使在自然科学中，
这种方式也没有希望成功：在生物学、地球和大气科学的许多领域，
基本规律都是很难得到的。如果科学的领地被扩展到心理学、经济
学及社会学，其前景依然黯淡。此外，我们也没有任何理由认为，有
新的研究领域正在发展出来且能够超越少数的普遍原则。在现在科
学发展的基础上，不同领域的研究可能是全然不相关的，其中一些领
域有一组强有力的普遍原则，其他领域则需要完全不同的方法来处
理不同的案例（Cartwright，1999）。

　　试图在讨论科学目标时去除价值判断的不懈努力已经淹没了这
样一个事实：正如早期社会的公共知识体系的构造一样，我们也期望
科学研究能在特定类型难题的解决上对我们有所帮助。与过去一
样，这些难题中有些是实践的。在医药、农业及环境挑战等领域的研
究中，对认知益处的寻求并不是首要的。其目标是在恶劣条件下种
植作物、寻找治疗严重疾病的方法，以及提前预测飓风或地震的发
生。发现普遍的自然规律当然是好的，但更好的是我们能利用它们
处理各种各样的问题——但如果我们可以在没有它们的情况下也达
到实践目的，那就更好了。

　　表面上看，也有科学出于自身原因寻求认识。即使对于我们物
种起源的认识并不提供任何实践利益，很多人仍旧认为这种认识本
身是有价值的。各种原始物种如何演化以及智人最后如何成为站立
的人，这都是让他们感到好奇并希望了解的。我们既不应该忽视一
些伟大的科学成就满足了人们的好奇心，也不应该忽略科学知识对
人类生活的影响。有三个简单但易被误导的关于科学目标和科学研
究的适当追求的看法：①科学的目标是发现那些有助于我们理解自
然的基本原则；②科学的目标是解决实践难题；③科学的目标是解决
实践难题，但历史表明，认识的成就也是达到这个目的的一种手段，

因此寻求基本原则是一个适当的衍生目标。

在基督教的公共知识体系中，①曾发挥了显著的作用。虔诚的研究者们将自己的研究视为揭开上帝创世中存在的想法，理解自然并揭示其基本结构就是解读一个仁慈而明智的神给我们书写的经文。在揭示图景之外，人类还可以通过学习自然之书来增强对上帝荣耀的赞颂。正是出于这个目的，虔诚的波义耳进行了一系列演讲。

正如我已经讨论过的，如果没有理论背景（以及相关的公共知识概念），①是没有合理性的。即使用最少的实用主义观点，也可以认识到科学家的深奥的兴趣应该给生活在贫困中的人们的紧迫需求让路。通过将纯粹的认识是出于自身目的与人类广泛的好奇心区别开来，我实际上并没有庸俗地将纯粹的理论推向与应用科学的平衡——但实际情况已经是这样了。包括以科学为核心的各种公共知识体系都无法避免关于意义问题的价值判断，其中一些判断反过来去衡量关于纯粹认识和解决实际问题的相互竞争的主张。

正是因为我看到了此处的竞争关系，所以我不能用简单的实用主义去否定①而支持②或③。如果只关注实践（如②所述），③的支持者会认为这常常会导致误解、效率低下或没有成效。获得潜在收益的最佳途径往往是研究相当深奥的问题。例如，正是托马斯·亨特·摩尔根（Thomas Hunt Morgan）搁置人类医疗遗传学而转向研究果蝇，才为分子遗传学改变医疗实践的伟大革命奠定了基础。然而，③沿袭了②的一个主要错误，未能意识到道德工程已经拓宽了人类欲望的范围，让我们对好的生活有了更加丰富的理解，也不再局限于好奇心的满足。

我们的公共知识体系不仅要做出价值判断，而且要面对的研究问题本身也是很困难的。其中包括衡量两种类型的善且很难还原为通常的方式：回答引起我们好奇心的大问题是有价值的，增进人类福祉也是有价值的。这似乎很难进行权衡。当然，这使我想起了我曾经批评过的解决方案，这一方案试图揭示一个"客观""中立"的科学议程,其中个人可以使用他们认为合适的一个通用的工具。如果可以做到这一点,我们就可以避免衡量不同价值和特定品位的挑战。

当我们看到必须面对的挑战并且认识到它的形式,应该更多地考虑寻求平衡的方法。如果你认为科学是服务于人类福祉的(不是美国人的,不是知识分子的,不是富人或受到良好教育的人的),你就会发现平衡不同群体的利益是很必要的。这涉及解决问题的时间表,是否优先选择能够提供长期成就的策略,以及是否有些紧迫问题必须马上解决。关于意义的判断涉及多维度的平衡行为。

那么,我们该怎么办呢?

第二节 良序科学:解释

许多关心价值或获得知识的价值的理论家会直接回答上面这个问题。一些人会持我们前面已经否定过的某一方的立场,即宣称神的知识的重要性或理论思考的重要性,又或者增加众生之乐而消除痛苦的重要性。另一些人则试图给出权威性的答案,即将不同类型的结果以单一尺度进行衡量。这些直接的解决方式对于我们已经在第二章中讨论过的价值方法而言都是很奇怪的。基于第二章的路径,任何单个的人都不能决定答案(即使是一名深沉的宗教教师或一名智慧的哲学家)。个体可以提出建议,但权威只来自对话。关于对话性质的初步考虑起码在促进讨论的层面上是有价值的,这正是道德工程所依赖的方式。[①]

第二章第三节中所讨论的关于道德工程的更新,是通过排除掉人类数千年历史所积累的一些附属物,模拟人类的早期阶段,并将我们所在"群体"的认识扩展到整个人类种群。这样,关于普遍善的概

112

[①] 我将科学探究的实践视为由道德项目所塑造的并反过来促进道德项目的进一步演化。

念就是所有人都有得到有价值的生活的严肃、平等的机会,在这里有价值的生活意味着自由选择,其中一些还涉及与他人的互动。关于规范和价值的决定应该与在人类共同参与的条件下进行的对话所达成的决定相一致。

第三章指出,以上的这种建议阐述了一个深刻的民主理想:民主之所以重要是因为其促进了各种形式的自由以及人们之间的平等分配。显然,诉诸民主原则是处理一些重要判断的平衡问题的一种方法。你可以从一个有着不同愿望和利益的群体开始,假设科学的意义涉及整合这些不同的元素并产生某种集体善。你如果认同第三章中试图超越的弱的民主概念,将民主视为自由选举和投票的可能性,那么可能会认为科学意义的恰当标准就是多数投票:每个人都考虑自己想要的研究,然后每个人都投一票。① 很多人(特别是科学家)都担心这将成为一个意义判断的极其糟糕的程序,他们指出,这种意义的决定方式将推动那些有短期效果的研究而不是有长期意义的研究,如此决定的研究议程可能是短视甚至是无用的。在有关进行何种科学研究的决策中的公众角色的讨论出现以来,科学家就一直努力避免受公众控制。布什的办法是争取一个决策框架以确保缰绳永远不会被拉紧——意义的确定是专家的领地。

基于第二和第三章的观点,诉诸投票或专家这两种极端立场都完全是误导,而建立在共同参与基础之上的理想对话是兼具认知和情感两方面的约束条件的。短视的投票人可能忽视研究成功的概率,从而使得完全出于自己愿望的决定却产生利于他人的结果。相比之下,理想的对话者将对各种研究具有全面的了解:它们可以产生什么、它们的不同结果将影响谁。理想的对话者还将了解其他人是如何确定自己的偏好的,并帮助实现其他参与者的愿望。我们马上

---

① 因为投票可以有不同的方式,这只是意义决定程序的模式。面对不同的研究方案的组合,投票人可以排列它们实现的可能性并进行意义的分配。

就会看到，认为以这种方式达成的意义判断会引起科学的震动是没有根据的。

将意义判断诉诸投票并不是民主而是关于民主的庸俗观点，将意义判断交给专家的结果可能要优于庸俗民主可能产生的无知的暴政。但是由专家群体做价值判断是不合适的，这是道德项目的另一种扭曲，这削弱了受影响群体间对话的权威性，使得以某个群体的不合法的权威性取而代之。任何试图默许这种权威存在的人都应该慎重考虑柏拉图的"美好城邦"（kallipolis），其中关于美德的决策，类似地，被交给了智者。

对以上决策方式的谴责实际上源于对一个共同参与的理想对话概念的认识，其为科学意义提供了更好的标准。日常决策的常见特征为此提供了动力，大型社会的成员都面临着在相互冲突的活动间进行平衡，以及将时间分配到有价值项目的普遍难题。尽管我们有时会重视一种花费时间的方式，是因为它会有助于我们从事其他感兴趣的事业，但是还有很多时候我们面对两个不同的价值来源而不愿轻视其中任何一个。因此，在分配的决策中，我们会发现有时我们做得很糟糕。在我们的生活中，我们会试图避免那些最易影响我们的错误。

无论我们发展什么技能，都可以与家人和朋友共同决策。但如果在这种决策中我们也列出一个选项清单，然后让大家投票，最后确定那个多数人投的选项，这看起来是很荒唐的，因为我们最好先讨论一下。一个代表集体意愿的结果应该基于真正认识到各种可能性，基于对他人需求的认识，基于了解了这些选项将如何满足需求，基于在了解了其他人的需求后修改自身观点的方式，以及避免产生他人不能接受的结果。花时间去了解他人的认识和需要是很有必要的，除非有些事情需要当即决策。当我们不得不承认共识未能达成时，投票可能会发生，这被视为最后的手段。

以上这种关于我们生活和集体活动的负责任决策的特征，会在

114

共同参与的条件下体现得更准确,正是这些条件推动我产生了良序科学的理想。当一个社会对研究项目优先性的分配是通过共同参与的协商来实现的,并且协商结果的理由被公开呈现,这个社会的科学研究实践就是有良好秩序的。在这个社会中,关于研究该如何进行可能存在很多不同的观点。由于对科学相关状况的无知,这些观点中的大多数可能是有很大缺陷的。鉴于共同参与的认知要求,这必须予以纠正。因此,我们应该设想:在一个理想的协商中,各种观点的代表们在讨论的第一阶段聚到一起,共同去了解科学研究目前的进展情况,以及未来可能的新方向。相关领域的专家向代表们解释为什么他们认为某些发现、某些特定的研究成果以及某些目前尚未回答的问题是有意义的。有些时候,专家们会提出某个问题有内在好处,即对它的解答可以满足人类的好奇心;有些时候,他们会介绍某个答案何以具有实践的潜质;有些时候,他们会同时强调以上两方面的因素。在专家解释之后,所有的协商参与者都被指导了;在研究人员赋予项目的意义以及目前的研究选项方面,协商参与者们对不同研究领域的现状形成了一幅完整的认知图景。

在这一阶段,协商参与者们通过表达他们自己的偏好来评估那些研究选项。最初,他们的偏好只反映如何达成他们个人目标的观点,他们当时还处于一种未经指导的状态。但在专家解释之后,他们的观点反映了他们对当前科学状况的新认识。当每个协商参与者都了解了其他人的态度后,他们的偏好被进一步修改,他们都试图避免得出其他成员完全不能接受的结果。在存在困难和分歧的地方,他们使用镜像、原始和扩展的处理方式,从广泛的角度考虑他们的潜在行动。

在协商参与者们展望未来时,他们为自己和他人对研究结果进行了评估,但这个过程有时需要考虑结果实现的可能性,这时他们就需要专家提供的证据了。有关专家是通过以下的尊重链条被选定的:所有参与者最初都尊重科学家共同体,在共同体内部又有相关领域的科学家受到大家的尊重,而他们又尊重更加细化的次级领域的科学家,这样直到某些个体科学家。当然,有时候面对非常严重的争议,这个链条也会分叉。当有竞争力的"专家"做出不同的预测时,所有他们认为存在的可能结果及其背后的理由都会被完整地呈现给协商参与者们。

协商参与者的对话可能以三种状态中的一种而结束,最好的结果是协商参与者们达成共识。考虑到在整个社会中进行的所有研究,协商参与者们会判定一个有利于持续研究的总体资助水平,并且共同确认一种在不同研究间分配资助的方式。差一点的结果是,每个协商参与者都有一组他认为可接受的计划,并且每组计划之间的交集为非空的。如果交集只有一种计划,那么它就被选定了;如果多于一种,那就只好诉诸投票了。第三种可能性是,没有任何计划可以被大家共同接受,那就只能投票了,这是表达集体意愿的最后方案了。

有三点需要明确。第一,以上概述的程序用于评估科学意义,其反映了第二章第三节中讨论的价值判断的一般路径。第二,这个程序将被认为是好的决策的理想化的平凡场景。第三,任何这种类型的现实对话都是不可能的。这最后一点可能会让你认为我以上所说的决定科学意义的方法是荒唐的,然而,认识一个理想模型有时可以帮助我们优化实践,这正是我所希望的。下一节将试图讨论我之所以有这一希望的理由。

到目前为止,这个理想并不具体,因为它模糊地以一个社会为范围,而没有说这个社会有多大或多小。对此,第二章提出了一个广泛的概念,其要求在评估科学意义时要考虑所有人的观点,甚至包括尚未出生的人。当然,我们无法准确了解未来人的视角,但可以通过进一步的相互接触进行评估,以及通过对我们可能留给后代的特定世界的同情性理解进行评估:在一个农业和水资源供应受到暴力破坏司空见惯的世界里,我们很难推测他们会无动于衷。很明显,人们可

116

以将社会的范围确定得更小。其中一种方式是以民族国家为限：当关于意义的判断反映了一个代表了国家中所有观点的理想协商时，某个国家的科学实践就是良序的。当然还有很多别的限定方式，比如你可以将协商参与者限定为一群科学家、一些富人、一些在所谓的智力测试中成绩明显高于普遍值的人或"自由的绅士"。

以上所列的这些可能性都不大，因为这不仅是从民主理想到少数人决定的倒退，而且违背了科学作为一种体制的意义。17 世纪的绅士们之所以可以追寻自己喜欢的问题的答案，是因为他们还不理解他们的事业可以改变每一个人所生活的这个世界。未来人的观点也需要被考虑，因为我们现在的选择将对未来人所面临的问题产生重要影响。人类需求是在一个环境中产生的，自 17 世纪以来，环境已经越来越受到特定研究的影响。那么，价值判断怎么能忽视未来人的立场呢？理想的协商者怎么能将他们排除在外呢？同样的道理，怎么能将对话者的范围限制在当代的某些特权人群中呢？

对于一个广泛社会概念的最有力竞争者是：将视角限于民族国家之内。而其他的限制方式则对所有的竞争者都形成挑战。那么是什么使得一个具体的限制方式具有合法性呢？为什么参与意义决策的不能是绅士、门萨俱乐部成员、大富豪或科学家呢？最佳答案在于聚焦国家作为经济单位的地位。国家提供了支撑科学研究所需的资源，这就给予了特定国家的公民以决定科学意义的特权。如果美国人对科学资助贡献更多，那么他们的需求就更重要。

尽管以上的论证可能看起来很有吸引力，但实际上很危险。如果按生产力划分是恰当的，为什么不更精细地、更广泛地处理这些问题呢？严格来说，一个国家的生产力产生于每个人的努力，那为何不给那些贡献更大的人以更多话语权呢？为什么不在其他决定中运用这个原则，根据对国家资源的贡献来分配选票呢？这些质疑已经使得以上的限制性概念很尴尬了，但更根本的原因在于第二章中所给出的关于价值的一般路径。

试想一个被广泛概念的理想协商所允许的研究计划,被限制性概念拒斥。如果这个研究计划的相关研究对一部分特定的穷人有重要作用,那么不去开展这项研究计划的决定该如何向这部分人解释呢?要知道,他们的观点并没有被纳入一个理想协商,而将他们排除出去的是经济因素:意义的评估只在贡献了可用资源的人中间进行。如果所有国家都有可用于支持研究的资源来满足他们的特殊需求,那么该项目就不会动摇,因为认为该项目重要的群体可以将其纳入自己的议程。但是,对于经济发展水平不高的国家的科学家来说,由于资源匮乏,他们没有能力进行科学研究。因此,基于限制性概念的科学意义决定方式将对他们造成严重后果。

在当前世界资源分配现状的背后是一段漫长而纠结的历史,要为现在所有人都按照其应得的获得回报这个判断进行辩护是很困难的:现在的分配方式包含了各种暗箱因素以及运气成分。因此,对于具有不同资源分配方式的各种群体来说,没有理由让他们接受这样一个决定:对人类福祉有重大影响的决策应该建立在限制那些碰巧做得好的人的基础上。因此,即使在共同参与的条件下讨论价值观方法的一般承诺还未具体说明参与讨论者的范围,我们也不能认可限制性概念所依据的理由。因此,第二章的框架就需要一个良序科学理想的广泛概念。

第三节　良序科学:辩护

很多人(尤其是科学家)对于对民主的呼吁非常警惕,他们坚持科学实践的自治。他们的担忧在于民主化可能在研究中产生无知的暴政,即使是以良序科学的形式。值得重申的是,良序科学是特意被设计出来以解决这个问题的,它提出了严格的认知条件,并赋予专家权威以重要的地位。而且,科学自治涵盖许多活动领域,重要的是要了解其中哪些活动可能受到威胁。自治科学家的形象很有可能是早期"绅士俱乐部"式私人活动的原始承诺的一种残留,而在科学成为公共知识体系的核心部分之后就变得不适宜了——尽管布什试图巧妙地将公共支持与维持一种柏拉图式的守护者结合起来。

在这一节中,我将回应一些对良序科学的质疑,其中很多都源于对科学自治的坚持。其中最基本的形式指出,科学共同体对通过研究实现的集体善有更清晰的认识。事实证明,这可能是正确的——如果我们必须选择单一的群体去决定何种研究值得进行,那科学家可能是最合适的选项。然而,科学家和普通大众之间的不对称不应被夸大。民主最根本的思想之一,就是个人对自身困境的认识比对别人的困境更好,无论他们多么明智和善良。多年前,一个调查小组访问了一群非洲牧民,并与他们讨论为他们的孩子开发疫苗的可能性。他们的对话者要求一段时间来考虑这个问题,当调查者回来的时候,当地人提出了一个让人意想不到的建议,即为他们的山羊接种疫苗。①

此外,任何听过不同团体的科学家就自己的特殊领域的前景进行辩论的人都会知道,即使科学观点比局外人的更有远见,它通常也是短视的。每位专家都倾向于以索尔·斯坦伯格(Saul Steinberg)著名的曼哈顿漫画的风格来看待科学世界。构建任何能够平衡各种研究可能性的观点都需要类似于理想协商的形式,至少在各个科学领域的代表中间是这样的,并且当个人对自身需求的认识得到认可时,那么公众就应当被纳入科学领域内。良序科学之所以强调指导的重要性,是因为:为了追求他们的个人利益,外部人员需要了解科学共同体可以应用的各种特殊知识。这样做不是希望用大量无知的声音淹没负责任的判断,而是希望融合通过人类种群分配的各种知识。

自治的拥护者们将继续提出更加复杂的反对意见。他们宣称:

---

① 我应该将这一想法归功于戈登·康威(Gordon Conway),他在 2002 年哥伦比亚大学举行的"与魔鬼共处"(Living with the Genie)会议上讨论了这件轶事。

"我们已经知道直接的科学研究是很糟糕的；我们也知道，在过去，聪明的科学家去探索他们的灵感是非常有成效的，意外的好处来源于对显然不切实际的问题的研究，而且科学的过程是不可预测的。"像这样的争论经常发生于扶手椅上或教堂前。在读过了李森科主义(Lysenkoism)的书和爱因斯坦(Einstein)的传记后，自治论者将一点点科学界的轶事作为证据，事实上，他们对于科学研究对社会指示的响应性没有任何系统的了解。认为类似良序科学的形式具有负面影响的假设都是很薄弱的。自主论者的声明依赖于在任何科学领域的方法学基础课程中都经常被谴责的各种判断：不进行任何抽样或适当比对，而只是引述一些粗略的历史。到目前为止，对于规划不同类型的研究所可能产生的效果，科学知识的社会研究还无法从中得出任何具有统计学意义的结论。然而，更根本的是，对于研究的社会方向、个人的成功或对纯粹主题的研究成果的知识已经变得可以获得，这些知识可以而且应该被用来推进民主进程。这些知识应该被理想的对话者了解，由此，在他们的协商中可以考虑到各种试图指导科学研究的记录。

120

很多当代分子生物学家都会对那些直接解决突出医学难题的努力而感到不满——类似于"癌症之战"，他们认为通向成功的路径往往是间接的。然而，他们的看法与良序科学的理想并不矛盾。承认某个难题具有特殊意义并不是要使用任何具体策略来解决难题，如忽视了所有有关科学的"基本问题"的盲目策略。有效的策略应该是明确知道过去曾解决类似问题的研究所获得的成功与失败经验——这恰恰是良序科学所要求的。

自由论者的反对意见的最后一部分应该得到稍许不同的回应。我们无法预见科学进程的事实将造成什么吗？我们无法就某些研究计划优于其他的而做出决策吗？过去的那些在不同研究间分配优先权的尝试都是随意的吗？如果是这样，自主论者对科学判断的信心本身也会受到损害，当然你也可以通过投硬币来做决定。自主论者的想法证明了我们的理解:虽然我们不能对研究结果做出细致预测,但我们并不是完全无能为力。例如,我们知道投入的努力越多,目标就越有可能被达成:加强对基因转录机制的研究不可能使我们延缓全球变暖。这种科学的情况再一次类似于一般的决策情况:人们在做家庭计划时,对于有关未来将怎么样的信息一样是一无所知的。他们知道的是,不可预测的突发事件可能会打乱最周全的计划。但负责任的人不会就此得出结论,认为突发事件就会达到或超出他们的极限。即使他们可以做出的最好的判断也被认为是粗糙的,他们还是要寻求最可能的途径来达到目的。为此,科学共同体和更广泛的公众应该协同合作。

121   然而,良序科学的理想可能仍然显得太过实际、太过严苛了。应该给那些从事无私利的、他人不关心的问题研究的科学家以空间吗?他们起码是无害的,而且他们通常工作所得都不高。为何不能给他们一个适度的空间?①

即使是良序科学也可能给不切实际的梦想家留有余地,因为允许他们追寻自己的幻想也可能给所有人带来好处。在近代早期,数学家的地位发生了变化,因为数学语言的新的扩展可以成为一般研究的有用资源。实际上,数学家被允许去解决他们感兴趣的深奥问题,而这一做法确实得到了很好的回报。因此,在良序科学的理想的民主对话中,也应该保留满足好奇心的空间。而协商者们应该能认识到进行这些研究的价值,即使其收益可能是很间接的。这些研究需要不造成伤害,并保持研究者的智慧被合理应用以贡献于广泛的人类福祉。那些渴望 17 世纪"自由绅士"的人需要认识到社会与科学的巨大变化所带来的责任。

现在对良序科学的另一个担忧,不是其作为一个介入有价值体制的某种笨拙的形式,而是其对现状的改变是否还不够。良序科学

---

①   感谢达斯顿(Daston)对此提出了强有力的挑战。

的形式足以修改当前的研究议程吗？

当代生物医学研究大多数都是在富裕社会中开展的，并且几乎所有项目都集中于影响这些社会中公民健康的疾病（至少研究者们是这么告诉那些关注他们研究的人的；进一步观察会发现很多研究者从事的是"基础生物学"的"纯粹"难题）。如果将疾病研究的分配与世界范围内疾病的统计数据做比较的话，对于造成大量人类痛苦的疾病的研究，特别是儿童疾病，只能得到一小部分研究工作的支持。在某些情况下，这是因为相关的疾病已经被"解决"了：有一种预防、治疗或处理的方法可以保护富裕世界的儿童。而这种方法不能被应用于贫穷儿童的生存环境中，并不影响其作为一种"解决方式"的地位。

良序科学提倡一种合理的原则：平等共享原则。如果不考虑可操作性的话，我们应根据疾病造成的伤害占全部痛苦的比例来对每种疾病展开研究。对于致命疾病来说，我们可以把死亡人数这一简单数据作为衡量标准，而更细致的评估则是测算一个人一生中所遭受病痛折磨的时间。然而，无论如何进行评估，如果将这一原则直接应用于疾病发病率的统计资料，显然对疾病的实际研究偏向于对影响富裕人群健康的疾病的研究，许多杀死穷人或使穷人丧失能力的疾病只得到了百分之一公平份额的支持，(Flory and Kitcher, 2004; Reiss and Kitcher, 2009)。

由于收益性的研究被纳入研究预期的考量中，公平共享原则的机械应用是很愚蠢的。因此，无法忽略可操作性的因素。结果就是，现在要为研究工作的实际分配做辩护，需要说明对富裕社会的疾病的相关研究特别可能产生重要的成果。然而任何此类的辩护都需要面对以下事实：当代生物医学提供了有前途的工具，用于治愈给数百万人带来痛苦的疾病。病原体的基因组测序为设计能够被运输到所需环境的有效疫苗提供了线索。虽然没有确定的策略（特别是在快速突变的传染因子的情况下），但是基因组的知识可以指示潜在的基

122

因,编码可能出现在疾病载体表面上的蛋白质;如果这样的蛋白质可以嵌入到良性微生物中,则它们可能产生对抗病原体的抗体。与目前吸引大量资助的疾病(因为它们困扰富人)形成对照的是,大量贫困人口的被忽视的疾病使得他们要求更系统的研究计划。如果有的话,这些疾病比实际中正在被研究的疾病更容易处理。

出于全球健康的考虑,良序科学要求重新塑造医药研究议程。即使没有进一步阐明我所讨论的这个理想,我们也可以发现实践中需要改进的地方。这是因为很多人的基本需求并没有被满足,并且有很多研究都承诺要改变这种情况。在共同参与的对话中确实有很多研究是很难预测其结果的,但高死亡率和高残疾率地区的儿童健康问题不在其中。不论代表这些儿童及其家长的协商者们被如何指导,他们都将继续表达孩子和家长们所经历的痛苦。当某个特征变得如此突出时,理想对话的细节就不需要考虑我们了。

将这个例子与之前章节涉及的一个不同的问题做比较:如何平衡"纯粹"或"基础"研究与现实问题导向的研究? 回到第五章第一节的一个结论,有两种辩护所谓"纯粹"研究的方式:追求它们可能会产生一些工具来解决一系列重大实践问题;回答它们将满足广泛的人类好奇心。如何在理想协商中运用这些辩护方式,取决于关于科学现状和当代人及未来人的需求的重要细节。需要调查的一些问题可能迫在眉睫,以至于等待"基础"研究成果的辩护显得很苍白。然而在另外一些领域,理想的协商者可能会认为,没有更多的"基础"理解而进行的直接尝试是徒劳的,或者在研究者寻求更系统的解决方案的同时可以采取临时措施来解决现实问题。

在没有得到研究机会可行性的进一步信息(在良序科学的"指导"环节所需要的信息)之前,作为未来实践利益基础的"纯粹"问题是不能被列入良序科学议程中的。也许总的人类需求非常紧迫,以至于我们应该把已经获得的知识应用在直接的研究项目中,以尽可能快地满足这些需求。正是因为现有的知识在某些领域是如此强大,容易受到进一步发展的影响,正因为它常常是从"基础"研究项目中产生出来的,理想协商似乎不可能放弃如此有利的历史战略。我们是否应该模仿过去那些在没有明显实际回报的情况下提出和解决问题的科学家?那些物理学家、化学家及生物学家,他们所做的基础研究衍生了无数我们当前使用的技术。当认为当下的情况确实是至关重要的、我们的物种面临着已经引起广泛注意的实际问题时,良序科学还是很乐意保持"基础"研究的作用的。

这就足够了吗?第五章第一节在任何实践利益之外,还为满足人类好奇心保留了一席之地。原则上而言,这种形式的满足是有价值的,但这并不代表理想协商者会为之所动。在这里,理想协商者的协商结果会变得更加不确定。如果没有对人类需求的充分调查,没有解决问题的确定概率,没有以未来实践作用为承诺的理论项目,将没有人能预测理想协商怎样得出结论。你能够排除这种情况,即应用导向的研究和为了未来成果或满足好奇心的"纯"研究就足够引人注目,而完全不需要仅仅出于自身目的的研究吗?正如我所做的那样,允许无私的"纯粹的"理解是有价值的,即它应该被放在一个平衡的尺度上,并不能保证它有足够的分量来抵消其对立面的任何东西。

科学家(尤其是为自然所着迷的科学家)可能会发现这个结论是很麻烦的——甚至是怀疑良序科学理想的理由。由于他们自己的观点在理想协商中是有体现的,他们对原始人类谱系的迷恋被传达给感受到了这些力量的同伴。如果在考虑了所有人类观点后,其他人的现实需求变得更加紧迫了,他们该如何拒绝?他们在融合了比满足好奇心更多元素的情境中,还能无视所有其他人的现实需求,而坚持自己的"纯粹"问题吗?除非是像我所讨论过的,对"基础的"理解的追求是与未来的实践方面的承诺相伴而行的。

我们将在第七章中看到,满足好奇心的价值是需要关注其分配的,就像自由一样(第三章第三节)。如果其理论成果能够被广泛应用,那么辩护这种出于自身目的的"纯粹"知识的价值将变得非常简

125

单。将这种私人满足置于对人类紧迫难题的关注之前的做法，就包含了一种利他主义的失败——纠正利他主义的失败正是道德项目的原初功能（第二章第二节）。

第四节　仅仅是一个理想吗？

良序科学是一个理想。它似乎是一个乌托邦式的幻想，可能是哲学讨论中可以体现出来的一种东西，但是在科学的现实解释中几乎没有地位（Lewontin，2002）。在我们的实践应该瞄准的理想和确定达到或接近理想的程序之间有一个重要的区别，完成后者需要目前还没有的大量经验信息。尽管如此，有意义的理想使我们可以设想一条可能引导我们走向它们的道路，而提出理想的哲学家应该能够指出我们可能采取的最初步骤（正如杜威所坚持的那样，同样重要的是要认识到，当我们靠近一个理想时，关于它的概念可能会被进一步提炼）。

关于科学目的的实际协商过程往往可能受特殊利益、意识形态预设和权力不平等的影响。这些事实并没有削弱理想的重要性，它们提示了实现理想需要克服的困难，以及政治生活的根深蒂固的特征应当如何被修改。以它们要求很多改变为理由来嘲笑哲学理想可能是一个严重的错误，这是因为在不了解你的方向的时候，改变现状的各种努力就是在黑暗中跳跃。

我的尝试将从诊断当前的研究框架偏离良序科学的距离开始，我提出四个假设来发展前面已经提出的观点。

第一，当前科学家和科学领域之间的竞争受到不再反映人类需求的历史偶然性的制约。即使你认为科学家是科学议程设置的唯一决定者，你也应该担忧有关优先性的设置问题。正如已经指出的，个体科学视野是比较狭窄的。科学家们经常在一个竞技场上相互对抗，而在这个竞技场中考察各种研究方案的优劣是不可能的，并且体制结构将潜在的研究方案划分为过去所定义的领域。历史通常以巴洛克式的方式描绘当前公共研究的分布,例如,国立卫生研究院(National Institutes of Health)目前的摇摇欲坠的组织反映了过去的失败经验。

第二,庸俗民主的缺陷是通过现有的公共投入体系被继承下来的。庸俗民主存在问题是因为其偏好表达是未经指导的。当前制定研究议程的公共程序来自两个方面:政府(通常针对重大问题,但往往偏向于政治家认为重要的选民);特殊群体的有关公民,他们有时对自己提出的问题(当地污染,或某种特定的疾病)了如指掌,但对科学的所有可能性及其同胞的各种需求一无所知,更不用说那些距离较远的人了。研究项目优先权的设定是各种杂乱声音的综合结果,其中每一种声音最多只表达了部分真理。这种类型的公共投入的结果优于科学家单独决策——这是一个我们几乎没有证据的经验问题,但是我们也没有理由认为这种方式使我们远离了良序科学。目前为止我们为思考科学所引入的民主,更多地融合了对抗性的元素,而不是协商性的。

第三,科学研究的私有化将会使情况更糟糕。政府的压力和利益集团的要求有时在表达紧迫需求方面更有优势。在生物医学和信息科学领域(这是我们这个时代研究数量增长最快的两个领域)对科学研究的私人投资,无论从长期还是从短期来看,都与对收益的考虑有关。一个直接的结果就是,许多生物学研究者忽视了"基础"问题,而倾向于有预期收益的领域。来自科学共同体和普通公众这两大群体的决策都可能被一种狭隘观点所左右,尽管如此,这两个群体都与良序科学有某种联系:科学家们认识到在自己的专业领域取得成就的重要性,公众认识到自己的紧迫需求。当他们的决定满足了真正的需求,即这些需求是原始和未经指导的,那么这些需求就将只是付钱人的需求。市场有时候经常会把奇迹归功于此,但是有系统的理由认为,在进行科学研究时,一个不受管制的市场将会产生对良序科

127

学的扭曲。

第四,目前的科学研究忽视了众多人的利益,除非他们的利益与富裕国家人民的利益相一致。生物医药研究分配的例子和平等共享原则的背离为潜在的普遍现象提供了例证:世界上的穷人只是偶然能参与研究资源分配的决策,如果没有对他们需求和愿望的深入细致的了解,是很难发现差别有多大的,在生物医学研究中他们的需求被忽略得有多频繁。

尽管在我们当前的情况下以上每个假设都是合理的,但还需要对它们所造成的影响提供更详细的信息。下面我将提供一些根据良序科学对当前现实状况所做的一些诊断。

第一,短视(myopia)。即使是见识广博的善良科学家试图非常全面地思考研究项目,他们的讨论也可能缺乏一个综合的视角。与其将一个部分的观点与另一个部分的观点相比较,不如创造一个可以清晰地评估我们的整个研究范围的空间。我们可以有一种制度来构建和不断修改一个科学意义的地图集,这个地图集将提供不同研究领域的地图,来展示已经完成的工作的重要意义以及如何以有意义的方式对其进行扩展。地图集将专业人员的技术工作与人类生活的实践结果等普遍问题联系起来了。合成的地图——意义图(Kitcher,2001)——使得包括科学家和公众在内的每个人都理解当下的所有机会、理解一些研究所能进行的方式,并给出我们当下能做出的最好的判断。该地图集将允许更具反思性的观点,以取代专家提供的相互竞争的短视愿景。

第二,对科学的无知(ignorance of science)。如果对科学政策的公共投入变得更接近于良序科学,那么这个地图集就是我们所需要的一部分,但并不是全部。民主的核心是人们可以采取政治行动来表达他们的利益,而不仅仅是他们可能拥有的各种被误导的偏好。在我们要求协商者对他人的利益敏感之前,更重要的是他们自己的愿望是开明的。世界各地的许多人反对旨在发展替代能源的措施,

128

并强烈希望维持他们所熟悉的燃料消耗的做法。这些人中的大多数有更深的和更核心的愿望,希望他们的子孙的世界应该是可居住的,不会受到住房、食物、水的短缺以及难以预防的疾病的影响。根据当代气候科学的共识,这些人的愿望处于相当紧张的状态:按照短期愿望(一如既往的能源消耗)制定的政策威胁到后代繁荣的核心愿望。气候政策是未识别的压迫的最明显的例子之一,但是对公共知识的重要部分的广泛的无知,导致了公民的偏好表达与他们的核心利益之间存在着差距。如果公众对科学研究的投入是要消除庸俗民主的危害,就必须采取措施来提高公众的科学素养。

这如何可能实现呢?问题是多方面的,我们将在后面的章节中考虑这方面的内容,目前只聚焦于通向良序科学的可能性,增进科学与公众之间交流的两种方式值得考虑。一是将科学向公众开放和普及。近年来,科学共同体内部的态度有了转变,重要科学领域的发言人是有价值的,他们不再被视为庸俗的"普及者"。卡尔·萨根(Carl Sagan)、斯蒂芬·杰·古尔德(Stephen Jay Gould)、E. O. 威尔逊(E. O. Wilson)、理查德·道金斯(Richard Dawkins)和布莱恩·格林(Brian Greene),清楚而优雅地解释了科学的主要观点,做出了很有价值的贡献。他们的作品和他们的电视节目大大增进了公众对科学的理解——英国在公众理解科学方面设立了教授职位,并任命道金斯为第一任主席(牛津大学),这是他们成就的一个重要标志。这一趋势可能会得到更广泛的扩展,可以鼓励特别擅长沟通的科学家将其视为其使命的核心部分。二是组织一群来自不同社会、不同阶层的公民代表,这些代表将接受近似于良序科学的指导,将获得关于知识状态的解释、关于研究未来的可能性,以及研究中伴随的困难,从而以专业人员的方式看待这些事情。科学意义的地图集将被详细地解释给他们。在相互讨论之后,他们将可以向更广泛的公众报告他们对研究现状的理解,并在一个更宽泛的常人群体内讨论各种研究的可能性。根据这些讨论,他们可以作为促进信息流动和对话的

129

中间人回到与专家的对话中。①

第三，对他人的无知（ignorance of others）。良序科学所设想的理想协商者不但要了解科学知识的现状，还要认识到其他人的需求。尽管没有一种稳定的制度能做到理想对话所要求的那样，但至少可以减少我们部分的无知。科学意义的地图集可以增加人类需求这一指标，这一指标可以通过对人类难题的系统考察来建立。理想情况下，研究工作的进行是被实际利益和深层愿望所驱动的，而这些实际利益很可能被无知所扭曲。因此，这里也需要指导来清除常见的误解和未识别的压迫。这种努力是不完美的，但即使是粗略的努力也能使研究以不再忽视我们大部分物种的方式进行。

第四，缺乏同情（failure of sympathy）。理想的对话者不仅应知道他们同伴的意愿，还需要调整自己的偏好以适应他人。消除对他人有关研究项目诉求的无知是对他们施以同情的基础。就像对科学的无知一样，这种无知的消除有多方面的办法。一种办法是鼓励和扩大利他主义倾向的教育，另一种办法是揭露科学研究被扭曲以服务于少数人的经济利益的案例。学术研究有时会揭露研究活动指向的目标与公共利益的巨大差别：制药公司不去生产可以治愈数千贫困儿童的药物，因为没有利润；具有意识形态的承诺或与特定行业有关系的知名科学家会阻止重要信息向公众披露（Oreskes and Conway，2010）。科学的评论者需要更广泛地研究这类问题，而且如果有据可查的话，他们的发现应该被公之于众（这是新闻业责任的一部分）。随着公共信息系统在公共和私人资助形式之间的分化，重要的是要跟踪"看不见的手"真正运行的地方，其可能产生了具有广泛效益的结果，或者为了极少数人的利益而损害了多数人的利益。

---

① 为了使这一进程达到预期目标，显然有必要以避免政治斗争的方式来建立这一进程。我们完全有理由怀疑这是否可能，并且我关于"协商性民意调查"或"公民陪审团"的评论将进一步强化这种担忧。我将在第八章第五节再讨论这个问题。

我所提出的所有建议都需要进一步的完善和发展,所有的建议都被用来回应本节开始所提出的挑战。尽管良序科学建立在很不现实的条件上,但我们仍然可以采取行动向它靠近。为了确定更准确的路径,可以通过小规模的社会实验来考察。研究者可以考察促进不同群体之间沟通或促进外部的决策监督的优点(Fishkin,2009)。根据这种研究和对各种可能性的考察,我所描述的制度的功能能够被最好地显现出来。在提议我们这样探讨的时候,我重申一下前面讨论的主题:我们的公共知识体系是一个曲折历史的产物,没有理由认为它已经为我们提供了一系列不易改进的制度。

第五节 对研究的限制 131

为了结束我对研究(investigation)的相关问题的讨论,现在需要简要地看一下议程设置之后的具体探究的阶段。在各种重要的问题被分离出来之后(我们希望这些决定与在良序科学条件下做出的选择大致相符),它们应该如何被实现呢?

通常,我们希望研究者了解达成目标的最佳方法,并遵循这些方法,然后我们会考虑存在多种研究的可能性时会出现的复杂情况。然而此时,人们将关注两个主要问题:这些研究者是谁? 他们是否受到了一些可能不被普遍接受的限制?

近几十年来,一些研究方式不被人们接受:评论家惊恐地回顾了臭名昭著的塔斯克基实验(故意对已感染了梅毒的非洲裔美国人不加以治疗)以及纳粹医生在集中营中所进行的"科学"实验。道德限制是强制性的,即使这种限制的代价是相关研究变得更加困难。有时候,有关疾病原因的紧急问题可以通过选择性地将病人暴露于病原体来解决;我们可以通过将精心挑选的孩子与家人分开,并在特定的环境中抚养他们中的一些人来相对直接地回答关于自然和培育的问题。但所有的科学家群体现在都承认禁止以上实验的道德限制。尽管科学家承认他们有义务分享他们的发现,但他们也对试图在未经同意情况下获得他人数据的科学盗版行为感到不安。以上这些关于道德限制的讨论就已经涵盖了追求知识的所有适当限制吗?

并不,以上给出的例子还涉及更细致的相关问题。当代的许多科学研究使用有知觉的动物,有时会让它们感到异常痛苦,有时会缩短它们的寿命。彻底禁止在动物身上造成痛苦的实验会终止很多具有减轻人类痛苦的巨大潜力的研究,而对动物痛苦的一种完全宽容的态度就会允许很多追求琐碎目标的研究。那么,界限在哪里呢?

132 　　第二章中有关价值判断的观点为决策提供了一个基础,这是一个平衡价值目标的问题。在良序科学的框架中,一个合适的结论应该是通过理想协商者的共同参与得出的,并同时考虑到合适的实验与不可进行的实验。因为受影响的群体包含遭受疾病折磨的人类和有知觉的非人动物,这两个群体都需要在理想协商者的对话中被代表。

这怎么可能呢?即使被研究影响的动物被赋予一些语言技巧,它们也完全不足以参与到对话当中。这里确实有一个对我的价值方法非常普遍的拒斥,即其任意地排除了很多有知觉的动物。尽管其在人类层面上具有包容性,但它是否犯了一种非法的人类沙文主义错误,即有些东西可能会像将注意力集中在小部分人的道德立场一样有害?

理想协商者必须代表那些无法为自己发声的人:未来的社会成员、儿童,以及残疾人。他们的观点将通过了解他们并致力于为他们的利益服务的人来表达,而对于非人的动物也是如此。我们如果试图模拟一个关于以特定的方式使用动物的适宜性的理想对话,那么应该让了解动物生理学的细节以及它们各种痛苦的人参与进来。同样地,这个对话还应该包含那些了解疾病所导致的痛苦的人,如果动物实验被允许的话他们的痛苦就可能得到缓解。

以上的情况可能是完全对称的。某些类型的人类疾病是突然来临的，一旦发生就排除了病人以自己的名义发声的可能性。在这种情况下，他们和动物就都被别人代表了，而代表的责任就是为是否允许某个研究项目提供充分的解释。毫无疑问，这个选择有时是很困难的——尽管实际情况往往比哲学抽象的情节更容易处理，即在实际中有减少动物痛苦的办法或追求人类利益的替代方式。我认为，当没有更好的办法时，只能尽我们所能来重复，即在保证参与的条件下不断重复所有潜在利益群体的对话。

对于其他困难的例子也是如此。有时，那些热衷于特定事件或自知生命不久的人会自愿作为禁止非自愿参与的实验的被试。如果这些人确实认为参与实验是他们生命中的一部分，而且是关乎他们是谁、他们渴望什么的核心部分，那么阻止他们的崇高牺牲就是干涉他们的自由。关于这一问题最明显的质疑是，他们是否处于被胁迫的状态，如果是这样，那么这些人就不比塔斯基吉人或纳粹医生的"病人"更能自主选择。为了消除这种担忧，我们可以根据其所体现的理想对话来调整良序科学及更普遍的价值判断方法。志愿者将与持有不同观点的人讨论他们的行动计划，这些人包括一些致力于他们的福利的人，以及一些对社会胁迫持怀疑态度的人。旨在重复讨论愿意成为实验对象的人的参与条件，是否得到许可就取决于他们的最终协议。

下面来考虑更为复杂的科学盗版案例。当有人将重要信息迅速透露出去时，我们对这时发生的数据窃取事件感到不满。然而，可以设想以下的例子（可能是实际的）：数据被迫切地需要以及一个病态怀疑的研究者认为需要进一步尝试。一个真正的道德约束是否延缓了某些重要问题的解决？这个病态的怀疑者是否履行了一个科学家的责任？为了回答这样的问题，我们只能诉诸接近我们的理想协商而形成的关于案例的判断。

当代的研究实践，特别是生物医学的实践，已经体现了对我所建

133

议的理想或程序的良性的接近。尽管研究人员有时还是会抱怨,但是制度性的审查委员会已经为阐述和突破研究限制提供了很好的方式。如果他们的讨论目前存在问题,那不是由于对话的资源,而是由于讨论进行的渠道。基于第二章中建议的价值方法,决策不应该用抽象的原则(医学专家从简单的哲学教科书中吸取并努力应用的东西)来进行,而应该从人类的各种角度进行深入的理解。正如共同参与所要求的,对话不能因宗教戒律而停止,同样也不能有超越对话权威的世俗来源。让协商更接近参与的条件(也许是通过增加视角的多样性)可以使研究实践的审查得以改进,并且,原则上这些做法可以在其他地方得到应用,例如前面所设想的怀疑者和迫切需要目前所得结果的研究者之间的冲突。

可能允许盗版行为的例子提出了一个关于科学责任的观点,因为我们可能会认为怀疑者没有达到负责任研究的要求。协调一致的活动会要求人们尽其所能地完成分配给他们的任务,从而实现共同的目标。作为扩展和完善公共知识的集体尝试,以这种方式思考科学会给研究者带来了明显的负担——他们不再是"自由而不受限制"的了。他们不仅要对做了什么担负责任,还要对没能完成的事情负责任。我们可以从这个角度来考虑我所提出的另一个有关追求知识的问题——谁是研究者?

下面来考虑良序科学的一个明显的延伸。在理想协商的最后,即设定了研究议程后,讨论者们就转向了另一个问题:该如何分配研究者群体中的成员来实施他们选出的计划?我们可以设想他们对知识的轨迹及研究者的天赋有足够的了解,这样,再结合他们已经设置的研究议程,他们就可以像军事统帅一样让不同的部队完成不同的任务以达到最大的成功了。

面对这样的极权主义的图景,很多人(也许是所有科学家)都会反对。这是对科学自治不可容忍的侵犯!没有任何一个科学家应该被告知去进行什么研究!这些反对都是合理的,这种对良序科学的扩展既不符合民主理想,也与我提倡的价值方法相悖。

为了解释原因,我们应区分两个不同的问题。第一,科学家应该 135
在道德上被要求从事那些能最好地推进群体目标达成的工作吗(在
这个语境下,对公共知识的促进体现在理想协商中)?第二,科学中
应该有一个程序使得科学家按照伦理要求工作吗(分配他们去完成
最能推进群体目标达成的任务,或者当他们拒绝从事这些任务时进
行惩罚)?首先要注意,即使你对第一个问题持赞同态度,你也可能
对第二个问题持否定态度。有许多种人类行为远离或违反了道德义
务,但我们没有将其置于强制或惩罚的范围内——因为我们认为强
制或惩罚违背了自由的理想。民主正确地为公民的道德选择留下了
余地。

然而,自然地对第一个问题给予肯定的答案是错误的,这种想法
来源于对理想协商者态度的误解。理想协商者被认为完成了议程设
置和研究工具的分配,如果他们以这种方式继续下去,他们将为未能
达成共识而感到内疚。因为,被"分配"的不是工具而是作为人的科
学家,他们对研究计划的看法也应该被纳入理想协商范畴。在很多
情况下,如果科学家 X 已经热情地承诺将思考问题 Q,这就使得他不
足以作为一个研究问题 Q^* 的候选人,即使 X 可能是研究 Q^* 的最佳
人选。而且,即使 X 对 Q 的热情并没有消解他作为研究 Q^* 的最佳
候选人的状态,这种热情在 X 人生计划中的作用也应该被理想协商
者考虑。因此,第二章中的价值观点允许科学家在大多数情况下没
有道德义务地去研究问题。

然而,有些时候理想对话也会有更多的要求——并且这些要求
符合我们已经认识到的义务。假设 Q^* 极其重要,许多人的生命都系
于其研究的成功。进一步假设 X 比其他任何人都更能胜任这项研究
工作,而且 X 自己也知道这一点。尽管 X 对问题 Q 着迷,但对它的
回答并不特别要紧。在这些情况下,理想协商可能会得出 X 对从事 136
Q^* 的研究有道德义务的结论——并且如果 X 参与了对话,那么他将

理解这项义务。尽管这些情况并不普遍,但却是我们相当熟悉的。一个紧急状态突然要求特定的研究,科学家放弃他们一直在做的事情,扮演别人要求他们扮演的角色。例如,他们去了布莱奇利(Bletchley)或洛斯阿拉莫斯(Los Alamos)。

害怕良序科学会导致研究的"集中营"(gulag)是没有根据的。当然,旨在平衡私人计划和公共利益的理想对话可能对人们(不仅仅是研究者,还有所有服务于集体事业的公民)施加比我们当下意识到的更一般的义务。当更大的危险要求我们改变当前的活动时,我们就应该把这些义务看作是对我们已经认识到的特殊情况的扩展。

研究人员的分布反映了个人的研究偏好,但社群提供激励措施指导目前被忽视的重要项目的研究工作也是完全合理的(第八章将更系统地讨论这一问题)。下面我将简要讨论一个相关问题,即把追求知识作为一个封闭的事业来考虑是很有吸引力的:在其中,有前途的年轻人被彻底地训练,然后成为这个群体的一员。而群体外的人并不被期望能做任何贡献,甚至他们也不被鼓励去做类似的工作。

在一些研究领域中一些绕开标准的培训制度是浪费时间和资源。要充分解决技术问题需要专业知识,要有效运行设备需要经验。任何曾经编辑过专业杂志的人都熟悉那些自信地宣称推翻了他们所获知识的文章,例如对爱因斯坦的众多反驳。然而,情况也不总是这样。G. H. 哈迪(G. H. Hardy)就因其很耐心地阅读来自印度的奇怪信件从而发现了天才而得到赞誉,即使这个天才运用的术语非常陌生甚至业余。

即使在前民主社会中,科学研究也是对外行人开放的。皇家学会的绅士们也会听取远洋船长介绍他所去过的遥远地方(即使他们关于美人鱼的解释并不完全可靠)。民主社会可能会探索更好的方式,使得非专业科学家们做出更大的贡献,如注重当地植物群的博物学家、业余天文学家。在我完成这一章的时候,新闻报道了一个不同寻常的研究小组取得了一些有趣的成果。计算机游戏爱好者在蛋白

137

质折叠的顽固问题上取得了一些进展,这不是因为他们具有深厚的化学知识,而是运用了他们在屏幕上转换图像的经验。通过一个巧妙的"在线蛋白质折叠游戏",一个不一样的巧术就可以被运用到科学研究中了。它为进一步扩大公共知识贡献者范围的方式提供了一个有趣的先例,从而不仅推进了专业领域的发展,而且使科学更加民主。

第六章　公共理性

第一节　认证问题？

现在我转向一个麻烦的问题：非科学家在科学主张的认证过程中是否能发挥某种作用？本章将论证非科学家能发挥某种作用，但不是因简单化和激进而使科学家感到不安的那种作用。

在决定哪些研究路线应被跟进时，假定民主价值发挥了某种作用是相对保守的一步。尽管如此，要认识到那些决定将会形塑未来的公共知识：它们是评价后续科学主张的背景知识。这样，良序科学对认证过程有间接的效应，任何一种框定研究语境的方式都有这种效应。如何评估新的知识候选项依赖于我们当前知道些什么，这无法避免与历史偶然性存在关联。

一种更激进的观念，最为人所知的倡导者是保罗·费耶阿本德（Paul Feyerabend），主张直接把民主导入认证过程。费耶阿本德认为："不经进一步审查就接受科学家和物理学家的判断不仅是愚蠢的,而且是彻头彻尾的不负责任。如果一个问题对于小群体或整个社会是重要的,那么它就必须经受最细致的检查。适时选举出来的由外行组成的委员会必须考察:进化论是否如生物学家希望我们相信的那样真正得到了良好的确立?是否以在他们的意义上解决了问题的方式得到了确立?是否应该在学校取代其他观点?"(Feyerabend,1978)当科学家和科学哲学家强调探究的自治时,他们对"暴民统治"的恐惧恰好回应了费耶阿本德对"自由"的称赞。

费耶阿本德的论证并不令人费解。假如你怀疑,是否存在解决主要科学分歧的任何方法,你认为产生我们有关自然世界的当前视角的观念转变是一系列决定的结果,而这些决定可以是另一幅样子,却同样理性。每一个决定都体现了获胜方的价值,也就是参与争论的多数人的价值。然而,实际的参与者只是那个决定将会影响到的人们中的一小部分。这一小部分精英的偏好形塑了后继者的世界。一旦认识到这一点,对自由和民主的承诺就要求对这些决定进行审视。这种审视不能交给科学小集团,而应由每一个利益相关者,即任何人或我们全体进行。

我前面有关科学和价值的讨论提出了反驳这类思想的办法。费耶阿本德和库恩在质疑"方法"——至少是现存的形式方法,和为理性提供辩护的理论(为科学发展史上的主要转变提供担保)的效力这一点上是对的。那些转变是由科学家根据对解决问题的相对成功和对体现了可检验的价值框架的判断完成的。对这些转变的仔细考察能使人看到,对于失败的一方来说,要形成维系他们偏爱的研究视角的价值框架最终变得多么困难。对这些转变进行审查的理想人选是这样一些人,他们可以被预期将采纳争论中的多数人的判断。这种采纳为有区别地对待专长,并设想深入思考过预测和解释的成功与失败的科学家在做出判断时比不知道这些事情的人们处于更有利的位置提供了基础。这种对专长的归因是民主价值的真正表达,费耶

140

阿本德式的"暴民统治"是庸俗民主的代表。①

拒绝把庸俗民主嵌入知识认证的语境没有解决与民主价值可能如何影响公共知识相关的所有问题,对无知的暴政的恐惧不应该使我们盲目地走向未经授权的专长的暴政的可能性(费耶阿本德对此反应过度)。即便历史取向的哲学研究能够(我认为能)表明,在为数不多的重要事件中,历史上的科学共同体对观念的认证能被接受,我们仍应严肃地思考:认证过程是否有时会出错? 是否存在一些科学的一般特征,就像它们被实践的那样,在某些特定的领域对特定的"发现"做出了错误的认证并写进了"教科书",而理想的协商将确定那些认证是不成熟的甚至是非法的?

设想那种可能并不难。想象一下,在特定的事例中,特定的意识形态议程或流行的偏见使科学的子共同体偏爱某些假说,高估某些证据或虚构证据。甚至不需要想象,因为最近就有著名的例子:塞瑞尔·伯特爵士(Sir Cyril Burt)主张智能是固定的证据,烟草无害的证据及其他事例(Gould,1981;Oreskes and Conway,2010)。第一章确定的麻烦的核心使许多人怀疑这类事例可能扩散到了研究的许多领域。即便事实不是如此,仅当所有的人都清楚那不是事实时民主才算运转良好——科学,像卡普尼娅(Calparnia)一样,必须超越怀疑。

将潜在的困难分门别类是有用的。不诚实的协商可能导致认证出错。另外,真诚的人们可能由于对证据的误判使潜在的新知识未经认证就被接受(或错误地拒绝)。人们对接受或拒绝新建议持有不充分的一般观点也能带来误判:他们可能不重视特定的假说或者基于偏见偏爱某些假说,他们可能排除某些来源的证据或错误地依赖于其他证据,又或者,他们可能有一种充分的一般观念,但却错误地将其运用于特定的案例。我认为,可能的传播与广泛的误判是特别

---

① 然而,如我们在第八章将看到的,费耶阿本德可以被更同情地解读为要求科学研究中有一个更广泛的视角。

相关的,尤其和当前科学权威的侵蚀相关,本章的大部分将聚焦于此。然而,首先值得考虑的是蓄意的欺诈。

第二节　科学研究中的欺诈和歪曲事实

直到最近,人们仍普遍相信科学欺诈很难成功。原因不在于科学家被视为道德上不同寻常的人群,也不在于他们的白色外套象征了内在的纯洁,而在于一种源于罗伯特·默顿(Robert Merton)的观点。科学的评论者认为,个人品行、社会应用和普遍体现在科学实践中的科学规范能消除作弊者的机会,特别是对发现进行重复的实践能够确保把建立在子虚乌有和捏造的数据基础上的结果拒之门外。但对一系列科学,特别是生物医学(绝不仅限于此)中欺诈事件的揭露已经表明,这种乐观主义是盲目的(Broad and Wade,1982;Judson,2004)。

建立在欺诈基础上的研究结果有两种明显的方式缓慢进入已被接受的科学成果之中。第一,太多的实验未被重复就被简单放行。其中的一些实验是由于它们似乎只是一些常见实验类型的变体,其他实验是因为实验仪器、技巧或实验所需资源的相对稀缺。第二,一位科学家重复同事实验的失败可能很合理地被看作是缺少技巧的后果,当重复别人实验的科学家是没有声望的年轻科学家时尤其如此。如果新结果出自一个长期致力于改进特定实验系统的实验室,其他人在重复实验时遭遇失败的原因可以很合理地被归结为经验的相对缺乏。科学研究者普遍了解的一个事实是,实验常常很微妙,它的技巧必须经过一个长期的学徒期才能获得(Kuhn,1962;Collins,1985)。

人们曾希望重复实验有助于揭露欺诈,以上的观点可能为这种希望保留了一种弱的完整形式。基于不重要的实验和平庸发现的成果可能很容易导向欺诈,大量科学成果中可能包含了在后续研究中

142

未被指出的少量错误,同时一些正确的主张开始是在可疑的基础上被引入的。一些著名的科学欺诈案例例示了这类情形。例如,罗伯特·斯拉特斯基(Robert Slutsky)的工作是一个恰当的例子:为了产出超量的论文以确保他的学术生涯——他所在的实验室在一个时期以每十天一篇的速度发表论文——蓄意胡乱修改众所周知的实验系统,改变它们以产出预期的结果,然后捏造数据来和那些结果匹配(Engler et al.,1988)。没人费神去重复斯拉特斯基的实验,即便有人耐心地重复他的实验,结果当然也几乎总是非常接近斯拉特斯基(为了避免引起任何怀疑而公开)的结果。然而,如果一个研究者有更高的目标,提供的实验旨在支持非正统观点从而为研究领域指出可能的新研究方向,他的工作将吸引更仔细的考察。重复实验在这里似乎将承担起发现任何欺诈的责任。

稍加思考就能明白,事情并不必然如此。如果非正统的观点是正确的,或竟比它要挑战的已被接受的观点更加接近真理,不诚实的研究者就可能不会被发现并被誉为勇敢的开拓者。有的人做出一个狂热然而幸运的猜想,然后臆想一种相当复杂的实验程序,再加上一点实验虚构就将其发表出来,激励别的研究者或者去做想象中的困难工作,或者(更有可能的是)发现不同的方式去检验(假定猜想够幸运,就是确认)新的假说。如果这种策略对于诱发潜在的科学革命过于冒险,那么介于坐在扶手椅里舒服地伪造结果和完整地进行实验并如实报告其结果之间的多种做法确实值得重视(Judson,2004)。也许更有可能的是,富有想象力的研究者真的有一个新想法,确信其正确性(如其被证明的那样),决定忽略其实验中不那么合意的某些数据。正是这一侧面有时被归于一个领域的发展中极重要人物,最著名的据说是作为植物学家的修道士格里格·孟德尔(Gregor Mendel)(Fisher,1936)。

还有另一种可能性较小的情形,即你的新发现越过重复实验这个障碍的一个办法是要确保最初的重复者给出和你一致的结果。如果你提出一个有雄心的假说,它可能引起别人的注意,但是如果实验做起来十分困难或者费用不菲,一旦出现了一些确认了最初结果的重复实验,人们重复它的热情就会减退。即便你的假说是错误的,比它要挑战的假说或其处于争论中的竞争者更为糟糕,你仍能因为你的同盟者报告他们确认了你的结果而得到愉快的担保。当然,他们不需要做那些实验,如果愿意他们可以经计算得出那些数据。① 简言之,你需要的是一个小圈子。

正如我指出的那样,这类串通欺诈是非常不可能的,而且一般来说,人们应该会对那些共谋的欺诈理论做出冷静的评价。然而,值得注意的是,有关这类事例的可能性的判断依赖于对不同类型的已发现事例的发生频率的确定。我们想象的那种情形的麻烦在于,如果科学家真的那样做,人们很难发现。让我们假定科学研究无论如何还没有腐败得那么极端,但它仍可能包含了不那么过火的类似成分。

假设你和许多你认识的其他人对已被接受的某一科学知识感到忧虑,认为它鼓励人们丢弃你们认为非常重要的价值。你和你的朋友们投入大量时间设计实验,希望实验将支持你们中意的与之竞争的另一种观点。你们的一个实验产出富有启发性的证据,但是它没有那么明确,只有一些散乱的数据。你们通过把实验结果整理得更有说服力来给出结论。你们知道这么做总体而言不是一个好主意,但这一次你们"知道"自己是对的,被忽略的数据是误导性的,而且你们的工作对社会产生的好处为你们的做法提供了辩护。当其他人重复你们的实验时,有时会质疑你们的结论,援引你们忽略的那类数据。然而由于其他的重复者是你们的朋友或盟友,出于和你一样的理由致力于同一事业,他们也倾向于采取你们已经采取的行动:误导

---

①　尽管你应该非常小心以确保没有揭示你公布的数据集的统计特性。科学欺诈的两个众所周知的例子,获取伯特爵士和斯拉特斯基,被发现是因为所谓不同数据集的手段和差异是相同的。

性的发现应被忽略。这样,你可能无法完全排除你不喜欢的科学知识,但是在你的盟友的帮助下,你能把水搅浑到足以给公众留下一个印象:这是一场真诚的争论。

谁也不知道欺诈和不诚实影响科学研究的频繁程度。除了重复实验以单独识别(或阻止)欺诈,人们还能做些什么?

对于近些年来浮出水面的那些案例及我们前面勾画的场景的显而易见的回应是导入保留并深入考察数据的程序。发现物将被保留,原始数据将提交用以支持科学论文通常会给出的统计概要,也许场点核查也会进行。坦白地说,这些程序增加了负担,并且很容易理解那些诚实的科学家对此的反应,他们相信大多数同事分享了他们的正直,厌恶先于项目的不公正的怀疑。依据第二章的看法,是否值得采取那样的做法的严肃判断要求反复进行有同情心的理想讨论:既要考虑由不诚实的研究引发的危害,也要考虑它给有荣誉感的研究者带来的负担。在十分清楚科学欺诈的发生频率和由之引发的危害之前,似乎进行任何那类的协商都是困难的。同样不清楚的是如何设计实验来揭示那类项目的效率,原因在于我们对于在没有这类介入程序的情况下欺诈发生的频率所知甚少。

科学欺诈的可能性有多么令人担忧?我们应该参照两种时间框架和两种类型的损失来考虑这个问题。从短期来看,如前所述,精心设计的欺诈案例会对年轻科学家,尤其是欺诈者的学生和在其欺诈性工作基础上进行研究的同事的职业前途带来损害。很容易理解,随着这类欺诈的揭露而来的是在科学家看来最严重的那些类型的损失。潜在的长期危害更为严重。如果某些成果是以欺诈的方式"建立"起来的,它可能被作为该领域的前提接受下来。后续工作不加质疑地以之为基础持续进行,从而产生偏差。在几十年或者几百年之后,错误才被揭露出来,徒留评论者哀叹那么多专注的研究者的工作价值因为一项基本的错误而减少。

前面讨论过的场景暗示了一种对长期后果的更放松的态度,我们可以考虑三种主要的反面做法。确实有一些毫无野心、孜孜以求的研究者,他们对实验设计进行修补,计算可能的结果,累积出版物的数量,他们的工作对所在领域的知识几乎没有什么影响。也有一些幸运的猜测者,他们在没有充分证据的情况下提出大胆的新观念,随后获得了支持。还有一些由意识形态推动的反对者,他们试图确立错误的结果并堵塞解决争论的通道。前两种类型当然是令人生厌的,在不给诚实的研究者带来负担的情况下,最好阻止他们。然而,他们没有给公共知识带来重大的威胁。理由是,那些孜孜以求者的眼光太短浅,那些被猜测者忽略的工作由其他人做了。他们的观念被别人有效地挖掘,因而赢得了不适当的信用。尽管孟德尔修饰并捏造了一点数据,但他没有带来长久的危害。

与之形成对照的是,有偏见的反对者影响了值得尊重的多数人的工作。然而,他们的成功依赖于两种破坏性的倾向:欺骗的意愿和有关证据的歪曲的观点。聚焦于把科学判断拧在一起的价值也许能为科学欺诈带来的严重问题提供一种解决方案?

146

不同的视角强化了这里的结论:不合法的价值的侵入是一种更基本的错误。对科学认证的合法性的担忧削弱了公共知识系统中的信任。像调查数据显示的那样,公众并不总是把科学家看作是不诚实的,拒绝科学发现的那些人指责的是研究者的意识形态偏见。无论被抵制的科学家是进化论者或者转基因生物的辩护者,共同的指控是对科学判断的歪曲:达尔文主义者落入了唯物主义世界观的掌握之中,转基因作物的辩护者不得不服务于农业综合企业的掌控者。为了恢复公众对科学的信心,要解决的问题是确定并根除不合乎价值的偏见,并且要以一种使公众相信确实如此的方式进行。在接下来的章节中我们会发现,这个问题在理论上是有趣的,而从实践的角度看则是非常困难的。

在这些反思的前提下,人们可能相当随意地提出对待科学欺诈的办法:让科学家保留数据并按要求提供记录是值得一试的,也许建立一套抽查系统也是值得一试的——外部的监督者进入实验室并要求提供记录(类似于某些类型的田径比赛中的药物抽检)。然而,任何类型的监察措施都应该避免给科学研究增加负担。在抗击犯罪的一般努力中,有各种可设想的方式来提高检查的频率,但这会严重地干扰了诚实的人们的生活。现代技术提供了十分多样的会干扰人们生活的监视方法,考虑到欺诈的长期后果,类似的做法不会像要求深入监视实验室那样有害。

然而,那等于忽略欺诈带来的短期危害。和欺诈者的未察觉的联系可能摧毁光明的职业前程,因而科学家很有理由担心其同事和学生带来的风险。一旦理解了这一点,很容易看到如何获得一种有关政策的理想协商。因为干扰性的监察和无辜的牵连附带的代价是可识别的,并且是由同一群人带来的。单个研究共同体的成员经过广泛的相互讨论(对话应该包括易受伤害的年轻科学家)可以合理地决定,他们希望如何权衡在欺诈的未知牵连和监察的负担之间的风险。仅当欺诈将产生对政策的歪曲这样的危险确实存在时,局外人才应被包括进来。在那种情况下,最好的解决办法可能是坚持在科学发现的应用范围内进行大范围的重复实验。因为在这种情境下,人们能合理地期望重复实验是有价值的。

也许这有点太乐观了。然而,像我们接下来将看到的那样,即便科学欺诈的可能性没有要求科学进一步民主化,引起错误认证的普遍的误判确实提出了那种要求。

第三节　良序认证和理想的透明度

当研究取得了成功,或至少似乎取得了成功,研究者会把他们的成果提交给公共知识系统的机构,通常是期刊和其他印刷部门。他们的成果会被评审,如果一切顺利,就会被发表。这是科学认证显而易见的第一个阶段。有时认证未能持续下去:后续工作带来了对曾被接受了的知识的限制或更正;一个报告偶尔会被完全撤销。任何这类事情的发生都要求在认证的第一个阶段的基础上进行进一步的认证。初始发现可能被其他人接受,并与他们的成果结合起来回答更大也更重要的问题,或者作为对知识的更大贡献的组成部分,或者,远为少见的是,在一个较小领域的核心凭借它们自身的重要性被给予了一个位置,它们足够重要因而经过更深入的研究提炼并被写入教科书,传递给年轻的研究者。大部分研究成果的认证不会进行到这个更高的阶段,大量的知识、经年累月辛勤工作的产出只是消失了:参观任何一个搜集和储存生物组织的场地都能看见数十年未被打开的一排排抽屉。这个令人心酸的事实是十分清楚的,但没有什么可遗憾的,因为我们的知识必须持续地进行重组,这就是知识达成其目标的恰当方式。

我们概要回顾了公共知识这些为人所熟知的特征,这为思考认证问题做好了准备。许多个人判断出现在认证过程中,包括评审人、编辑、运用那些科学发现的同事、教科书的编制者,以及那些对编辑们有关未来版本的决定做出回应的分散的读者,他们决定了哪些资源将得到广泛的使用。对于一个在最充分的意义上得到了认证的(出现在教科书中的)成果,研究共同体必须把它看作是足够真实和足够重要的。这个过程充满了价值判断。

认证过程涉及的那些人能提供有关证据充分性的某些标准。当他们要求其他人进行更多的工作或论证何以拒绝所提交的成果时,那些标准会非常清楚地出现在他们所写的报告中。他们会抱怨样本不够大,或者那项研究如何避免某些形式的扰动或污染还不清楚,或者一种替代性的假说被忽略了。在科学的每一个领域,研究者共享了一组此类标准,那些被认为广泛适用的标准会在有关“方法论”的课程中被明确地教授。然而,从科学的不同领域能够集体地加以明确的那些标准的总和很难得出在认证知识的潜在新条目时所需的全部评价。像我坚持认为的那样,任何可公式化的规则集合都不能覆

148

盖全部所需的判断。正如研究者必须判断所做的工作是否充分到足以推进到下一个阶段一样,评审者必须判断研究数据的摘要是否足以支持作者得出的结论。

遵循方法论原则有助于得出正确的结论,在这一意义上,人们期望公共知识系统与可信的方法论指导原则一致。更进一步,人们要通过与那些指导原则保持一致来认证科学成果。最后,在超出那些指导原则的情况下,运用可靠的心理能力来做出判断。这类能力的培育构成了获得"出色判断力"的过程,通常经过充分地沉浸在一个领域或分支领域中才可以期望获得。

这里给出的是一个彻底实用主义的可靠性概念。那些以足够高的频率产出足够真的结论的标准和过程是可靠的,其可靠水平是由结论应用于其中的未来研究语境及其结果的重要性确定的(第一章第四节)。由于对那些公共知识的未来应用是非常难以预测的,要明确界定一个知识点的价值是不可能的,除非有良好的基础能够让我们设想所提交的知识直接影响了人类的福祉。一个研究领域能够允许某些个人评价的偏差:编辑能够容忍一些评阅人过于随意而另一些则过于严格。

149   为了理解可信性的特征,考虑一种特定类型的判断是有价值的,这类判断为重要性指定一个值。在此,通过考虑所赋予的值和其真值之间的距离,我们能够给予"足够接近于真"这样的观念实质性的内容。① 想象一个研究的亚领域,考虑这种形式的一组特定陈述,研究者面对的是对其进行应用的一组不确定的情境。这个亚领域可能包含了从不同侧面做出的多样判断。极端情形是由在两个维度上都宽容或严苛的人来标识的,宽容的评估者接受所指派的值和真理直接的最大距离以及最低的可信度。对他们来说,所使用的方法以大

---

① 值得强调的是,只有在特殊情况下(对于特殊类型的陈述),人们才能准确地接近真相(Kitcher,1993)。

于 r 的概率得出偏离真值在 d 范围内的结论就是可接受的。严苛的评估者要求所指派的值和真值之间的最小距离以及最高的可信度。除非所使用的方法有机会以高于 r^* 的概率得到偏离真值在 d^* 范围内的结论，否则他们会认为其是不可接受的（$r^* > r$，$d^* < d$）。这个亚领域的每一个人都能接近落入由这些值所设定的区间的赋值，每个研究者都设定了范围为 $[d^*, d]$ 的真理的近似性标准。他们要求所使用的方法传递的值与真值的距离在他们偏好的范围内，其概率在 $[r*, r]$ 的范围内要大于他们偏好的概率。对于一些陈述，判断者有关其为真的概率看法一致，但关于其可接受性的意见存在分歧，宽容者对其的接受和严苛者对其的拒绝对这些陈述来说都是合理的（我怀疑是否许多真实的科学判断的案例能借助详细的概率分析以这种形式化的方法来处理，关键是揭示潜藏在对不同评价的容忍背后的结构）。

现在来考虑良序科学的一种扩展形式。当理想的协商渗透到有关真理近似性与产出真理的可能性的各个层次，两条方法论的一般标准得到了明确说明：如果由这些明确的标准延伸出的具体判断落在由那些不同层次的标准决定的范围之内，就可以说认证的语境是良序的。我们能通过直觉感到，理想的协商者面临着识别未来的应用对公共知识的潜在增长的不确定性。他们通过互动尽可能对后果做出评估，不引入错误的主张，不错过对不同观点的整合。给定他们认识到的不确定性，他们设想最好和最坏的情形，调整他们对出现在可信性刻画过程中的参数的要求，以避免妨碍最好的情形或落入最坏的情形。他们的结论把认证的过程分成了不同的空间：需要拒绝的情形、需要接受的情形和两者皆可的情形。只有其明确的标准及进一步的判断与这样产生的区分一致时，科学认证才是良序的。

有时，某些研究领域的实践已经符合或仍不符合良序科学的要求。著名的案例来自研究人类行为的尝试，研究者直接跳到了既有社会观念一致的不成熟的结论：用有缺陷的测试指控种族群体智力

150

低下或者得出结论说有特定基因组群的人易于犯罪(Gould,1981)。在近几十年中,灵长类动物学研究发生了转变,因为先前研究的缺陷变得明显起来:它关注的焦点仅限于灵长类动物群体的雄性成员(Haraway,1989;Longino,1990)。① 这类案例表明已接受的方法不经意地被传递到进入研究领域的研究者身上,可能没有达到他们以为自己拥有的那种可信程度,其缺陷源于预设,这些预设的有效性建立在无处不在的价值框架之上。确信有关特定人群的"自然的"、"规范的"和"恰当的"特定类型的行为,研究者想当然地接受了许多东西并因而塑造了他们的研究技巧。如果他们的预设得到了清楚的表达,并接受了更为广泛的讨论(与研究者得出的草率结论适用的那些人的彻底讨论),可信性的问题就会在早得多的时候被发现。这样就有了认证过程民主化的一个认知论证。科学共同体内一组更广泛的视角的表征具有这样的潜力:揭示该共同体所使用的方法没有他们自以为的那么可靠,因而改进认证的过程。

许多成功的研究领域取得了经受住时间检验的成果,这使我们对认证过程通常运转良好感到安心。但这不意味着,那些程序不能通过关于它们的批判性反思而得到改进(想想医药研究中对双盲实验的重要性的认知)。它也不意味着,认证过程不应该受到局外人的仔细考察。良序认证服务于公共知识系统的主要功能,即储存足够真实的重要信息。我们是依靠其程序在推进这些认知目标达成的过程中的表现如何来判断认证的。通过询问这些程序和更大社会中流行的有关合适的接受及拒绝的观念的一致程度,我们可以从一种截然不同的视角,即公共知识的视角,来审视这个问题。这里有另一个中肯的标准,我称之为理想的透明性。

---

① 凯勒(Keller)指出,这样的情况太简单了,可能在很多情况下认证的合理性是非常难以确定的。对我来说,认识到这种可能性是很重要的。目前而言,我的主要兴趣在于分清明显有缺陷的认证案例和显然没有问题的认证案例。

　　仅当人们(包括门外汉和研究者)能认识到认证过程(不论是对新结果的接受或拒绝)中使用的那些方法、程序和判断,并认可这些方法、程序和判断时,一个公共知识系统才具有理想的透明度。直觉地看,公众知道累积下来的知识是如何得到支持的,每个人都有关于知识应该如何与认证过程实际使用的方法保持一致的想法。我们设想每个人都有自己接受或拒绝他们信念的潜在添加物的条件,我们设想他们彼此之间及与追寻特定研究进路的专家之间和谐相处(因为可信性的概念有模糊的空间,和谐不要求所有的人使用完全相同的标准——为严格的和随意的判断留下了余地;他们保留了同样的空间,其全部判断都在勾画的范围之内)。和谐不仅是获得什么,而且被看作是正在获得的过程。在这些条件下,公共知识可以看作是所有人都认可的集体事业。①

　　理想意味着极高的条件,在实践中不可能获得的条件。没人会奢望认知整个公共知识的认证过程依赖的方法、程序和判断,我们也不能期望所有的人都能接受那些方法、程序和判断。事实上,理想如果真的实现了,拥有一个公共知识系统的重要性就丧失了。公共知识对我们的重要性当然在于,它使我们从别人那里获得信息而无须为那些证明性的细节费心。然而,这个理想有一个要认真对待的要点。如果你相信在某些研究领域,认证成果所使用的方法、程序和判断与你自己获得信念的适当标准不一致,你对公共知识系统的信心,至少对正在考察的领域的信心就会被削弱。如果你愿意,那么原则上你就可以探查公共知识系统的任何部分。如果你这样做了,你就会发现和你的标准一致的认证过程。你并不特殊。公共知识是为每一个人而存在的,因而对所有的人来说应该满足同样的条件。这就是我已经叙述过的理想的认证过程。

　　现在我们来依次考虑良序认证和理想的透明度这两个概念。如

①　这与罗尔斯(Rawls)对公共性的要求(Rawls,1971)有明显的联系。

果两者都得到了满足,那就再好不过了。建立公共知识系统的认证环节旨在提升其目标,所有的人都有与建构公共知识系统时使用的那些标准相一致的个人认证标准,所以每个人完全清楚认证这件事情并能做得和在私人生活中一样好。人们已经认识到这种私人和公共认证过程的一致性。如果认证是良序的,透明度严重偏离了其理想状态,公共知识系统在储存有价值的真理方面会表现良好,但至少在一部分公众看来,其程序是模糊的或和适当的标准不一致。在这些情况下,就可能出现对公共知识系统的怀疑或拒斥(参见第七章第四节对反对意见的等级的讨论)。结果,无论作为有价值的真理的仓库有多重要,在帮助那些有需要的人追求其事业或在引导公共政策的制定时,公共知识系统不再能发挥适当的作用——科学的权威被侵蚀了。

设想公共知识的认证过程不是良序的,而透明性的理想则得到了较好的满足,大量的人接受了与公共知识认证标准一致的信念调整的标准。结果,公众对科学高度信任,建立在科学"发现"基础上的政策也获得了广泛的支持。麻烦仅在于建立公共知识过程中用以接受或拒绝新成果的认证程序是不可靠的,"登记在册"的知识是个大杂烩,由之导出的政策不是总能取得成功。最终的结果可能是两个理想都遭遇挫折。公共知识的认证过程不可靠,并和许多人的标准不一致。也许人们的标准会非常多样,没有一个特定的标准能导向可靠的认证。或者也许,许多不同的人(包括外行)的标准被综合起来,这样一个混合物可能使公共知识系统的可靠性得到实质性的提升。并非不可能的是,人类的绝大部分时间处于最后一种状态。在一些具有潜在重要性的探究领域,我们仍处于这种状态。

第一种状态(两种理想都得以实现)是最佳选择这一判断需要加以辩护:它面临标准的同质化这一挑战,这与某些重要的价值正相反(多样性有利于知识增长和个人的自我表达)。我们将在第八章直面这一挑战,我将论证我们并未处于这样一个显然不错的状态。也许我们处于第二种状态中:公共知识系统运用了可靠的认证方法,但这些方法(至少在某些地方)偏离了人们采纳的那些标准。科学家们害怕科学的民主化会导向第三种状态:认证的可靠性成了和公共标准混合的牺牲品。然而我认为,这是对激进怀疑主义(例如费耶阿本德)的误述。他们的观点可以被解读为认为我们处于第四种状态,即良序认证和透明度严重偏离其理想状态。更大范围认知视角的综合会带来两个理想的更好实现吗?①

第四节　科学哲学的作用:一个概述

在这一点上,值得考虑一种能使我们逐步提高透明度的办法。假设阐明一种关于证据支持(evidential support)的清楚明确的论述是可能的,这一论述能被用于说明不同研究领域的结论易于认证的范围。特定的人群(科学哲学家)被赋予详细说明那种理论并仔细考察不同研究领域的任务。在提交他们的报告后,他们能准确地说明研究的主要部分怎样依据业已说明的原则得到了良好的认证,从而实现莱布尼兹(Leibnizian)用计算取代协商的梦想。

科学哲学的传统目标不是"理解科学",因为"理解科学"作为一个目标无异于"理解自然"(第五章第一节)。以科学为对象的哲学探究的目标从古至今都集中于与科学研究的目的及对这些目的的成功追求有关的特定问题,因此许多科学哲学家曾自认为要回答一些非常具有一般性的问题:什么是科学解释? 什么是科学理论? 什么时候一个假说得到了证据的确认? 在人们普遍认为所有的科学领域从基本的方面来看是类似的那个时代,这样一些问题是严肃而重要的,回答那些一般问题对于不成熟的科学领域是有帮助的。在需要评估

154

①　考虑到这两种理想的联合,我们可以比其他科学哲学家更富有同情地阅读费耶阿本德。然而,在这里我不会追求这一点。

特定科学领域是否成功并肩负起前面的段落设想的那种科学理想的任何情况下，回答这些一般问题也都是有意义的。然而，试图回答那些问题的全部努力的构想需要修改。近一个世纪以来的工作确切地表明不同的科学领域在方法论上是多样化的（Cartwright，1999；Dupre，1993；Wylie，2000），而且，那些领域最有趣的挑战和分歧拒绝哲学家们想要强加给它们的那种形式化的风格。[①]

科学哲学的基本目标仍然一如既往，即运用对一个或更多研究领域的反思来改进科学实践并使一种好研究的标准更加明白。这些目标与前面的部分所提及的两个理想紧密相关。一旦科学的多样性得到了充分的理解，积极的效果就更可能是局部的，尽管一般性如能获得也是受欢迎的。认证过程中的潜在失败为哲学研究提供了重要的机会。延长的争论经常预示了对更广阔视角的需要，例如在有关智力遗传、进化心理学的地位、气候变化模型的可信度的争论中那样。科学哲学的一个主要任务是清楚地确定良序认证进行得很糟糕的那些科学领域，并在可能的情况下提出做得更好的建议。更一般的哲学问题——关于解释、理论或确证——仅在改进了更多局部研究工作的范围内是相关的，有时利用过去几十年提供的观念并为解决在特定科学领域产生的问题精心制作工具是合适的。当理论或（比如）解释这样的观念被看作处理特定研究领域中有争议的主张的工具时，我们就能从追问理论和解释究竟是什么这类的诱惑中解放出来。拥有一套可能的方法或一个工具箱（其中包含了有助于手头工作的东西）就足够了（Kitcher，2009）。

但是，认知方面的考虑仅与科学可能缺失的一个基本面上关。在其漫长的历史中，科学哲学忽视了科学探究的社会植入问题。在

155

---

① 相比之下，专注于特定类型科学问题的科学哲学家在当前实践中对其进行研究的时候，有时能获得新的广泛应用的形式工具。参见格力莫尔（Glymour）以及他的同事珀尔（Pearl）在因果模型上的工作。

科学还没有支配公共知识系统的时候（19世纪和20世纪），也许这是可以理解的。在当代科学哲学形成的时期（20世纪30年代），也许它在处置社会问题时的失败能够说明有前景的新哲学观念（比如逻辑重建的观念）带给人们的兴奋之情。现在，科学与社会决策（我在开头提到的权威的侵蚀是其中的一个侧面）之间关系的混乱是明显的，它号召哲学注意另一基本面上的问题，即我在这里用透明度标明的问题。近年来，科学哲学家们，包括出色的女性主义科学哲学家们，已经开始对透明度问题投入必要的关注（朗基诺、维利、杜普瑞、道格拉斯），并已认识到为人所用的科学哲学的重要性（卡特赖特）。我发现我本人也进入了这个领域（Kitcher, 2001），本书是以更系统的方式探索这个问题的一次尝试。

第五节　嵌合认识论和晦暗不明的价值判断

任何讨论科学权威侵蚀的尝试都必须考虑我们在实现透明度这一理想时的疏忽。在前面的章节中，我们直率地拒绝了一种处理这一难题的传统希望。在这个问题日益急迫地出现在我们面前时，我们别无选择，只能对这些失误进行抽丝剥茧式的分析。我将考察两种类型的事例。

许多美国人（以及部分世界上其他地区的人们）拒绝公共知识系统提供的关于宇宙和历史的那些结论。他们觉得，宇宙学家认为宇宙存在超过了一百亿年是错误的；他们认为，当地理学家在把不同的岩层解释为有数十亿年或数千万年的历史时犯了错误；他们认为，当生物学家设想地球上的生命出现于四十亿年前、多细胞生命出现于数千万年前、哺乳动物是单细胞组织的遥远后代时，生物学家们搞错了。所有这些"已确立的事实"都是错的，然而它们都通过了公共知识系统的认证（尽管反对者不同意这样说），公共知识系统的支持者公开宣称这些"事实"是"我们所知道"的事情中特别有根基的那些部分。

156

尽管达尔文被反对传统宇宙史观的人们(简称为"反对者")看作是反派人物典型,但有一部分这些人所反对的学说可以归在《物种起源》(Origin)作者的名下。反对者不仅不同意进化论生物学,而且对其他研究领域也颇有保留,例如关于放射性衰变的共识观点、标准宇宙学的某些部分以及地层学,他们认为许多在不同研究领域工作的研究者对研究成果做出了错误的认证。这是如何发生的?反对者通常无法回答这个问题,因为他们没有考察那些基本的考虑,作为公共知识组成部分的那些正式的说法就建立在这些考虑之上。他们中的许多人听说过对已取得共识的观点的辩护,那些不是明显不值得信任的杰出科学家宣称,那些有争议的观点作为科学的组成部分,和没有争议的部分一样,得到了充分的论证,比如地球的形状、重力加速度以及水的组成。反对者对科学家在特定领域如何得出那些他们并不否认的结论有或多或少的了解,他们中的一部分人已经做了实验并为他们希望别人接受的结论提供了证据。结果,他们并不拒绝与科学(以及以不那么精致的形式表现在日常生活中)相同的那部分方法、程序和判断。无视有关宇宙史的正式观点正是通过同样的方法、程序及判断得到认证的,反对者们对这个观点提出了异议。他们怎么能那么有信心?

他们中的一些人也许读过和他们一样充满疑虑的标新立异的"科学家"的小册子、论文或图书,但绝大多数人没有读过。在阅读那类"文献"之前,在回顾事实上遵从的那些认证程序的细节之前,他们就认为事情总体上已经误入歧途了。因为你只有无视一个重要的证据来源,正式的说法才能得到认证。当然,这个来源就是不会出错的《圣经》文本。反对者知道如何阅读它,虽然有时候他们听说有人提出"竞争性的"或"替代性的"解读,他们毫不信任那些建议。对他们来说,那些语句——上帝的语句——是完全明白而确定的。

反对者并不质疑他们理解并采纳的那些典型地表现在科学中的方法、程序和判断。那些认证新观念的方式非常适合于它们的角色,

157

然而,它们只是充分的观点的一部分。反对者有一种不同的知识观念:标准的科学研究能揭示许多自然界的事情,但是,在它们和宗教启示冲突的地方,不能信任那些发现。因为按照他们的解读,《圣经》文本提供了一种更高的证据,它不能被我们易错的探究压倒。这种知识观有一种高贵的血统,因为一种很类似于它的东西已被讨论了几百年。伽利略(Galileo)的《给克里斯蒂娜大公夫人的信》(*Letter to the Grand Duchess Christina*)是更为突出的反对这种知识观的尝试之一,但是伽利略和他的同代人奋力争取的目标远低于 21 世纪的人们的目标。

反对者持有一种嵌合的认识论,它包括两种认证方法,能够得出接受或拒绝两种互相反对的对观点的裁定。除非反对者们认为某些领域的科学家不诚实,或者这些科学家误用了他们的方法和程序,明显是以系统的类似方式(巧合还是阴谋?),他们必须把事情设想得更简单一些:经文创造了世俗的程序、经过精炼的科学方法和日常探究。现在我将表明,这种嵌合的认识论如果被带入公开的考察之中,我们将看到它是一个非常不妥当的立场。

我们从科学家和普通老百姓(反对者也在其中)认证一个主张的很明显的要点开始。例如,你正要研究:水管在什么地方出了问题?为什么植物不生长了?一种潜在的药物是否有潜在的严重副作用?谁对谋杀负责?什么化合物将从新的反应中生成?或者,哪个基因和遗传疾病相关?若按照科学偏好的程序接受或拒绝不同的可能性,并根据它们在常识中的类似成分,则很可能导向成功的介入——你在所学知识的基础上行动,进而水管通了,植物开始生长,患者顺利康复了。为什么要借助于经文来认证一个主张,甚至在有冲突时推翻世俗程序?

这不仅很难给出一个答案,而且有许多理由来质疑所设想的策略。因为有一些人做着非常类似的事情,反对者肯定会认为他们非常危险地被误导了。在世俗标准和神圣的文本或口头传统冲突时,

158

他们也会推翻世俗的标准。麻烦在于他们的文本或传统是不同的，或者，令人不安的是，他们读的书是对的，但偏离了它的适当含义。世界上到处是那些愚蠢的人；他们推翻源于自己能力（他们的感觉和推理能力）的平常证据；他们认为精神栖居在特定的地方，他们的祖先会回来，自然中有神秘的力量，有许多神，他们的幻想最终把他们引向了荒谬的结论。

怎么才能区分这些无知的人们和那些具有正确的嵌合认识论的人（那些反对者）呢？当然，反对者会说，他们的祖先有关于神的经验，那个不会错的信息被流传下来，并被完整地保存在他们尊崇的经文中。可悲的是，世界上的全部蠢人都有他们自己版本的这个故事。他们也是始于遥远祖先的天启传统的受益人，那个传统被小心地传递到现在。反对者或其他的这一类人，凭什么能打破这种对称，宣称他们的"权威文本"是真实的，他们的荒诞认识论是正确的那一个？

反对者的困境甚至比我已经说明的还要糟糕。在过去的两个世纪中，历史学、考古学以及文学研究已经揭示了宗教信条演化的过程。无论聚焦于口头传统还是经文，其提供的信息是一样的。处于宗教核心的大量故事，例如有关誓约和耶稣肉体复活的故事，是在所声称的事件发生很久以后才被构建出来的，依照当时环境中的主流文化被修改过、解释和再解释过。宗教繁盛的理由与其核心教义的真实性没多少关系，"宗教的"经验必然受到过可获得的文化范畴的形塑。

许多探究完全类似于那些反对者在试图了解人类生活的非宗教侧面的发展时会采纳的东西。当这些探究出现在其他宗教中他们会乐意接受，而出现在他们自己的宗教中则不然。这些探究从荒诞的认识论的一个部分出发颠覆其他部分的可信性，更不必说那种程度的可信度会颠覆所有的事情。许多进行这类探究的人是从反对者自己持有的宗教信念出发的，虔诚的神学家有时悔恨自己的工作削弱了信仰。仅当反对者顽固地拒绝思考如下的两个问题时，荒诞的知

159

识论才能延续:我们宗教主张背后的历史是什么？由那种历史产生的主张有多大可能是真实的？

在这点上,一个可能的建议是,有关认证标准的基本承诺无论如何不能建立在特定理由的基础上。这是个简单的接受问题,然而,那不是科学程序成为现在这个样子的途径。我们史前的祖先可能尝试了各种办法来评估潜在的知识条目——历史上我们的祖先确实这么做了。我们现在采用的那些标准不是祖先们简单地接受并一直坚持的早期标准,事实上,它们是长期过程的产物,其间人们根据它们对什么会起作用的发现重塑了先前的标准。对认证标准的承诺不是一劳永逸的盲目一跳,而是永远处于演变过程之中。

反对者可能不这样想。一个虔诚的基督徒或者犹太人可能声称:"所以,我只是接受了这些关于过去事件的主张,以及关于人们应该做什么和应该追求什么的信条。要我提供理由——或者玩试图证明我没有理由的聪明游戏——完全错过了要点。"这个公开的声明对任何有关经文的评估和修正或它如何有力量颠覆反对者乐于应用于其他语境的认证程序的思想都漠不关心。在荒诞认识论的运用是纯粹的个人事务时,这种态度是可以允许的。但是,如果你要运用你的宗教态度来经营你的生活,如果你要让宗教信条引导你做出会影响到其他人生活的决定,那么就要跳跃到一种判断的标准,并且使你自己处于无理由状态的这种意愿需要经受伦理学的考察。正如威廉·克利福德(William Clifford)这个维多利亚晚期的数学家和科学的辩护士清楚说明的那样,我们通常不接受那些不根据理由采取行动的人们的行为,他们只是热切地期望事情会进展顺利。在克利福德的著名例子中,根据幻想执意开启不合理航程的船主在乘客和船员淹死时正当地遭到了逮捕。虔诚的宗教信仰者设想上帝要求他杀死自己的儿子,或者宗教信条要求他消灭不信仰上帝的人,或者按照医嘱去挽救孩子的生命是错误的。这些信仰者使伦理信条成为次要的,而这些信条能引导他们的品行达到信仰的要求,这些信仰由无法辩

160

护的理由支撑且是盲目地被接受的。我们应该反对那个盲目的承诺，因为如果在行动上认可它，将是非常危险的。

根据未经辩护的信念采取行动的真实特征，在你观察那些被不同的信念打动的人的行为时显示出来，例如，观察那些想要谋杀不信仰他们宗教的人的好斗的宗教狂热分子。许多反对者想当然地认为他们自己与这些极端分子是不一样的，但是正如我们已经看到的那样，坚持他们承认的那些宗教比其他的信仰（甚至是其中激进的不可容忍的版本）更可能是正确的，这是没有根据的。反对者盲目地致力于使自己的行为与他们偏爱的对特定文本的某种解释保持一致，这与一些人的做法并无二致——那些人表达了他们对《犹太人贤士议定书》（*Protocols of the Elders of Zion*）的类似的热情，或者把《我的奋斗》（*Mein Kampf*）看作是得到天启的。

民主决策面临着存在于社会中的嵌合认识论的严重威胁。设想民主的社会由两群人组成，他们的分歧不仅在于价值而且在于认证的程序。如果这个社会面临一个问题，两群人的决定都是根据他们掌握的事实做出的，而且不同的认知标准产生了不相容的实际决定，那么，如何解决政策上的分歧呢？失败的一方将坚持认为政策建立在关于事实的错误概念之上，这种错误概念植根于获胜一方回应证据的要求时的失败。如果相互竞争的政策不是关于重大事项的，结果或许是可容忍的，但当人类的至高关切处于危险之中时就不可容忍了。

例如，考虑有关干细胞研究的合法性的争论，这些研究将用于现在使许多人遭受折磨的疾病的治疗。正如我们在后面（第九章）将详细讨论的，那些支持科学活动所采用的恰当认证程序的人会看到问题所在是培养小的细胞簇以使饱受折磨的患者及其家庭受益。那些持有反对者支持的荒诞认识论的人认为事情涉及了对人类生命的蓄意毁坏，是谋杀行为。虽然事情已经有了结果，失败者必定认为在这件事上最关键的证据被忽略了。我们没有办法调和这种冲突，对于失败的一方来说,那些反对派的考虑肯定像是理性的拙劣模仿。因此,当他们拒不接受作为政策基础的那些理由以及理性概念时,人们要求他们放行政策。显然,因为这里讨论的重点是民主社会,重要的是得出一个有关公共理性的共有观念。我们将会看到,没有这种公共理性的共有观念,对公共政策(不仅是公共知识)的信任一定会被侵蚀。

我认为,刚刚提到的这些考虑在任何关于公共知识(科学是其核心部分)的认证标准的理想协商中都会发挥作用。给定第二章概述的价值研究进路和第三章提出的民主概念,那些契合于民主价值的适当的认证标准应该是那些在共同参与的条件下通过对话得到的标准。在任何那样的对话中,嵌合认识论的奉行者通常会绕开的那些问题都将得到描述。反对者将不得不面对他们自己的倾向得以产生的方式,而他们的倾向是推翻广泛共享的那些认证程序。坚持他们没有根据的对特定标准的承诺,并主张其他人应该遵循由那一标准产生的政策,即使其他人拒绝接受那一承诺,这将是互动参与的一个巨大失败。[①] 理想的协商因而将采纳这样的结论:作为公共知识的一部分,认证一个主张的程序必须是完全世俗的。公共理性允许讨论者提出与宗教信仰一致的主张,但对这些主张的辩护必须不依赖于宗教传统的信条。

在下一节我们将讨论如何采取步骤以实现完全世俗的公共理性的理想,讨论从公共领域消除宗教考虑将会限制虔信者的自由这样的疑虑。在处理这些重要问题之前,我想换个角度来看当代社会没有达到理想的透明度这一问题。这发生在科学共同体以外的人无法识别某些公共知识的证明程序,并且在一定程度上他们能够形成关于那些程序的想法,发现那些程序是完全模糊的。

---

① 在这里重述了一个公共理性的观点,这已经被罗尔斯(Rawls,1996)和斯坎伦(Scanlon,1998)深入阐发过了。

就像刚才的例子一样，一开始是一个让许多人觉得不舒服的结论："专家"宣称二手烟是危险的，或者我们星球的平均温度在 21 世纪末将会上升 2°C（即便我们现在就开始行动）。不舒服源于对建立在已宣布结论基础上的政策的预期：吸烟者预见到在公共场所吸烟的禁令；上班族害怕燃油价格的大幅上升。在这一点上，它和对宇宙历史的官方观点的抵制有一个重要的不同。抵制者无须认同嵌合认识论以使自己能够推翻提出的"新知识"，他们只是不愿意所宣布的结论是真实的。仅仅不愿意是不够的，他们知道"愿望不会自动实现"。既然发现会对他们产生影响，他们就必须确定认证的适当程序得到了遵守。由于他们只有有限的渠道了解结论的基础，他们怀疑科学的共识是否在欺骗他们。

这种反应并不是不合理的。当你被告知对你的未来有严重影响的事情时，很自然会去问那一信息的提供者："你确定吗？"如果有信息源提供相反的信息，情况很容易恶化。如果抵制者听其他的"科学家"说结论所宣称的共识并不完整，得出的结论并不成熟，那些得出结论的人一边倒地接受了特殊的价值判断，他们预先接受了吸烟的必要性，并试图通过降低碳排放量来拯救濒危物种，那么，认证结论时实际上涉及的价值判断的模糊性就变得重要了。公众宣称特定的价值判断在共识产生时发挥了作用，而抵制者反对这些价值判断（即便在理想的协商条件下他们仍将可能反对），这当然加深了人们的疑虑。如果社会中有富裕的群体能从阻止颁布使自己受到威胁的政策中受益，他们就可能会雇佣能够播下怀疑的种子的"科学发言人"，发挥作用的认证过程和价值判断的模糊性就可能使许多人相信相关结论是通过他们无法接受的程序得出的。

这类事情不仅能增强彼此的影响力，由于抵制者的发言人在不同的问题上描画了一幅连贯的价值判断的图景，这些价值判断推动自由、平静、环保主义的、穿着勃肯鞋子到欧洲去度假的科学家们跳跃到结论上去，欺骗他们鄙视的人群，而且指向科学和科学家的那种

整体态度也从荒诞认识论发挥了作用的那些例子中获得支持。这两
种情形是不一样的。第一种情形中,认证过程中恰当使用的标准不
是公众使用的标准的重要组成部分。第二种情形中,使用的标准是
抵制者采用的标准,但是抵制者处于能合理地怀疑这一点的处境中。
无论如何,制造反对者和抵制者的策略共享了同样的特征:公众开始
习惯于认为科学是由与他们持有不同价值观的人主导的,这些人在
错误的价值观的引导下提前结束了争论。

第六节　改进的建议

两种类型的失误都不允许完全直接的补救,但不透明的价值判
断的案例更简单。我从这类案例开始讲起。

这一困难部分源于对价值判断的过敏,以及随之而来的价值无
涉理想的流行。一旦这种理想成为现实,认证过程就会被广泛地假
定为"客观的",否则就是有缺陷的。一个代表协商一致意见的科学
家必须尝试用受限的词汇来描述认证过程,这为反对意见提供了机
会。有无数的可能性指向新的研究该做却仍未做的事情:对烟草友
好的"科学家"提出了一些潜在的混合变量,并主张在那些效应被排
除之前得出的任何结论都是"不严格的";对气候变化持怀疑态度的
人指出,这些模型忽略了一些潜在的相关过程,并声称在这些过程被
考虑进来之前相信所声称的效应是"毫无根据的"。一个自然的回应
是指出:"如果我们提出的结论是正确的,那么对人类的福祉会有严
重的后果;如果我们拖延,我们就会冒相当大的风险;坦白地说,我们
不可能考虑所有可能的变量;我们的判断已经考虑了最重要的那些
因素。"这恰好属于负责任的科学家觉得他们不能说的那类事情。毫
无疑问,一些科学家由于相信价值无涉的理想并会为如此不加掩饰
地藐视它而感到羞愧;其他人认识到了价值判断在他们的认证过程
中的作用,但由于知道这不是他们被预期的说话方式而不会那样说。

164 　　如果辩论是充分公开的(我们将在下一章讨论放弃人们设想的一种自由公开辩论的民主理念的几个理由),它应该尽可能清楚而公开地进行。代表共同体共识的科学家由于不能认识到价值判断在什么地方进入其决定之中,不能介绍那些价值判断及其基础而受到了严重的妨碍。他们被视为跳跃到了结论,助长了人们对跳跃背后的价值是无法接受的政治价值的疑虑。在这种情况下,科学家们没有公开由二手烟或释放到空气中的气体带来的潜在危害的原因从而使反对者援引的因素看起来不明智,他们被迫茫然地求助于"证据"。他们的呼吁让对手有足够的空间来暗示;对公众来说,他们倾向于相信科学家的真正动力是对烟草的敌意或对北极熊的喜爱。

　　暂不讨论关于技术问题的公共辩论是否富有成效,我认为我们能够通过拓展在科学与外行公众之间沟通的两种渠道(第五章第四节)来取得进展。一项设想是科学家加大他们在公共传播中的努力,另一项设想是把小的外行群体(持有多样的视角)引入到"幕后"。这两条思路都应该被用于减少价值判断的不透明性。这样做的一个前提是对价值无涉这一神话的充分而深入的反驳:这里有重要的工作需要历史学家、哲学家和科学社会学家去做,但这项工作必须在与许多不同领域的科学家的合作(而不是冲突)中完成。由于它影响了研究共同体的成员,一个可能的首要任务是治愈谈论价值的过敏症,在数据足够好、设想对人类福利的不同程度的明确后果和由于它会使你赚钱或推进你喜欢的政治事业而接受一个结论等不同的价值判断之间做出清楚而重要的区分。如果对价值的讨论有一个框架这一点得到了接受,那么那些在这个框架之内的价值判断就能得到令人信服的辩护,对抵制者的回应就会更加有效。这种解释进路无论是被

165 为更广泛公众演说和写作的科学家接受,还是在与"幕后"的代表们的对话中得到精心应用,都能与尝试使引导抵制者的价值判断变得明朗的努力互为补充。再一次地,历史学家、哲学家和科学社会学家能够通过揭露政治价值和短视的自利在引发争论中的作用来为这一

事业服务。这类重要工作已经有人做过（Oreskes and Conway, 2010），让更多的人读到更多这样的著作就更好了。

由嵌合认识论带来的实践问题更加困难一些，因为那些采纳它的人的生活紧密地和认识论立场联系在一起。在没有不民主的强制形式的情况下，一个社会对于在公共讨论中没有根据地援引《圣经》文本的容忍怎么能被转化为已认识到的理想的认证形式，一个充分的世俗公共理性？无论给出的论证多么有力或令人信服地合理，持有荒诞认识论的虔诚的宗教人士似乎不大可能感受到那些论证的力量，并进而把公共认证的标准限定在世俗的范围之内。实际上，他们不太可能把那些论证视为对他们的适当自由的威胁以外的任何东西。

宗教（一直都）是过去多数人生活的核心。从我们对特定信条生成和传播的历史来看，它的说服力是通过它所服务的社会目标得到巩固的。由于宗教允诺给信众的好处显而易见，而且明显是重要的，当人们遭遇严重挫折时更是如此。世俗理性似乎无法在葬礼上提供多少安慰。

当然，世俗主义也有值得尊敬的人物，他们遭遇了个人的不幸却不求助于虚幻的安慰。休谟（Hume）以坚韧的态度面对令人痛苦的死亡，坚持他的怀疑论至最后一刻。赫胥黎（Huxley）是达尔文不知疲倦的拥护者，他由于他 4 岁儿子的死而悲痛不已，却拒绝了查尔斯·金斯利（Charles Kingsley）提出的和解希望。也许这些人应该成为我们所有人的样板，他们是令人敬佩的智识完整性和勇气的榜样，他们没有通过背离真理或相信超自然主义者关于死后生活的真实性的故事来摆脱困境。

然而，非常明显的是，那些最受世俗视野激励的人（那些歌颂拒绝虚假安慰的诚实的人），是那些能感觉到自己是发现和揭示隐藏在旧的幻象背后的现实进程的组成部分的人。庆祝人类在发现自然的秘密方面取得的成就不太可能让那些仅能部分理解那些成就的人感

166

到兴奋,那些人认识到他们不能在哪怕是最谦卑的意义上为知识增长的持续进程做出贡献。庆祝世俗主义胜利的声音如何能够理解,如果他们的论证是正确的,将带给其他许多人怎样的损失呢?

克服抵制并创造出完整的世俗公共理性,要求的不仅是一再重申前面章节所提供的那些论证线索,不仅是某些人喜欢的世俗论证线索。如果你留给他们的是贫乏、痛苦而贫穷的生活,就很难说那些抵制是不理智的。对于被经济的变迁打击的人、被不公正伤害的人、被社会上成功的成员鄙视和中伤的人、工作乏味而没有回报的人、物质报酬不足或对消费文化的玩具感到无聊的人、在宗教环境中才能最好地卸下负担的人、在教堂发现了支持性的共同体的人,而首要的是对于那些希望他们的生命意味着什么、他们的生命具有重要性的人来说,世俗的攻击几乎威胁要摧毁他们的一切。他们需要保证:他们显然将要失去的东西有替代品。

美国的重要哲学家约翰·杜威(John Dewey)在 20 世纪 20 年代的写作中完全意识到了关于宗教信念进化的科学探究已经产生了"宗教危机",他为对待宗教和宗教人士的新态度而辩护。他主张,我们需要为宗教情感找到出口,这需要把宗教生活从教会的教条的阻碍及其对所喜爱的故事的字面真理的承诺中解放出来。这项任务的目的是培养那些"为生活过程提供深层次和持久的支持"(Dewey,1954)的态度。我相信,如果公共理性要得到适当的解放,那么杜威指出了一种需要得到发展并体现在社会生活中的立场。任何充分的阐释都必须从理解宗教背后的真正需要开始。"宗教主张它们影响了态度上的普遍而持久的变化。我想把这句话反过来说,无论何时发生了那种变化,都肯定有宗教态度参与其中。不是哪种宗教带来了那种变化,而是无论出于什么原因以什么方式发生了那种变化,就出现了宗教的态度和功能。"(Dewey,1934)21 世纪初,一些富裕的民主国家,尤其是美国还没有达成杜威所设想的那种扩展了的宗教生活的目标。对大多数美国人来说,培养支持生活过程的态度的仅有

167

场合是由传统宗教教义来主导的。在招募新成员方面最成功的不同形式的基督教强调对教条的完全接受和对《圣经》的字面解释,因而在最大程度上承诺了嵌合认识论。许多美国人的生活中都充斥着《圣经》中的神话,因为他们找不到对有意义的生存具有根本支撑作用的情感和反思的旧形式的替代物。

以上所说的所有这些都不是要否定宗教,因为它在主流传统的大量故事中已得到了阐释,也可能带来巨大的危害。宗教的历史不仅揭示了痛苦者获得的安慰和被压迫者得到的合理保护,也展示了在战争和迫害中对家庭、城市和国家的破坏,对人们如己所愿地表达爱意的禁止。在不忘记宗教关于其不可侵犯的教条的神话常常是破坏性的前提下,理解成熟的宗教社会对人类的真正需要的满足是可能的。杜威对我们的处境看得很清楚:挑战在于找到一种方式来回应宗教所服务的人类目的,其中不包括传统宗教中具有潜在危害性的谎言,世俗生活需要对我们最深层的冲动和需要做出回应。

卢梭提出了社会契约的一个前提条件:各方必须共享一个共同善的概念。类似地,民主社会迫切地需要一个共享的公共理性的观念,一种关于什么类型的证据可以算数及其权重的共识。关于民主的学术著作通常假定这种公共理性的观念中立于全部个人观点,好像那种世俗标准(一种科学的观点)天然是至高无上的。然而,如果福音派基督徒的认识论承诺了《圣经》的绝对权威,福音派基督徒就无法接受科学作为公共理性的唯一声音。公共讨论中禁止宗教的考虑对于他们来说意味着政策具有系统的不合理性。同理,如果那些考虑被允许进入公共讨论范围,如宗教领袖在决策者面前以他们经书的名义作证,世俗主义者(及其宗教盟友)会认为公共理性是在乞灵于非理性主义和狂热主义。任一情况下,都有一些公民觉得他们有责任去抗议那些决策。

这种情况有严重的后果。一旦人们习惯于公共理性的分歧(或无法解决问题),他们很容易接受这样的观点:那些支持他们的价值

168

观的消息来源至少和那些宣称拥有"客观性"的人一样值得信赖。如果要避免这种困境，就必须解决知识分子经常回避的大问题：如何在世俗生活中找到意义和价值，如何在没有宗教通常会承诺的安慰（虚幻的安慰）的情况下应对逆境，等等。除此之外，还需要社会结构来提供共同体的感觉、联合实现计划的可能性、讨论重要问题（"如何生活"）的空间等。世俗化必须是彻底人道的，更甚于对理性主张的自信断言。它必须认识到人们需要共同体和社会支持，也需要探索对人的生活来说，什么是重要的事情。一些欧洲社会的转型表明，完成这一任务不是不可能的，通过研究那种转型是如何发生的，我们可以学到很多。

如果民主要被严肃对待，世俗研究就必须从事那种研究并阐明宗教追求的那些目标得以达成的方式。没有关于公共理性的共享概念，我们就真的失败了。

第七章　应用与获取

第一节　使用公共知识

与刚才考虑的问题形成对照，应用的语境似乎十分简单。假定研究、成果提交和认定的理想都实现了：研究议程的设定和良序科学的要求相一致，研究受到了经过共同参与的理想协商得出的条款的限制，提交的结果经过了符合透明性理想的可靠程序的认证。现在的场景似乎是为了利用公众的知识来解决议程设置中出现的问题而设立的，其中一些将是影响特定人群的实际困难，其他的可能包括好奇心的满足。当然，我们需要做的是解决实际问题，并将"纯知识"传播给所有寻求它的人。

这通常是一种理想的方式，在其中公共知识的使用得以实现。然而并不总是如此。对即时而自动的应用的一个改进识别出了在寻求解决问题的方法和获得足够的信息之间的时间间隔，在此期间，公共知识的总体状况和最初产生问题的环境可能已经发生了变化，从而改变了最初的期望。考虑到现在所知的一切，可能需要重新思考什么被看作一个问题,或至少描述这个问题的方式。也许研究揭示了事情的多个一般方面,从而重新定向了关于何为适当行动的观点,或者环境的变化已经改变甚至解决了那些问题。在良序科学中,研究线索的最初选择是在当时盛行的条件下的理想讨论的产物。环境的变化可能改变这种讨论的结论。

对于这一可能性我们要说些什么作为回应是明摆着的。良序科学应该得到进一步的扩展:公共知识的应用是组织良好的,仅当它们获得了理想讨论的核准,这种讨论是以可获得可用的知识时当时当地的人们的互动参与为方式进行的。通常有足够的稳定性来获得两种理想讨论中的一致性,然而,一些科学自主的支持者强调,我们不能预见研究的过程。第五章第三节通过论证对不确定的未来进行规划是负责任的这样一个论点,对有些人对良序科学的担忧做出了回应。同样合理的是,认识到研究的不可预测性是我们明智地重新考虑目标和计划。

到目前为止,这是运用公共知识的一种相对简单的方法。更复杂的问题源于两种潜在的并发症。第一,所获得的信息可能不足以解决最初提出的问题。这表明问题非常紧迫因而需要采取某种形式的紧急行动。第二,科学共同体或者科学的小分支领域之外的人们在理解所获得的信息(或完整或部分)时存在严重的困难。本章将讨论这些混乱,我们将看到这两种并发症经常相互交织在一起。

从潜在场景的分类开始,在符合良序科学的情况下研究可能只产生一些不完全的结果。

第一,延期应用。作为公共知识的研究结果有理由被认为即时的应用不太可能获得成功(或将涉及重大风险),但这些信息表明将来的研究为更完整的解决方案(提高成功率或极大地降低风险)提供了可能。共同参与条件下的理想讨论将得到这样的结论:最好是继续推进预定的研究,而不是立即采取行动。

第二,紧迫性的共识。研究产生的公共知识状态没有提供足够

的信息来为问题的解决提供可靠的解决方案,但有获得可靠认证的
结论表明了不采取行动将带来严重的后果。共同参与条件下的理想　
讨论将得出结论:需要立即采取行动,尽管其中包含着风险。

第三,关于紧迫性的辩论。研究产生的公共知识处于关于问题
之紧迫性的辩论中。一些研究人员认为,这个问题非常紧迫,需要立
即应用现有的知识;另一些人认为,推迟应用并寻求更多的信息会更
好。双方一致认为,如果问题迫在眉睫,就要像那些要求立即应用现
有知识的人所建议的那样立刻采取行动。

第四,缺少获得纯知识的途径。研究回答了一个问题,这个问题
被包括在良序科学的议程之内,因为它表现了人类好奇心的一种常
见的形式,但这一答案没有被绝大多数人所理解(或没有被理解为正
确答案)。

第五,缺少获取与可能的紧迫问题相关的信息的渠道。研究的
最终结果是就紧迫性达成共识或展开辩论,但与问题的紧迫性或应
用的可能性有关的信息的关键部分不能被绝大多数人理解(或者说
正确地理解)。

第六,缺少获取以理想的方式延期解决的问题的信息的途径。
研究导致了一种情况,即应用以理想的方式被推迟,但是绝大多数人
(包括被问题影响至深的人)无法理解(或无法正确理解)解决延期问
题的所需信息。

假定这些可能性穷尽了所有的情形是错误的,我介绍它们是因
为它们经常在当代社会中出现,带来了认知劳动分工和合理政策拟
定过程中的问题。例如,在生物医药的研究中,研究通常源于对治疗
或处置疾病的希望(并把这一目标向公众广而告之),但随之而来的
经常是推迟应用。这种情景通常伴随着某种形式的获取知识的途径
的缺乏,结果是患有这种疾病的人(以及那些关心他们的人)不能理
解这种推迟应用。同样,对于气候变化,相关的科学团体被适当的认
知劳动分工赋予了权威,他们的研究带来了关于紧迫性的共识。即

172　便这被一些民主社会的公民或被整个人类所理解,整个情形仍是有问题的,因为缺少获取以理想的方式延期解决的问题的信息的途径这一问题仍然存在。结果,公众无法严肃地讨论应该立刻采取什么措施。然而在许多人看来,研究带来了关于紧迫性的辩论。因为公众缺少获取与可能的紧迫问题相关的信息的渠道。这样,公众就可能无法参与关于紧迫性的严肃辩论,更不要说参与关于立刻行动的辩论了(假定问题确实很紧迫)。

更一般地说,接下来讨论的这些场景的复杂性表现了更为多样的情形,其中的"反对派科学家"(和雇佣他们的反对派政治家)在公众面前论证说,无法评估其竞争对手的论点的优点。我们还将考虑公众对科学的不满,以及经常被吹捧的纯科学知识是一种主要的公共善的观点的空洞性。

第二节　改进信息获取方式的需要

之前关于如何采取措施实现良序科学这一理想的讨论,已经暗示了外行获取研究结果的渠道(第五章第四节、第六章第六节)。我现在想说的是,缺乏对研究结果的获取渠道导致了许多严重的问题(民主制度的缺陷),而且需要一个更全面的计划来增进公众对科学的主要思想和成就的理解。在本章的最后,我们将详细论述这些建议。

第三章中提出的民主观的核心是,公民可以对公共政策行使部分控制权,而这将影响他们的核心生活规划。如果经过认证的公共知识会影响特定策略得以推动的可能性,或延迟该策略的实施,那么公众获取这些知识的渠道就非常重要。当公民由于不能理解公共知识,或不能理解那些公共知识的正确性,而在做出决策时在他们最需要的研究结果上冒巨大的风险时,公共知识系统和真正的民主制度
173　面临着严重的失败。

　　如果人们不理解关于地球未来状态的可靠科学信息，那么他们对其后代的关切就可能误入歧途。如果企业被允许以误导人的方式为其产品贴上标签，那么人们对自己及其孩子的健康的关心就会受到影响。例如，美国、英国和其他地方肥胖人口的增加肯定有许多原因，但其中一个共同原因是对营养的讨论中的词汇的确切含义的无知，以及加工食品的提供者对这种无知的巧妙利用。

　　公众获取公共知识渠道的有限性带来的第二个问题源于科学自身误导性的广而告之。特定研究领域的研究者对他们所从事的研究的前景充满热情是可以理解的。经受特定疾病折磨或有此风险的人们争相说服 NIH 分配基金去研究他们关心的医学领域，更有实力的团体通常会获胜。[①] 在无法汇集全部研究可能性的情况下，应该采取什么样的研究路线，涉及相互竞争的声音之间的冲突。进行过度渲染的动力是明显的："如果我们建造超级超导对撞机，我们将了解宇宙的基本秘密"；"如果我们致力于纳米技术，我们将在新一代机器的制造中取得突破"；"神经科学的最新进展使我们能够揭开人类大脑的复杂性，理解意识的本质"；"人类基因组的测绘和测序将为无数疾病提供治疗方案"。在每一个这类案例中，科学家所设想的研究将会自动产生真正的好处，产生对公众来说重要的收获。没有任何严肃的方法来评估它们（缺乏科学可能性的集合），科学竞争的参与者唯一可行的办法似乎是做出远超合理预期的承诺。

　　大多数公民和政治家识别那些炒作的可能性并不比相信那些快餐标签上的甜言蜜语的概率大。获取科学知识的有限渠道和科学文盲带来的深层问题在于人们远离研究进路的选择所依赖的基础。科学文盲带来的另一个后果是，在开展科学研究并取得成功后，其好处却未能为科学带来赞赏。基因组绘图和测序已经使生物学家了解了各种有趣的东西，并提供了可能最终改变我们对发展、代谢和增强医

---

　　① 在这里，我感谢艾伦·布坎南（Allen Buchanan）。

疗实践的理解的信息。如预见到的那样,这一研究领域为各种疾病提供了诊断工具和检测方法,治疗和治愈方法多半会慢慢诞生。经受特定疾病折磨的人们(特别是遗传性疾病患者的家庭成员)和那些慷慨地与研究基因位点的研究人员合作的人,在研究带来如此少的成效时,对这种研究感到失望是可以理解的。他们的失望很容易使他们抵制或远离科学。

获取公共知识的渠道的有限性(特别是被称为"科学"的部分)的第三个后果是它削弱了为了激发人们对科学的热情而采用的一个流行策略的效果。许多人创作的关于科学的文章非常具有说服力,他们在增进公众对当代重要科学成果的理解方面做得很出色。他们把科学作为我们这个物种取得的一个(仅有的)主要成就来庆祝,科学被认为提供了独立于任何应用的对宇宙(或更确切地说是宇宙的某些方面)的"纯粹"理解,因而值得拥有。"我们"现在了解了许多让我们的祖先感到困惑的事情,"我们"可以在没有神秘化的情况下思考自然,这对"我们所有人"都是有价值的。

但是,谁是享受这一幸福状态的"我们"呢?仅有极小部分的科学家为提高人类理解自然世界的能力做出了严肃的贡献,尽管一部分科学家也许能够欣赏这种集体理解的一部分,但他们的理解力没有被外行广泛地分享。积极的贡献无疑是非常有益的,而被动的理解就没有那么有益了。在研究人员中,这种能力往往限于非常专业的领域。对于更大范围的公众来说,即使是那些尽力使科学发现更容易被公众所理解的人,也只对科学所提供的"纯知识"实际上是一种公共利益具有某种程度的片面而相对肤浅的理解。

一般来说,改进公众对公共知识的获取方式,特别是对科学知识的获取,将会以三种方式推进民主理想的实现:给予人们更多的机会来实施他们的计划,为人们提供对可以从科学研究中得到什么的更现实的理解,以及向人们传递把"纯知识"理解为对所有人都有其价值的想法。然而,本章其余部分将会考虑另一个好处,它与上一节的

175

场景密切相关。有缺陷的科学获取方式干扰了运用公共知识的决策过程。我们将会发现,其通常的形式是为民主价值的提升提供某种民主的副本。

第三节 公共辩论中的科学

公共知识应用过程中的问题经常在现有的公共知识无法为一个(可能只是所宣称的)紧迫问题提供具有共识的解决方案时产生。焦点情形是第七章第一节提供的场景:关于紧迫性的共识或关于紧迫性的争论和(在两种情形下都是如此)缺乏获取与可能的急迫问题相关的信息的渠道结合在一起。如果在焦点问题产生的领域内存在关于紧迫性的共识,这种共识可能得到广泛认可,也可能遭到挑战。在存在关于紧迫性的争论的情况下,挑战通常源于关于认知劳动分工的分歧。通常被视为问题所在领域以外的科学家可能宣称他们关于该问题的看法是合理的,就像著名的物理学家声称他们具有讨论气候变化的能力。即使有关于问题紧迫性的共识,如果存在关于如何应对问题的意见分歧,困难也可能出现。如果有关于紧迫性的争论,意见的分歧可能存在于两个层次上:首先是关于这个问题是否紧迫的争论;其次是假设问题是紧迫的,该做些什么去应对它的争论。如果那种共识没有被广泛接受,类似的双层结构甚至在关于问题急迫性达成共识时也会出现。

这些预测的结构很容易识别。它们包括:①关于不采取行动的未来状态(或可能的未来状态)的预测;②对那一状态的价值判断(它是坏的,应该避免);③各种关于如何避免未来状态的建议;④对建议措施的好坏所做的不同价值判断。在关于紧迫性的共识中,在科学共同体中有关于①和②的一致意见;如果共识得到了认可,一致意见就扩展到了科学共同体的范围之外,如果未被认可,公众(或它的某些部分)挑战了①和②的合取。在关于紧迫性的争论中,意见分歧可能影响从①到④的任何一项或全部（当前关于气候变化的讨论展示了最后一种场景）。

可以考虑两种不同的策略来应对一般类型的困境。第一种策略是在科学与公众之间建立起一个屏障，直到双方的内部分歧消除为止。科学家将找出他们认为的最佳实践进路：也许确定那个问题并不紧迫并延迟公共知识的应用；也许确信那个问题是紧迫的并得到了应对它的唯一政策建议。这是最好的结果。如果讨论没有达成一致意见，第二好的结果的可能是他们找到了能得到所有人支持或多数人支持的建议。第二种策略（"民主的"策略）是反对设立科学共同体隐藏起意见分歧的任何屏障，倾向于代之以公众论坛中的充分讨论。

我将论证，在缺乏关键信息的情况下，这些策略都不能被认为是令人满意的。尽管存在某种情形使其中的这个或那个理论满足民主的条件，但很难看到如何实现那种情形。第二种"民主的"策略仅当存在认知缺陷时才适用；也就是说，所有参与公开争论的参与者都充分了解现有的信息，并有资格对专家可能达成的结果做出判断。即使我们可以改善获取科学信息的途径，那种改善也不大可能达到那种程度。在这种明显的精英主义策略中，科学家们在"幕后"解决了困难。这种策略也可能是充分合理的，当且仅当讨论的共同体包含了所有人类的代表，这是实际的科学共同体永远无法做到的事。

拒绝第一种策略的理由与那些在做出进行何种研究（第五章第三节）的决定中拒绝科学自治的理由类似。价值判断对于拟定该做些什么的政策至关重要（注意②和④的存在），那些判断应该体现所有受影响的人的视角。第二种（"民主的"）策略只具有庸俗民主制度的缺点，即无知的暴政。这不仅可能会引起关于事实的争论（例如，关于特定后果将会发生的概率的声明），也可能是（未经辅导的）初始偏好的表达。

注意这些困境的构成要素将使这些要点更加明显。科学家们设

177

想了未来的不同情景,这些情况的可能性通常是不同的,而且对于由它们产生的后果人们也存在分歧(想想人们提出的关于气候和天气变化在未来几十年的许多十分不同的情景)。评估不同结果出现的可能性,这些结果的得出依赖于有关最重要的因素的不同观点。外行几乎不可能评估相互冲突的观点的价值。尽管这场争论的一方的观点可能比它的竞争对手的观点优越,也就是说,就给定可获得的信息而言,它比对手更可能是真实的,但它也无法提供一锤定音的论证,反对者的观点并非是不合理的。偏向于稍微优越的观点的考虑是技术性的和微妙的,只有专家才能理解它们。

对历史事件的反思曾经激发了对知识增长合理性的怀疑,这些反思是有帮助的。革命需要时间来解决其问题(想想关于日心说和拉瓦锡的"新化学"长达几十年的争论)。在这一过程中,竞争的主角们都坚持了一个成功与失败的混合物。最后,在我提出的这个问题上,成就和未解决的困难之间如此失衡,以至于失败的一方不可能提出一个有说服力的价值框架来支持其偏爱的研究进路。在早期阶段,即便一个信息获取完全的观察者(不追随两者中的任一方)会判定某一方是领先的(事实上确实如此),然而使一方获胜的决定性因素并没有出现。如果有外部约束,要在中间阶段做出裁决,最好的办法是对这充分知情的观察者进行评价。

把争论交付公开辩论,很可能无法重现能够打动观察者的那些考虑。如果观察者得出了最终的判断,那也只是一个运气问题。从理论上看,公众缺乏关键信息可能导致你无法期望任何相关性。从实践上说,公众的选择可能依赖于参与者的修辞技巧。我很快就会建议,这可能会使最终的选择甚至不如盲目胡猜的结果。

谈论一个"公正的"观察者过分简化了困境,正如我提到过的那样,困境之中渗透着价值判断。其中的一些非常明显地关注不同结果或好或坏的程度,而另一些则体现在风险评估之中。辩论中的科学家在什么是重要的致因因素方面存在分歧,把不同的案例视为充

178

分或不充分的,因而关于哪些事实性的主张得到了充分的支持也存在分歧。我们最好用更大的群体来取代我们理想的观察者,这个群体的成员像观察者一样不打算"赢得战斗",但代表了不同的人类视角。再说一次,良序科学框架的适当扩展,设想不同观点持有者之间的共同参与的对话,参与者预先知道不存在决定性的证据能迫使人们做出一致的判断(不存在一锤定音的论证),但他们在混合的证据情境下为了寻求所有人都能接受的结果而努力。

朝着这个理想的方向推进我们实践的最显而易见的办法是扩大公民代表群体(如第五章第四节所设想的那样)的作用,小的群体在"幕后"得到充分的辅导,提供关于哪种研究路线是值得追求的观念。这里他们被指派了更加困难的任务,其中包含了解决合理的(尽管未必是同样合理的)争论参与方之间的分歧。那些群体应该具有尽可能广泛的代表性,这和他们被指派的任务是相容的。扼要地说,这个建议修改了第一种(精英的)策略,因为它在研究共同体和公众之间建立起了一个屏障,决策在这个屏障后做出。差别在于只有被选出的少数人被允许越过这个屏障,而且他们经过辅导作为更大范围选民的代表来发挥作用。

第四节 "自由辩论"的成见

抛开我们知道我们的信息是部分的这一点,当我们考虑立即行动的可能性时,这种处理困难抉择的方式似乎是一种不充分的民主。在关于民主的讨论中,最主要的论题之一是强调自由而公开的辩论的重要性。辩论的自由应该不受限制的观点得到了英语世界最有思想、最雄辩的思想家的热烈拥护。弥尔顿(Milton)说:"尽管信条之风吹遍了世界,真理就在人们面前,我们以有害的方式许可或禁止都带来对她的力量的怀疑。让她和错误交战:在自由而公开的遭遇中,谁见过真理处于不利境地?"(Milton,1963)

179

密尔(Mill)对此的简洁表述是："对观点表达进行压制的邪恶之处在于,它正在掠夺人类现存的世代及其后嗣。偏离这种观念的人仍多于持有这种观点的人。如果一种观点是对的,那么他们就被剥夺了以谬误交换真理的机会;如果那种观点是错误的,他们失去了几乎同样重要的一个好处,即在与错误的冲突中体验关于真理的更清楚的知觉和更生动的印象。"(Mill,1998)我们在阅读这些熟悉的段落时愉快地点头,一个有趣的事实是他们持有不同的观点,却拥有同样的假设。

弥尔顿明确了被密尔视为当然的一个假设:真理和谬误的对决必须是公正和公开的。用更真实的语言来代替隐喻:公开讨论有争议的问题必须以这样一种方式来进行,即那些做出最终评估的人必须在考虑到证据对不同观点的支持的基础上采取行动。我们称之为证据和谐的条件。

密尔同样对弥尔顿没有详细说明的事项持开放态度。他认为,那些受益于自由讨论的人——可能被认为是作为一个集体的人类——或许应该被视为个体(那些获得了"关于真理的更清楚和更生动的印象"的人们)。密尔没有说不同的个人或人群可能受到不同的影响,无论这种影响源于讨论的过程还是其结果——密尔支持的是平等获益的条件。

在我们引用的段落中,密尔和弥尔顿对于获得真理的益处的本质都没有多说。我们引用的那些段落所在的文献表明他们都未把真理视为一种终极价值,密尔在前述关于自由的讨论之前的一章阐述的是他更为关切的一种更加基本的自由。"唯一配称为自由的是这样一件事,我们以我们的方式追求它,只要我们没有妨碍别人进行同样的追求,或妨碍别人为获得它的努力。"(Mill,1998)密尔的构想与我们在第二章和第三章所采用的价值观和民主方法是一致的:获得知识对于实现这种自由是很重要的。考虑到他的思想对那些讨论的遗泽,这种一致并不令人惊讶。讨论的自由在使人们获得相关的知

180

识方面所起的作用是很重要的,所以存在一个价值的等级系统,其中个人自主占据了最基础的层次,而知识的价值来源于对那一基本价值的提升,自由讨论的价值则在于它帮助人们获取知识。

弥尔顿也接受了类似于价值的等级观念的东西,尽管他的展开方式不同。弥尔顿对基本自由的看法是,找到通往上帝之路的自由。毫不奇怪的是,在他成长的社会环境(第四章第三节)和所追求的职业方面,他接受了一个与基督教框架重叠的价值观等级。密尔复活了希腊的问题"如何去生活",同时去掉了其基督教框架。

自由和公开讨论的"民主理想"不应在不考虑其最热情的、最有思想的拥护者赞赏它的条件的前提下,被不加批判地接受。在第二章和第三章采取的方法中,或密尔和弥尔顿支持的等级观念中,当讨论者达到证据和谐的条件时,自由而公开的讨论才是有价值的。当需要讨论的问题是技术性的,而且大多数人无法获取关键信息时,证据和谐无法达成。许多当代公民生活在这样一个社会,他们对影响其实施个人计划的各种事项存在着广泛的无知。确实,公共的无知存在着不同的层次,许多人处于极端无知的层次上。

我们来考虑影响个人目标实现的决策过程,以及与该决策相关的问题。人所能处于的最有利位置是能够认识到相关的问题和具有足够的知识来解决问题,实际生活中的人偏离这一最佳状态的可能性有两种。最基本的问题是未能理解要形成一项合理的政策必须做些什么:那些不知道需要什么类型信息的人确实处于黑暗之中。然而,即使是理解相关问题的人也可能不知道答案,处于这种困境中的人在不同程度上受制于他的无知。

第一个层次是可补救的无知。如果你有足够的背景知识(了解与问题相关的知识分支的概念和原则),从而能自己获得知识资源和自主学习或自己得出答案,你就处于直接可补救的无知状态。如果你缺乏能让你自己找到答案的背景,但你有足够的知识来确定你可以求助的可靠的人(专家),也就是说,你对认知劳动分工有充分的理

181

解,你的无知是间接可补救的。我们对自由讨论的价值的思考预设了一种个人主义的认识论,它使公民经受着直接的可补救的无知:他们本来就有的智慧使他们能够把真理看作对决中的胜利者。在当前的世界中,那种假设离现实如此之远以至于甚至很难把它看作一种理想化的状态。然而甚至在认识到这个事实后,关于公共讨论的反思也只是朝容纳我们大部分知识具有社会属性这样的观点迈出了一小步。它假定,无知要么是直接可补救的,要么是间接可补救的,结果就是继续展开关于"自由辩论"的陈词滥调。

实际上,到处都是不可补救的无知。许多公民明白,他们没有足够的知识来描述技术问题(即便他们也阅读一些东西),对谁具有专长也感到迷惑。即便是有思想的人也很容易被引诱认为存在关于生命起源问题的两种答案,相互竞争的"专家"做出的断言使一个外行听众无所适从。在这样的辩论中,有技巧的修辞家将利用民粹主义及宽容一类的迷人主题。这一辩论中的混乱被支持嵌合认识论的广泛倾向进一步强化。

不可补救的无知的最简单的例子是一个人不知道该相信谁,这种无知能够深入到更成问题的情形中。首先是抵制,这种想法认为所谓的专家(那些拥有令人炫目的文凭的人)的动机是和民间的考虑完全不同的。特定领域的"专长"(如生命史)被抵制,因为它建立在一个秘密的意识形态基础上,一个无神论的议程[很明显,这与不透明的价值判断的问题联系在一起(第六章第五节)]。抵抗的极端等级是异化,拒绝"精英"认为可靠的大部分知识的基础,认为所谓的"专长"只是削弱"人民"的智慧前沿,旨在推进与真正民主相悖的目标的达成。

这些无知的层次在美国人关于生命历史的争论中很容易识别出来。它们绝不仅仅限于一个国家,在世界其他地方,在有关转基因作物的争议中最为明显。有关转基因作物的争议尤其重要,特别是对于世界上的贫困人口来说,而不仅仅是担心生物学老师在课上应该

182

告诉学生什么。但与全球变暖的争议相比,这两种冲突都"相形见绌"。对进化论的误解很难说是这世界上最大的悲剧之一。拒绝接受现实和针对人为的气候变化的有预见性的后果,更直接地影响着许多人的生活。

如我常说的那样,后辈的幸福是持有美好生活的不同观点的几乎所有父母共享的核心点。我们可以得出这样的结论,关于接下来几十年的气候状况和关于农业和国防的综合的可能性的准确信息与现在要做的政治决策具有极大的相关性;那些把生活于 2050 年的人的生活视为核心关切的选民将投票给为预防未来的严峻问题而做出承诺的候选人。正如那些选民将通过支持政策来表达他们的政治自由,这些政策将阻止他们后代所生存的环境急剧恶化。所以,如果证据和谐的条件没有得到满足,他们的自由[唯一名副其实的自由(密尔)]就会被削弱。无法识别的压迫的惊人案例是,当精英群体构建一种"自由讨论",使公民生命计划(life project)的关键信息被视为不可靠的时候,公民实际上就作为支持政客和政策的工具,而与其自己的核心利益相悖。当我们考虑对重要的核心问题进行公开辩论的条件时,允许甚至培育普遍存在的不可补救的无知(以及抵抗和异化),主张"观点的自由交换"不过是习惯性虔诚的肤浅表达。

183　　　我们当前生活的情境中关于生活的几个核心问题的民主讨论都受到了广泛流行的不可补救的无知的妨碍,因而多数公民的基本自由也受到了妨碍。追溯那些在创造和维持这种不幸状况时发挥了很大作用的因素并不困难,当信息传播渠道对已经完全达成国际共识的发现进行系统的扭曲并将之传递给公众时——例如当大多数报纸关于全球变暖的报道都表明,那是一个有争议的问题时——不可补救的无知就注定会蓬勃发展,而谬误则在与真理的斗争中建立了优势。

在这些混乱的实践背后,很容易辨认出存在于信息传播的公共机构中的灾难性缺陷(Herman and Chomsky, 1998; Leuschner,

2011)。如果有人设想自由市场能产生奇迹,而不考虑背景条件,他可能倾向于认为媒体将变得自律,任何伦理的约束都是不必要的,传播谎言的电视台、网站、报纸和杂志将在消费者的选择下销声匿迹。然而造谣依然盛行,因为没有"看不见的手"支持负责任的和提供准确信息的媒体。"新闻来源"能获得追随者,因为它是娱乐,因为它讲述了与那些核心问题无关的主题的吸引人的故事,因为它散布的谎言很难被公众识别出来,等等。难于识别谎言存在的部分原因在于那些谎言是通过大量渠道传播的,还在于它们被用来安慰那些有特定政治观点的人,提供了对竞争对手的巧妙批评,等等。经济学家认识到了在信息不对称情况下的市场问题(Akerlof,1984)。假设"货物"(goods)进入市场要提供相关的信息,如果信息经常是误导性的,那么任何将公众舆论保持在正轨上的市场机制,都有可能显示出渐进式的衰落。当人们越来越被谣言误导的时候,他们就会处于一个更糟的位置来评价他们接收到的信息。

因此,当前社会明显处于这样的状况:公开辩论不大可能增进公民的自由。这条论证线索可以更进一步想象一个大气科学家的某项发现降低了他相当数量的同行使用的用以估计海平面上升速度的模型的可信度,这位科学家知道有其他(数学上更复杂)的模型支持同样的结论:海岸线可能消失。他也很有信心,经过进一步的研究,他和他的团队可以改进简单的模型以回应对其估值的挑战。这项研究至少需要一年时间完成,他决定推迟发布这一发现,直到他建立一个修正版的模型。

在他的实验室里,有一个雄心勃勃的博士后。在实验室的会议上,我们的大气科学家宣布他的发现和研究计划后,这个博士后决定向一个新闻媒体泄露新结果以及讨论报告。其后果正如我们所料。几小时之内,大量的媒体报道告诉公众,人为导致全球变暖的一个主要模型已被反驳,科学家们企图掩盖这个事实,他们没有得逞,端赖一个勇气可嘉的、正直的年轻告密者。在多数媒体都用赞美民主社

184

会中的自由而公开的讨论的老套短语对这一事件进行了装扮，只有最具品质的媒体才会引用密尔和弥尔顿的观点。

这里犯了什么伦理方面的错误吗？如果是，是谁犯了什么错误？大气科学家在公众面前对信息有所保留没有错误，他明智地预见到信息将以错误的方式被传播，并试图为促进公共自由（"唯一名副其实的自由"）而尽自己的一份力。如果他错了，他的错误将停留在一个错误的判断上：也许他应该对他的博士后的性格有更清晰的认识，因而在实验室里传播信息时应该更加谨慎。然而，博士后公布结果的决定至多是对潜在危害的天真误解——或许是源于对密尔和弥尔顿的过分简化的理解，更可能是一种自我推销的行为，将自己的雄心置于公共利益之上。

抛开表面上的精英主义（只有少数公民被带到"幕后"并接受辅导，只有他们制定政策），通过扩展良序科学来应对我们已经讨论过的困境，相对于把辩论扔给公共舞台，体现了对民主的更深层承诺。然而，密尔和弥尔顿倡导的自由讨论的理想对于我们来说是有吸引力且重要的。对我们来说，生活在自由探究和自由讨论得以实践并且不会威胁到更基本的自由形式的世界里是更好的选择。由于我们不是生活在这样的世界里，重要的问题便是我们如何达到理想状态，或者至少更接近它。如何克服关键信息的缺乏？怎么对无法补救的无知带来的困境进行补救呢？

我们已经注意到，麻烦的一个来源是决策的复杂性：在许多不同类型（不可通约）的因素之间必须找到平衡点。从库恩开创性的工作以来，如科学史和科学社会学所揭示的那样，许多科学争论背后的各种考虑是精致而微妙的：即使对于专家共同体来说，解决争论也往往需要很长时间。当这些复杂的争论出现公共领域时，当媒体报道的利润依赖于其满足那些有先入之见的人的口味，而不是对相关技术考虑的了解时，"专长"的概念就变得越来越可疑了。

劳动分工是当代社会的核心，而认知劳动分工对于民主是基础性的。就目前的情况来看,"自由而公开的公共辩论"远不是民主价值观的表达,而是颠覆性的,因为它倾向于破坏曾运转良好的认知劳动分工。它怎么能补救那种情形呢？不同等级的无知是信任失败的标识,我们缺乏一个人们可以依靠事实来做出决策的制度。信任无法通过不受约束的讨论恢复,因为信任一旦崩溃,"思想的自由表达"常常会侵蚀那些有知识的人的信誉。不可补救的无知,特别是那些对公共知识体系有抵触或疏离情绪的人,把专家们的权威共识视为统治意识形态的表现。即便政府宣称特定的个人或团体是各种问题上的真正专家,那声明只会加强民众对其的抵抗和疏离。

解决民主问题的最佳途径是更多的民主。在无可补救的无知滋生的地方,只能尝试通过建立一些渠道让有代表性的公民(其中包括那些与当前公共知识系统最为疏离的人)一起来理解专家们达成的共识。这样一个有代表性的群体能够帮助恢复对专家的信任,并在专家产生分歧的困难境地中扮演仲裁者的角色。这样一个群体的存在能帮助更大范围的公共辩论提升民主的理念。①

下面我们考虑应对包含了紧迫性(或假想的紧迫性)和部分信息的困境的两种策略:一种是明显的精英主义策略(由专业的科学家提出最佳的选项),一种是明显的民主策略(把问题交给公共论坛)。通过对良序科学理想的进一步扩展而实现的对第一种策略的修正拒绝了前述的两种策略。由于这一建议引起了人们对"自由讨论的压制"的明显担忧,我试着为它作为一种应对问题的恰当方法进行辩护。现在我想通过寻找一个潜在的替代方案来结束这一(漫长的)讨论:我们是否可以通过对其关键缺陷做出调整来修正第二种策略,也即,是否信息的缺乏把"自由而公开的辩论"转变成了无知的暴政？

最终我们可能有希望可以那样做,但办法可能是通过更有限的

186

---

① 这里所设想的程序将不可避免地在现有政治条件下陷入困境,从而被破坏。我将关于这个担忧的讨论推迟到了第八章第五节。

公民参与,正如修正过的第一种策略那样。原则上说,证据和谐能够通过大规模的教育项目来实现,教育的内容是对技术争论中持有不同观点的所有人在推理中的立场进行辅导。具有潜在紧迫性的那些问题会使这类教育项目显得远水解不了近渴。实际上,在不可补救的无知及其更具病理学的形式(抵制和疏离)到处蔓延的情况下,任何具有时间适当性的解决方案都要求更小的群体,每一个群体能够代表在有分歧的主题上公共观念的不同情形,它们能够与专家共同体紧密合作以理解分歧的情况和不同观点间的共同基础。如果能形成足够数量的这类群体,它们最终可能重建我们已经失去的对公共知识的信任,识别值得信赖的专家共同体,同时为媒体报道设立可靠性的标准。

　　本章的最后一节将讨论最后一种可能性:公开的错误信息和公众对专家的不信任在很大程度上是由当前的信息传播渠道几乎不考虑报道的可靠性导致的。报纸、广播节目、电视台和网站寻求经济收益,而当前的经济状况有利于创造出这样一个商机:给公众讲述他们最想听到的那些片段。无知盛行之处,媒体扮演无知的放大器最有利于其创收。如何改变这种令人沮丧的局面? 答案不只是建立一个不受市场波动影响的负责任的公共信息来源。宣称重建(旧的)BBC或者复活 Walter Cronkite,这不会比一个政治法令赋予特定群体专业知识更有效。很自然地,疏离公共知识系统的人担心新机构是一个宣传机器,是被人憎恶的组织。一个独立的信息来源必须有其相应的资质。良序科学的扩展中的公民团体除审查认证程序并裁决紧迫问题的辩论之外,可以监督和评估信息的来源。在他们能够保留公共信任的范围内,他们能在独立的传播渠道中传递信任,消除不可补救的无知并恢复人们对可靠的认知劳动分工的信心。在这一点上,"自由而公开的辩论"推进民主的理想的实现或许能够成为现实。

　　启人深思的前辈作家,如弥尔顿和密尔,不应该被看作为我们提供了很容易应用于目前状况的指令,而应被理解为为我们提供了应该为之努力的理想。尽管我提出了一些尝试性的建议，为真理与谬误角力创造公开而自由的环境的条件仍不清晰。如果公民要享有唯一名副其实的那种自由，我们就确实需要对那些条件进行更好的描述。

第五节 教育公民

正如我建议的那样，如果大多数人在获取和他们的选择及核心计划相关的信息方面遇到了严重的困难，如果这些困难阻碍了（也许是灾难性的）民主社会的运行，那么一个明显可能的解决途径就是重新思考教育，以使未来的公民能够为他们必须做出的选择做好准备。教育不必局限于中小学和大学：实际上，教育最好不那么受局限，因为公民的大部分生活是在教室以外度过的。在理想的情况下，他们应该跟上新发现的步伐。民主社会需要把信息从研究共同体传递给公共意识的多样化的渠道，这些渠道的最佳结构取决于接收已经在公民中间确立的新信息的能力。向那些已经离开学校的人传递的信息应该与早期教育中培养的技能以及那种教育的局限和缺失相适应。

过去几十年的一个积极趋势是，越来越多的研究者在他们所选择的领域里尝试将核心观点传达给没有受过专业科学训练的人。许多领域，其中包括一些令人生畏的技术性领域，已经提供了清晰而优雅的作品。针对有才华的作家和电视主持人的冷嘲热讽远没有以前那么频繁，但读者显然是十分有限的：抵制者和疏离者未被包括在内。在理想的情况下，将一部分时间用于科学传播的趋势应该持续下去，研究共同体中有此才能的人应该尽可能地参与进来，而且应该特别注意扩大信息可以到达的公众的范围。当然，这也包括克服上一节提到的困难。

提高报纸和杂志的报道标准是改善公众对科学的理解的一个非

188

常有效的办法。媒体应该看到公众了解新信息的需要。在美国,新闻印刷行业由于坚持"大众的"文章应采取的适当形式的两个观念而受到了质疑。第一个观点是,公众被争议所吸引;第二个观点是,如果要让科学的观念更令人愉快,人们利益的相关性是必需的。因而,《纽约时报》(New York Times)这个美国最重要的报纸每周二提供8页的篇幅专门讨论科学和医学的进展。它的绝大多数文章都符合一个模式:一个令人兴奋的观点已被提出——提出者的信息——其他人不同意——他们的情况——来回切换——需要进一步的研究。这些版面很少提供关于已确立结果且信息量大的严肃文章,那些信息应对公众有用(一个了不起的例外是讨论基因组学和 RNA 的多种作用的那一次)。《纽约时报》被恰当地看作一份杰出的报纸,值得赞扬的是它严肃对待科学传播。然而,它的科学版面很少提供对具有公共重要性的问题有启发性的文章。市场带给新闻业的压力对此提供了合理的解释。

正如理查德 · 道金斯(Richard Dawkins)、乔纳森 · 魏纳(Jonathan Weiner)、布莱恩 · 格林(Brian Greene)和奥利弗 · 贾德森(Olivia Judson)的作品揭示的那样,通过提供对重要思想和成果的清晰阐述,能够使更广泛的公众进行饶有趣味的阅读。科学新闻并不一定要枯燥乏味,或者用"实验室之外的研究人员如何生活"及"冲突中的科学家"一类的故事来吸引读者。在科学报道的标准要求记者模仿最能传播科学研究领域核心思想的科学家的成就之前,研究共同体向公众进行科学传播的媒体渠道就不能发挥其重要的教育功能。

如果人们的科学素养水平更高,有抱负的传播者的工作就会容易一些。如果富裕社会能够建立认真对待以科学的基本分支为名的那些教育年轻人的课程的目标的公共教育系统,这一点就能达成。

科学教育的第一个重要部分是让年轻人有机会从事科学研究,或者在一些科学研究领域从事需要深度知识的工作。追随如何找到

189

你想要的那种生活的理想,需要一系列的早期经历。在现代世界中,由于许多有吸引力的生活可能性都需要扎实的科学知识(例如,从事研究是许多生活方式的基本组成部分),因而剥夺年轻人追随这些可能性的机会是错误的。无论传统的科学教育方式是否体现了达成这一目标的最佳途径,它都使学生们认识到要从事科学相关的职业他们必须达到的要求,这些职业要么是研究工作,要么需要大量科学知识,如医学或工程学。离开标准的科学的教育要素,如词汇记忆、问题解决、实验工作、数据分析和展示,年轻人就没有为严肃的科学生涯做好准备,也无力决定那对他们的生活是否是一个好的选择。所以,如果他们做出了那样的选择,为了接受更高层次的教育或最终从事科学研究,学生们在某一阶段需要沉浸在一门(几门会更好)科学的细节中,这种沉浸式教育可以让他们做好准备。

　　然而众所周知,大部分走进科学课堂的学生不会走上这条路。一旦发现科学不适合他们,他们通常必须忍受单调的学习过程——年复一年的枯燥记忆、问题测验、实验及其他。许多人憎恶这些练习,无论学到了什么知识都会很快溜走。计算粒子轨迹的任何工具都消失了,也许某些滴定过程中的技能可以被转移到花园和厨房。更糟的是,对科学的挥之不去的印象是陌生而无聊。如果经历过那种沮丧的人被道金斯和格林那样的作家重新吸引到科学的内容上来,那真是证明作家们具有解释困难问题的天赋。

　　给予每一个人确定他或她是否想要从事科学研究的机会与设计科学教育的形式完全相容,这种教育对许多人来说是目标明确而有价值的,他们将会明白他们的生活应沿着不同的方向走下去。如果不强迫他们解决他们觉得无关紧要而令人困惑的问题,或迫使他们记忆那些很快就会忘掉的术语,或强迫他们年复一年地进行实验,我们或许可以鼓励他们成为科学信息的快乐的消费者。这将使他们为扮演公民的角色做好准备,为最优秀的科学传播者提供更广泛的读者群体,以获得更有信息量的科学新闻,使公民的选择不会因为缺乏

190

信息而受到严重影响。

公民需要学习什么？科学教育的讨论常常强调"理解科学的方法"的重要性。由于没有所谓的"科学方法"，这是一个错误的目标，但确实有重要的目标。学生们应该熟悉科学实践的现象学：他们应该有怎样开始研究一个问题，或设计一个实验并使它起作用，或搜集并分析数据的经验；他们也应该知道在得出科学结论和结束科学争论时使用的推理的类型。关于历史事件和争议的研究在这种考虑中会非常有价值：你怎么能确定地球在运动呢？你怎么能在不使用钟表的情况下，利用斜面得出关于落体运动的结论呢？你怎么表明燃烧是一个什么东西被吸收了的过程？

191　　　科学教育的第二个重要部分是向公民传递最伟大科学成就的纯粹的独创性和美感。那些面向更广泛的公众而写作的最成功的作家是这类工作的样本，而且没有理由不去顺应年轻人的兴趣。学校学习的课程中包括"伟大的科学观念"的学生可能在成年后保持学习更多科学知识的动力，以便了解他们时代的类似成就。

科学教育的这两个成分是达成重要目标——培养具有科学素养的公民——的重要组成部分。科学素养的部分价值在于使公民对科学实践有足够的了解，以便认识到今天参与到有关紧迫性的辩论中的双方都在做出复杂而明智的判断，他们有分歧的地方是微妙的，关于该做些什么的最佳判断可能来源于对他们（专家）的观点和多样化的局外人群体的视角的综合。另一部分价值在于让学生学会欣赏一些科学发现所展示的人类才华并注意到它们的转换力量，特别是当它能引向对可获得的科学期刊的注意时。然而，比那些更基本的是阅读的技巧（Norris and Phillips，2003）。

阅读教育没有在低年级就停下来，它持续到高中或大学，乃至人的一生。人们学习如何阅读小说和诗歌、政论文章和分析文字、音乐批评和人类学报告，科学家学习怎样阅读他们领域的专业文章。我们不该期望也不期望有科学素养的公民拥有专业程度的阅读技能，然而,训练学生(包括那些宣称科学不适合他们的人)是适当的,以使他们能够阅读一定范围的解释性的文献(文章、图书和网络文档),这些文献解释了和他们的生活息息相关的技术信息。公民不需要学会平衡化学表达式,或说明一朵花的构成,或确定一个镜头的焦距。然而,他们应该足够了解基因的概念,这样他们才能在被问到是否同意"转基因作物和普通作物之间的区别在于前者包含基因而后者则不包含基因"这样的陈述时笑出声来。①

如果学校的课程被彻底修改的话,人们获取科学知识的概率可能会大大提高。记忆、问题、实验和其他要素构成的标准课程对于训练那些要在科学上接受更多技术性教育的人来说在一开始是非常重要的。对于那些依据自身的学习经验确信自己不会走上科学研究这条路的学生来说,为他们提供十分不同的系列课程是适当的,这些课程为他们提供沉浸在科学实践中的学习机会,理解科学发展的高潮(想想艺术史是如何教的),其中的一个重点是学习主要的科学概念并运用这些概念来获取信息和深入思考严肃的政策辩论。

在设计任何那样的课程时,要注意一个明显的危险。人们必须警惕科学中的技术性教育被过早放弃的可能性,尤其是向"为了公民的科学"的迁移可能留下一个不能代表全部公民的科学共同体。科学中的多样性是最重要的(如我们在下一章看到的那样),因此,也要留住那些有天赋和研究热情的年轻人。如何鼓励那些有可能在科学上拥有快乐而多产的生活的人继续接受技术性的科学教育,这是一个肯定有很多比我更专业的人在考虑的问题,也许是一个可以用教育实验来讨论的问题。但我很乐观地认为,在不牺牲许多学生(那些成年后想到科学课程时总是伴随着一个哈欠,甚至战栗的人)的利益的情况下,肯定有办法达成这一目标:建立一个繁荣的研究共同体和对学习新发现有终身的热情并具备科学素养的公民群体。

① 参见 Jasanoff (2005)关于学生对这个陈述的判断的相关调查结果。

第八章 多样性与异议

第一节 科学领域内的多样性

通过认识到不同的人群获取不同类型的信息并为了公共利益而汇聚起来的可能性，认知劳动的分工促进了公共知识的发展。前面的章节都在关注这一明显的好主意如何可能出错——可能是由于对权威来源身份的怀疑，可能是因为缺乏获取已提供的信息的渠道。我们现在转向进一步的劳动分工，研究领域内部的分工。当一组研究人员描述一个共同的问题，并以不同的方法寻求解决这个问题的方法时，就出现了认知的分工。我将首先回顾一下以前提出的想法（Kitcher，1990、1993），这将是进一步探索由支持有价值的认知劳动分工的机制导致的潜在困难的基础。我们将会回到前面几章所讨论的一些问题，并进一步扩展到良序科学的理想。在日常生活中，一群人面对问题的最佳选择是分成不同的小组并运用不同的策略来处理这个问题。如果家里的狗走丢了，黄昏又即将来临，所有的人沿着同样的路线搜寻没有什么意义，即便那是习惯性的散步路线。如果每个人沿着不同的方向搜寻,成功的概率就会提高,也许是显著提高。科学研究中的情形也是如此。发现 DNA 的结构的概率由于詹姆斯·沃森(James Watson)和弗朗西斯·克里克(Francis Grick)加入"竞赛"而提高了,因为他们做了与其主要竞争对手罗莎琳德·富兰克林(Rosalind Frankin)的精细结晶工作截然不同的事情(稍后我们将考虑这一对公共知识明显的有利改进是否有其黑暗的一面)。在当代的分子生物学中,认知劳动经常以类似的方式被划分:当有几个分子可能在发展或代谢过程,或者疾病的发生过程中发挥作用时,研究群体把他们的注意力集中在不同的候选者身上。正如一个家庭寻找狗一样,更小的共同体分别研究一个过程。

我们不难将这些情况理想化,从而引出我们熟悉的信念(多样性值得欢迎)背后的逻辑结构。假定我们有关于成功概率的良好定义,给定研究努力的投入:如果有 n 个研究者投入到策略 S 中,他们进行研究获得问题答案的概率的值为 $\Pr(S|n)$。假定对于任何可获得的策略对,两个策略都将引向答案的概率为 0:m 和 n 取任意值,对所有的策略 S_i 和 S_j,有 $\Pr(S_i \& S_j | <m,n>) = 0$(当 m 个研究者追随 S_i,n 个研究者追随 S_j 时,就得到了 $<m,n>$)。给定最后一项条件,假定安排 n_1 个科学家追随策略 S_1,n_2 个科学家追随 S_2,依此类推至第 r 可获得的策略,共同体的成功概率可以表达为

$$\Pr(success | <n_1, n_2, \cdots, n_r>) = \Pr(S_1 | n_1) + \Pr(S_2 | n_2) + \cdots + \Pr(S_r | n_r).$$

如果子共同体内有 N 个研究者研究这个问题,当我们选择 n_1,n_2,$\cdots$,n_r 从而使这个概率尽可能大时,共同体有最大的成功机会。如果策略 S_1 比所有其他策略都远具竞争力,也就是说,对于任何策略 S_i,对 m 和 n 的任意取值,$\Pr(S_1 | m)$ 大于 $\Pr(S_1 | m-n) + \Pr(S_i | n)$,最好的办法是把所有的鸡蛋放在一个篮子里,让所有的研究者都追随最佳策略。如果对于任何一个特定策略,追加投入的收益是递减的,也就是说,多一个科学家去追随那一策略只会轻微地提高成功

的可能性,而一个科学家追随另一个策略带来的成功概率的增加多于那一点轻微的提高,更好的选择是劳动分工。在这个特定的例子中,对于可替代的策略 S_i 来说,$\Pr(S_1 \mid m)$ 小于 $\Pr(S_1 \mid m-1) + \Pr(S_i \mid 1)$。更一般地来看,如果收益递减,并且一个足够大的研究群体可以进行分布性认知,如果大于 0 的 n_i 不止一个,$\Pr(\text{success} \mid <n_1, n_2, \cdots, n_r>)$ 可能得到最大化。

这里勾勒的形式化的细节依赖于理想化的情境,我提供它们是为了明确一个重要观点的结构。我想我们应该对"假定有那么多研究者追随这一策略以取得成功"这类事情的点概率赋值保持怀疑态度。假定两个不同的策略都能取得成功的概率为 0 也是不合理的,同样成问题的是对所有的研究者都可以互换的预设。这些观察没有减少劳动分工的价值。无论是科学家、社会学家、经济学家还是哲学家,没人能在给定研究者数量的情况下,确定产生成功概率的函数。但是,科学家能够并且确实做出了更粗略的判断。他们有时认识到,多一个人或一个团队在特定的研究进路上工作不大可能产出新的东西,而那个人或团队选择不同的进路更可能解决那一问题。在没有设想他们能够获得最佳认知分工的情况下,他们认识到认知的异质性分布,追随不同的研究策略要好于完全的统一性。

如果异质性是受欢迎的,那么如何获得它? 一种可能性是子研究共同体的成员做出联合的计划。他们聚集在一起讨论解决问题的不同方案,他们分享关于如何分配其认知努力才能富有成效的大体判断。关于最佳认知分工(多少人追随这个策略,多少人追随那个策略)达成一致后,他们通过抽签(或者可能做记录)分配追随不同策略的人,并遵守他们所考虑的关于追随哪些研究线路更可能成功的原则("你上次的研究进路不可靠,所以你要为我们的机会做些更有价值的事才算公平")。据我所知,没有研究共同体以这样的方式组织他们的研究工作。

另一种可能性是研究者尽力调整他们的工作,以便其最大可能地为公共知识做出贡献。在对任何具体的研究进路进行承诺前,科学家环顾四周以确定其他同事在做什么,对哪些策略被低估进行(粗略的)判断,并选择那个他们认为最能对额外的努力产生回报的策略。他们的决定是完全利他的:"我打算把自己奉献给任何一项研究,只要能最大限度地增加人们解决问题的机会。"也许这类考虑真的在一些科学家做出选择时发挥了作用。如果是这样,最好能找出那些科学家并祝贺他们。

异质性能以另一种非常不同的方式产生,它和我们前面提到的寻找 DNA 结构的故事一致。根据沃森自己对他的研究策略的描述,很难认为他是在最大化一个很小的研究群体解决问题的概率。他的目标是让自己成为一个重要的科学家,如果可能的话,要获得最负盛名的诺贝尔奖。给定这个目标,他完全有理由选择他当初选定的道路。假如他选择跟随富兰克林正耐心实施的策略,他成为第一个宣布 DNA 结构的人的可能性就会无限小。富兰克林有一个领先的开始,她(不像沃森和克里克)熟练掌握 X 射线晶体学的技巧,也不清楚沃森是如何为获得必要的设备而争论的。实际上,沃森和克里克选择了更不可靠的模型建构推理策略,这显然很符合他们的背景知识和气质。因为它虽然看起来取得成功的可能性要远小于富兰克林的方法,但为他们首先达到目标提供了更好的机会。尽管富兰克林的方法更可能发现那个结构(或首先确定它),但是沃森和克里克通过跟随富兰克林的方法首先做出发现的可能性要远小于通过采用投机性的模型建构方法。

许多年前,在哈佛的一个停车场里,伟大的进化理论家(生物学历史学家和哲学家)恩斯特·梅耶(Ernst Mayr)用一个神秘的句子——"你们哲学家的麻烦在于你们认为科学家想要真理;他们不是,他们想要的是正确"——结束了与我的漫长对话。很长一段时间,我对梅耶想要表达什么感到困惑。"正确"等于获得真理吗?当我认识到梅耶的说法包含了激励科学家的是想获得某种认可(地位)

196

这一意思时，我明白了。个人的满足感是那种确信的组成部分。即便你作为"发现者"的地位未被认可，你仍然知道你获得了什么。超然的高尚心灵很容易和成为发现者并被认可为发现者（有成就而获得认可）的欲望混合在一起，奖励和荣誉是那一认可的外部表现并令人垂涎。沃森的坦率说明使这一点非常清楚。

再一次说明，理想化可以帮助揭示不同情形的深层结构。为了简单起见，假设有两种办法解决特定的问题，M 和 M*。M 总是比M* 更有前途，因为如果有 n 个研究者追随 M 得到答案的概率要大于 n 个研究者追随 M* 得到答案的概率：n 取任意值，$\Pr(M \mid n)$ 小于 $\Pr(M^* \mid n)$。如果为任何一方提供更多的研究者收益递减，共同体取得成功的更大机会可能在于有一些研究者追随 M*，即 $\Pr(\text{success} \mid N)$ 小于 $\Pr(\text{success} \mid <N-1,1>)$（如果有 N 个研究者，有人追随M*，那么解决问题的概率要大于所有的人都追随 M）。如果他们追随一个特定的方法，通过假定他们和其他追随同一方法的人有同样的成功概率，研究者们可以判断他们成为答案宣布者的概率。从效果上看，当你选择了一个方法，你就买入了一注彩票；给定选择那一方法的人数，彩票是否能开出奖取决于那个方法成功的概率；如果它开出奖了，那么你的彩票和其他任何人的彩票中奖的概率是一样的。设想你是最后一个下定决心的人，其他人都已选择了 M。如果你选择 M，你赢的概率是 $\Pr(M \mid N)/N$；如果你选择 M*，你的成功概率是 $\Pr(M^* \mid 1)/1$，即 $\Pr(M^* \mid 1)$。如果 $N\,\Pr(M^* \mid 1) > \Pr(M \mid N)$，通过选择 M*，你提高了自己成为首先解决问题的人的概率，而且不难看出这是如何发生的[例如，设 $\Pr(M^* \mid 1)=0.1$，$\Pr(M \mid 1)=0.5$，$\Pr(M \mid 10)=0.9$，而且 $N=10$；虽然 M* 的前景黯淡一些，$10\,\Pr(M^* \mid 1)=1>0.9=\Pr(M \mid 10)$]。

一个明显外在的动机，许多评论者会认为这玷污了科学家的头脑，却能在共同体寻求知识的过程中发挥有益的作用。你想获得认可的渴望可能引导你——如明显引导了沃森和克里克——选择一种不那么可靠的方法从而在研究团队中产生受欢迎的异质性。前面对概率的使用，重要的是帮助我们认识到粗略的判断能用为概率的精确赋值和计算成功的可能性来替代。可能没有研究者曾尝试计算获得认可的最有效的策略。另外，我怀疑许多人审慎地思考过类似于概率联系一样的方法，他们认为如果追随挤满人的研究方向并选择可靠的方法，他们成功的概率会更低。结果，他们选择在风险更大的方向上拼搏。

刚才回顾的内容在其他地方曾进行详细得多的讨论（Kitcher，1990、1993；Brock and Durlauf，1999；Strevens，2003），能用来为一系列观点提供辩护。第一，对于同样的问题，一个孤立的个体和一个研究团体在选择什么、相信什么或去做什么是合理方面存在着差别。此外，集体项目成员的合理选择（信念、行动）可能不同于他们作为孤立能动者的合理选择。第二，常见的一种情形是一个研究共同体追随一系列不同的研究进路，尽管其中的一种进路似乎比其他进路更有前景（而对于个人来说那种进路将是合理的选择）；多样性是受欢迎的。第三，原则上多样性能以许多不同的方式被创造并得到保持：通过建立在对不同选择的概观基础上的深思熟虑的计划（包括对认知劳动分工的选择）；通过个体尝试理解什么对于集体是最佳选项并调整个人行为以适应他人的工作；通过对明显是外部压力的操作，包括那些有似乎与推进知识发展相冲突的动机的人。第四，值得注意的最后一种可能性是当实际科学行为的研究者表明外部压力（国家归属或追求名利）在研究者做决定时发挥了作用时，由此得出科学探究的合理性或可靠性被削弱了这类的怀疑主义结论是不合理的。

我在本章的目标是进一步论述第二点和第三点。首先，我想更系统地思考，在科学界及其周围社会，什么类型的多样性可能是有价值的。此外，我们将考虑前面的讨论未能涉及的可能性：维持多样性的努力可能干扰探究。我将特别关注（前面的章节已经出现的）与如何把专长整合进民主相关的几类问题。

198

第二节　多样性的不同变体

通过考虑非常特殊的情境，我们解释了认知劳动分工的价值并为之提供了辩护，其中研究共同体面临着共同的问题，并可以获得解决问题的不同策略。那绝不是我们可以设想的多样性的唯一类型，或科学中事实上存在的唯一种类。同一领域的研究者关于什么问题是重要的、什么样的认证标准是合适的、相信什么以及信任哪些人（或者技巧或者工具）都可能产生分歧。有时会出现激进的多样性，表达了对某一领域所采用的基本方法的怀疑。值得一问的是，哪些种类的多样性可能是有价值的，哪些是最好加以避免的。然而，我想从一个不同的问题开始，即：进入研究领域的人员的多样性的潜在价值。

就大部分科学的大部分历史而言，众所周知且让绝大部分学者感到遗憾的是全部参与到科学研究中的人都来自我们物种的很小一个部分，即欧洲的男性（或其后裔），而且通常不是来自社会底层。在有些时期或地方，他们必须满足和他们的探究不直接相关的某些标准：会拉丁语（或英语），准备好教授特定宗教的文章，等等。许多限制已被放弃——英国皇家学现在会接受女性会员，犹太人不再被禁止，商人及其子女也被接受了，但一些则延续下来（我们坚持使用英语）。考虑到世界上的穷人可以获得的教育机会，极大的可能是尽管他们能够参与到科学研究中，他们在数量上只占微小的部分。过去的限制及其现在的残留物重要吗？科学共同体中多样性的增长自然而然地就是一件好事吗？

显然地，可以容忍的同质性具有某些特征。如果在3月出生的人，或者那些有红头发的人，甚至是左撇子，或最高的5%的人，在自然科学家中所占的比例极低，那是有趣的，但不是什么明显需要改变的事情。当一些特征被认为与影响科学探究中的判断、决定以及行动有关时，其多样性才是重要的。考虑到价值判断在科学探究中的普遍性（第一章第四节），把可能为理想的对话带入不同观点的人排除在外是成问题的。我们将在考虑研究日程的设定时讨论这类案例（第五章），如生物医药的研究日程表忽视了世界上穷人的需要和愿望。很自然地可以设想，如果贫困地区的人们或在那些地区花费了大量时间的人更多地成为生物医药研究人员，情况就会不同。良序科学在其最初的形式中，通过引入充分代表这一理念来对这一困难做出回应：人类的不同视角是理想对话的组成部分，那些视角必须影响到对理想对话的任何充分的模拟。然而，如我们将看到的那样，一些视角不能由他们的持有者引入对话。非人类的动物不能为它们自己发言，未来世代的人们也无法现在就说出他们的见解。然而，我们虽然想却不能把他们包括在研究共同体中。那么，也许良序科学不需要坚持一个科学家群体反映社会-经济层次上的人口分布？

　　原则上说，它不需要那样。然而，似乎有道理的是，如果外部代表在阐明特定群体的独特需要和困境时不如内部人士做得好，那么只要有希望就应为达到那种代表性而努力。一个原则性的要点是，在研究共同体中引入尽可能多的不同类型抓住了民主的一个核心主题（而且在其认知劳动分工的概念中）：其他人可能知道我对关于世界的所有类型的事情一无所知，但在我自己的处境和抱负上，我是一个更好的权威。因此，与其把良序科学看作是在研究共同体中增加多样性的替代者，不如将多样性看作是通往良序科学的好办法。

　　然而，研究者群体的多样性的益处不限于改善对科学的意义的评估，不同种类的人可能倾向于提出不同的假说或以不同的方式解决问题。正如我们已经注意到的那样（第六章第三节），灵长类动物学由于这一领域中的女性的增多（在两种意义上）而改变了。不是将其注意力局限在灵长类动物的（被设想为决定性的）雄性成员的行为（而且通常只是"统治性的"雄性）上，女性开始观察雌性成员的行为，而且很快发现她们的行为模式塑造雄性行为的许多微妙方式（例如，她们通过对"附属"雄性的奖励来赢得他们的支持或友谊,从而达成自己的目标)。[①] 主要的争议围绕着女性"天生的"一种可能性:她们有不同于男性的认知能力。由于这个话题有太多的混淆之处,而且能被绕过,因此最好把它转移到更坚实的基础上来讨论(Keller,2009)。无论这些差异是否会在所有可能的社会中持续存在,不可否认的是,在大多数女性实际经历的环境中,她们会发展出一些独特的方法来建构和接近问题。特别是在这类差异可以被识别的领域,运用它们是件好事,但是即使在它们不能被识别的地方,认知策略的有价值的扩展也为鼓励多样性提供了认知基础。

平行的考虑适用于任何群体,其独特的社会嵌入(social embedding)(无论是否受到设想的"遗传"差异的影响,一个被严重怀疑的假设)可以让它的成员对被其他人忽视的因素敏感。特别是在那些可能从这些敏感性中获益的领域,认知风格的多样性是受欢迎的。除了基于公正和平等的理由为传统上被排除在外的人敞开机会之门,为了确保充分的代表性来使年轻人确信科学生涯代表了他们生活的一种真正的可能性之外,公共知识的机制能够通过包含尽可能多的科学人才来得以改进。

现在回到前面的问题,考虑意义、信念和认证标准的判断时领域内部的多样性的价值问题。两位学者对科学的历史发展进行了哲学研究,并引起了人们对激进多样性的可能性的关注,他们的观点截然不同(Kuhn,1962;Feyerabend,1975、1978)。在费耶阿本德的观点中,观点的多样性和冲突总是有价值的,不仅因为它们是改变的引擎,而且也为了它们自身。形成对照的是库恩,他把多样性看作是科学探究最初阶段的特征,并表明科学中果实累累的共识被打破因而

---

① 伊夫林·福克斯·凯勒(Evelyn Fox Keller)描述出更为微妙的方式,女性的存在可以改变一个领域(确实改变了灵长类动物学)(Keller,2002)。但是在这里,一个比较直接的例子就足够了。

处于"危机"之中。如我们将看到的那样,诉诸专家(尤其是科学专家)在拟定公共政策过程中的作用,对统一性的强调能得到辩护。但库恩没有沿着这条线进行辩护,他的注意力很大程度上局限于一个研究领域内部的发展。为了解决问题并取得进步,他强调共享信念和价值(用前面的术语说就是认知和检验的价值图式;第一章第四节)这一广大基础的重要性。如果我们的想法是合理的,那就有理由认为已经提出的这两个建议都不十分正确。

202

考虑一个不同的观点:研究的联合模型。研究领域经常出现新问题,而且由于前一节讨论的原因,各种方法的多样性通常是受欢迎的。在研究的过程中,我们想要鼓励各种观点的冲突。更确切地说,在相互竞争的不同策略中分配研究者以避免重复劳动带来的收益递减是件好事。对于有一些研究问题,完全的异质性可能被证明是灾难性的,因为有前景的方法可能需要大量的研究人员去赢得成功的机会。完全的同质性通常是坏的,除非研究领域非常小,否则就会有足够多的人去追随另一种潜在的研究进路。

这一领域将从策略的差异中获益,但那需要观念上的差异吗?回答可能是否定的。人类心理学可能允许指派研究者追随替代的研究进路,并精力充沛地追随它们,但他们不是从我们的历史文献(过去科学家的杂志和书信)中走出来的人物,而且他们在我知道的科学家中也不具有典型性。解决一个焦点问题的策略的多样性通常伴随着信念的多样性,以及评估次要问题的多样性。因为研究人员认为他们有关键的洞察力,他们的竞争对手忽视了这一点,他们刻画的问题是最重要的,他们有动力长时间去追随一个选定的策略。利他主义的研究者是否会同意采取他们认为不太可能成功的方法,"为了共同体的利益"而做出类似的努力是不确定的。

在证据基础上接受结论的标准的某些变体可能也是有价值的。在共同体能够容忍的限度内(第六章第三节),更谨慎的人和更冲动的人仍有空间。能满足兔子的证据对于乌龟来说是不够的。有时,兔子可能会跑在前面,完成一系列的研究,在最终的问题的答案中达到高潮;在另一些情况下,结论是不成熟的,兔子就会陷入悲伤。如果共同体接受的限度是仔细选定的,就没有通用的办法来确定哪种策略将被证明是优越的,而两种气质的混合是有价值的。

203   所有这一切都适用于解决问题的情境,但人们很容易认为,一旦问题得到解决,研究的多样性就应该凝聚成共识。在获得事实后,曾持有不同信念、对从属的问题的重要性形成了替代判断、依照他们自己的证据标准对其竞争对手做出逆向评估("X 没有做该做的研究,而是跳到了结论"或"压倒性证据就在那里,Y 仍长期坚持怀疑那一点")的人被期望在问题的解答中达成一致并抛弃与之不相容的任何信念或评估。那种事情经常发生。在无数那样的情形下,科学家们公开承认他们以前做出的假设是错误的,或者他们对某些关键问题的识别是错误的:一个突出的例子是在 20 世纪 60 年代人们对板块构造学说的快速接受,当时著名的研究者向学生承认他们提出的观点是完全错误的。在研究过程中,一些负面的判断会持续下去:"这一次 X 很幸运";"当然,那个墨守成规的 Y 可能更快找到答案"。

合并模型将库恩和费耶阿本德的观点分配给不同的研究阶段。当事情悬而未决、问题没有答案的时候,多样性是受欢迎的,包括观点的多样性、意义判断的多样性,甚至认证标准的多样性(在共同体认可的限度内)。一旦问题得到解决,共同体应该在取得成就的基础上统一起来,进一步的多样性在这个阶段是浪费。如我们下面将看到的那样(第八章第四节),应注意区分关于分歧(问题已经得到了令研究共同体满意的适当解答之后的多样性)的两个问题。一个问题涉及共同体内部的状态:拒绝接受其同事得出的结论的异议者是有价值的吗? 另一个问题聚焦于更大范围的公众:外行的异议有价值吗?

目前,让我们把注意力集中在研究领域的内部发展上,考虑什么样的观点分布在重要问题的提出和解答过程中能推动科学研究领域取得进展。有两种正好相反的建议。一种是无政府主义的,否认共识在任何情况下可能是个好东西。无政府主义者认为科学在持续的动荡中繁荣,最好是人们对任何事情和每一件事情都有不同看法。相互竞争的观点之间的冲突产生了更丰富的备选项。另一种是保守的,主张研究领域需要认证程序,当那些表述精当的问题解决方案通过程序的认证时,所有的人都应接受那一方案。合并模型在这种保守的建议中得以框定。由于保守的建议本身是对一个重要争论的不充分的解决,合并模型需要进一步的提炼。

204

很容易理解保守派对无政府主义者的异议,无政府主义者热烈欢迎的极端多样性没有为大部分科学研究背后的缓慢而耐心的合作研究提供基础。库恩的伟大洞见之一(一开始就被科学家认识到了,而哲学家被引发争议的关于革命性争论的论点吸引而忽略了它)是他对常规科学细致入微的描画。常规科学是由基本信念和标准方面的深刻共识支配的研究活动,无政府主义者热烈欢迎的是混沌的"前范式"阶段——令人兴奋却没有方向。常规科学能够容忍合并模型中提出的那种多样性,并视其为有利于把自然的不同侧面合作构建成统一的画面。然而它依赖于在问题解决之后一起为公共知识做出贡献,并利用全部的资源来刻画下一个问题系列的研究共同体(如我们将看到的,这一关于共识的重要性的论证在考虑公共分歧时有其对应物)。

无论如何,无政府主义者是在对某些重要的事情做出回应,实际上那也是打动弥尔顿和密尔的事情(第七章第四节)。尽管人们可以合理地对公共领域的辩论条件表示担忧,因为参与者(或旁观者)的绝大部分缺少获取关键知识的途径,因而无须做出负责任的评估。而科学领域的内部争论是关起门来进行的,因而无须面对这个问题。在这种情况下,密尔所说的那些好处似乎可以从持续的讨论中产生出来:拒绝被错误地接受了的观点,提炼特定的真理,更深地理解某些知识的正确性。实际上,合并模型设想的完全共识似乎并不合理,因为它可能掩盖隐藏在深处的错误,教条的信念系统常以这种方式出错。

205 　　保守派希望共同体能够继续解决问题,而不是浪费时间和精力去解决已经完全解决的问题。这很容易引起共鸣,然而值得考虑的是完全的共识是否需要。显然,我们面临类似于上一节讨论过的情形。对于坚持(或鼓励)完全协商一致的研究策略,还有另一种选择。想象一下,共同体内有一小群挑战者,他们重新开始研究其他人都认为已经解决了的问题。大多数情况下,他们为数很少而且会被忽略。然而,他们偶尔能揭示出一些深刻的预设并说明如何通过修正它来为解决重要而又困难的那些问题开启道路。在某些情况下,从推动知识增长的角度来看,这类共同体比按照完全的共识行进的共同体表现更好。

　　这种情形的逻辑也能通过理想化来揭示。想象有一个规模为 N 的研究共同体,并设想 n 的值将使 n/N 的值不大。采用完全共识的策略,预期的收益是:设共同体的每一个人都接受了所有经过认证的发现,问题的特定序列的预期收益之和,可以记作

$$\sum \mathrm{Pr}(\mathrm{p}_i \text{ is solved} \mid N \text{ accept}) \cdot U(\mathrm{p}_i \text{ is solved}).$$

其中,p_i 是第 i 个问题描述,$U(\mathrm{p}_i \text{ is solved})$ 是解决它的收益(通过它对该领域发展的意义来衡量),求和是关于全部问题的。替代策略的预期收益是两个术语的总和:一个代表问题解决的收益,假设只有 $N-n$ 个研究者构成了持有共识的那部分共同体(很可能是因为进一步参与问题解决的研究者数量减少,问题解决的概率降低了);一个表示 n 个挑战者可能做出的贡献。这一收益可以记作

$$\sum \mathrm{Pr}(\mathrm{p}_i \text{ is solved} \mid N-n \text{ accept}) \cdot U(\mathrm{p}_i \text{ is solved}) + \mathrm{Pr}(\text{revision} \mid n) \cdot U(\text{revision}).$$

其中,$\mathrm{Pr}(\text{revision} \mid n)$ 是挑战者的努力可能带来重要修正的可能性
206 (或密尔认为挑战正统可以带来的另外一个好的效果),$U(\text{revision})$ 是做出修正的收益。如果共同体的规模够大,分配 n 个研究者去从事不同类型的探究,对原有进路取得成功带来的影响很小(又是收益

递减！）；虽然做出重大修正的可能性也很小（挑战者对正统的挑战通常是有瑕疵的），但做出那种修正的价值可能足够大，使得挑战者策略中做出修正的收益大于问题解决中的损失，即

$$\sum \Pr(\text{revision} \mid n) \cdot U(\text{revision}) > \sum \Pr(p_i \text{ is solved} \mid N \text{ accept}) \cdot U$$
$$(p_i \text{ is solved}) - \sum \Pr(p_i \text{ is solved} \mid N-n \text{ accept}) \cdot U(p_i \text{ is solved}).$$

因此，完全的共识是否有价值是一个真实的问题。

通常情况下，精确概率的观念，特别是某些人可以确定的概率是高度不现实的。通常来说，即使是最精明的业内人士也只能做出粗略的判断。如果有一些研究者把时间花在担心已确立的知识上，这很可能会降低进一步解决问题的速度。但如果他们是少数人的话，解决问题的速度不会降低很多。他们的努力不会被预期有很多的产出，但他们一旦成功，取得的进展的价值可能远超过问题解决者几代人的工作。也许，有几个挑战者在身边是好事；如何进一步进行阐释这些论点，以及如何评估有利的共识的程度，很可能依赖于该领域的细节。不应设想存在对这一问题——完全共识的程度应是怎样的——单一解答。我猜想，在某些情况下，也许在很多情况下，合并模型需要细化，以使获得收益的可能性成为可能。

与认知劳动分工类似，它也有助于思考个体科学家如何做出他们的决定。粗略地说，你可以认为研究者有两种可能的策略。如果研究者选择墨守成规，就会在既定的领域里学习和采纳共识，并试着在已接受的想法的基础上解决突出的问题。如果研究者喜欢特立独行，就会追寻那些与领域内的正统不相容的可能性。墨守成规者相对可能在某些问题的解决中取得成功，赢得或多或少的声望和不同层次的奖励，享受同行的尊敬和在合作中做出了有价值贡献的那种感觉。特立独行者可能在很多年里就像撞到了南墙，他们得出的任何结果都可能被其他人忽略或忽视，他们可能被认为是无赖（或更糟）。或者，他们将会发现某些真正新颖的东西只是一种微弱的可能性，那种新东西将会被共同体采纳，他们将进入教科书，成为科学史

207

上伟大人物中的一员、真正的伟大人物,而不仅仅是获得诺贝尔奖。特立独行者下的赌注很高,成功的概率却很小。

科学家如何在这些选项中做出选择确实是一个性格问题。许多人倾向于相信因循守旧的好处,他们清醒地评价自己的想象力和思想深度,标新立异不是他们的生活方式。其他人被野心所激励,对自己的天赋充满信心,对特定的观念着迷,强大到足可承受多年的忽视和蔑视。名声是主要的动力。

我刚刚介绍的科学家类别划分方法无疑是粗糙的。你可能担心如何把它实际应用于科学史(牛顿是一个特立独行的人吗?)。更重要的是,这个二分忽略了对正统的抵制的不同层次。标新立异者中的一些人想彻底重构一个领域,另一些人可能保留某些共识,挑战其余的要素。更有限的挑战可能提高成功的概率,但它们带来的回报也更小。因此,我们可能期望性格的差异能转化为不同的层次(或不同的规模)的汇聚,使一个相对大规模的共同体可以包含不同类型的混合。

我所指出的简单的压力会产生一个令人满意(甚至是最佳)的共识和挑战的模式吗? 这是一个无法回答的问题。因为如前所述,没有确定有价值的偏离量的普遍方法,也没有人能知道所有的潜在因素,使科学家倾向于扮演最适合他们的角色。没能解决这些问题不意味着对多样性及其价值和潜在来源的反思,而是鼓励一种更加务实的态度。我们已经认识到,利用包括小数目的挑战者来促进研究的可能性,并注意到谦虚和雄心的影响,可以得到一种混合的类型。对这些情况进行一般的分析是不可能的,但以上考虑可以局部地被用于考虑某个领域的状况。良序科学的一个深层组分是它维持健康水平的多样性,健康的标准主要依赖于特定领域取得的成就和工作难度。某些领域是否过于保守,过于不情愿去探索修正正统观念的根本途径? 或者,它过分开放而无法应对投机的挑战? 对这些问题的判断不可避免是粗略的,但既不是不可能的也不是不重要的。与前面论述过的良序科学的理念一致,最好对其展开涉及广泛视角的

208

讨论,讨论者经过了辅导并致力于共同参与的讨论。朝向这一理念的具体建议能通过轻微地扩展那些"幕后"工作的群体的授权和对问题的裁决来得到详细说明:他们的部分使命是反映研究领域内不同种类的多样性,并提出关于更多或更少的多样性是适当的以及怎样做出必要的改变的结论。

第三节　市场、规范和团队

假设这是件好事,并被认为是好事:在一个特定的研究领域或整个科学领域中,研究者的共同体应该有一个特别的特征,即科学研究依赖于许多个体的协作努力。所需要的协作可能采取不同的方式,以下是三种可能方式。

第一,培养团队成员。协调结果来自一个社会环境的创造,在这个社会环境中,团队形成了一种强烈的倾向,认识到有价值的特征并在考虑到他们周围人的选择后采取行动。

第二,制定规范。协作源于共同体普遍认识到的现存规范,它以导向那一特征出现的方式指导个体的行动。

第三,市场力量。协作源于不同派别的个人决策,他们追求达成个人目标;给定环境的结构,他们的行为导向了那一特征的出现。

许多科学实践的分析者写得好像他们把其中的一个作为他们要解释的科学实践特征的唯一决定因素[例如,罗伯特·默顿(Robert Merton)是规范的一个明显的追随者]。我将反对单一主题的方法:研究和公共知识在三个潜在的机制缓冲、强化及有时相互限制时得到了最好的繁荣。[1]

209

---

① 我清楚地表明了这一点,因为我以前的努力经常被理解为过分强调市场力量。一些尖锐的批评者将我的工作(Kitcher,1990、1993)视为相信市场的魔力的研究(Mirowski,2004;Hands,1995)。由于我没有这样的信念,所以清楚地说明这一点是必要的。

考虑到科学欺诈,可以把它作为一个例子来解释其中的一种机制。直到最近,很多评论人士认为科学欺诈是相对罕见的(暂时不对他们的观点是否正确进行判断)。许多赞同高尔顿式科学家形象的评论者认为,科学家形成了世俗的祭司集团,倾向于把科学的道德归功于个体科学家的诚实(这种说法仍出没在当前关于科学的报道中)。也许其观念是科学研究吸引了特别高尚的人,或者,人们在成为科学家的过程中所受的训练使他们比以往变得更有道德。相比之下,罗伯特·默顿明确否认科学家是具有特殊品质的人(Merton,1968)。根据他的观点,科学实践被一种公共规范所主导,科学家在科学的实践中学习它并认为其是重要的。他们避开欺诈不是由于其个人品行,也许在实验室之外他们以各种方式作弊,但在他们工作的领域,他们习惯于认为诚实是最重要的。最后,你可能认为科学家既不特别善良,也不特别倾向于服从抽象的规范。讽刺的是,你认为他们和其他人大体一样:愿意在适合的时候作弊,如果他们觉得自己可以侥幸逃脱,就会打破规则。制约他们的是他们工作的社会环境的结构,科学是部分合作,部分竞争:由于其合作的一面,其他人尽力在你的工作的基础上开展工作;由于其竞争的一面,如果他们的努力误入歧途,他们就会怀疑你的工作,如果他们确定了你的欺骗行为,就会毫不犹豫地揭露你。在此,耿直行事是符合你的利益的。

没有一种解释是完全令人信服的。随着对科学欺诈事件的了解越来越多,人们有理由怀疑对那些事件的解释。科学欺诈是罕见的吗?我们是否有评估其发生率的适当基础?这些解释之所以有用,主要是因为它们指出了可以采取的措施,以减少科学欺诈(不论它是什么)。一种措施是尝试用特别诚实的人去充实科学共同体。通过把诚实作为允许接受专业训练的基础(即使它们将影响那些最终被接受者的角色表现,为什么某些性格特征被认为与对候选人的评价无关?),就能做到这一点。或者,通过在科学学徒期(想想父母通过撒谎吓唬孩子来向他们进行灌输)坚持公正的极端重要性来做到这一点。另一种措施是一遍又一遍地强调某些详细说明了的规范,禁止某些类型的实践:科学家被要求保留完整研究记录,并在需要的时候展示它们;向指定的导师解释他们研究的步骤,以确保他们的报告与实际所做的工作相符。这能使社会环境的结构提高抓住作弊者的概率。采取这些措施中的一种而排除另一种是奇怪的,为什么不使用所有可获得的工具呢?

我对欺诈的讨论只是想说明在创造和维持科学共同体的有价值的特征方面多策略的观念,而我根本的关切是多元性的具体特征,或更准确地说,前两节讨论的多样性的类型。在这里,这些机制之间存在着重要的不对称性。也许有一些研究者是真正的团队成员,他们时不时问自己,他们的工作是如何为更广泛的公共知识做出贡献的。然而,除非我的科学实践经验遭到了扭曲,这类反思是相当少见的,指导个人的研究以使其工作最好地服务于公共利益的倾向甚至更为少见。这不是在批评科学家,类似的自我审查和利他考虑是很少见的(包括哲学家在内)。在最好的情况下,团队只是产生多样性的微弱力量。①

我们也不能寄太大希望于规范。不存在已得到广泛认可的规范,能让研究者产生不同类型的认知多样性,除了那种将不同类型的人(女性或少数族裔的成员,也可能是来自非常贫穷的社会的人)纳入其中的间接途径。考虑到前面提出的许多种有价值的多样性类型,很难通过直接制定规范得到需要的条件。如我们已经看到的那样,对许多需要多样性来摆脱的困境来说,一般地确定适当的多样性的范围或性质是不可能的。"应该有多少标新立异者?"那取决于很多事情,包括研究领域的状态和公众的需要。当很容易应用规范的时候,规范就能在那些其行为受规范支配的人们中间很好地发挥作用。一项促使研究者优化其方法、信念、对意义的判断及认证标准的多样性的规范

211

————————

① 当然,这并不是否认团队是一个局部有效的理想:一个研究小组的成员一起工作,往往是因为他们有强大的动机去与对手竞争。

会太模糊,不能指望任何更详细的规范产生有价值的结果。

然而,市场力量可以促进可识别的有价值的多样性。这一点在问题解决(第八章第一节)和培养小组挑战者[至少是最简单最粗略的形式(第八章第二节)]方面很明显。然而,两个难题依然存在。第一个难题是,在我所描述的市场机制不适用的情况下找到产生和维护有价值的多样性的方法。前述三种策略中的任何一种都可以表明其有用性,并尽可能多地使用它们。第二个难题是,要克服这些机制的破坏性影响,实际上促进了认知劳动的分工(以及对正统的挑战)。解决这些难题,需要尽早引入多主题方法。

让我们从激励科学家为信用而竞争(并建立赢者通吃的制度)(Strevens,2003)带来的有害副作用这个问题开始。回想我们用来说明市场力量运作的那一事件的某些方面(我原来的讨论中没有涉及它们),以明确我们的想法。富兰克林不想与沃森分享她的 X 射线衍射照片,但沃森以评论家们有时觉得不值得赞许的方式获得了某些信息(Watson,1968;Sayre,1975;Olby,1974;Judson,1979)。沃森把自己描述为一个竞争者,同时也是一个无情的竞争者——想找到主要竞争对手取得的进展的一切信息,并且不愿意透露任何可能促进其他人研究的事情。也许在爱情、战争中一切都是公平的,在科学中也是一样。而那些退缩的人则过于友善,甚至神经质,就像那些坚持板球历史上的烦琐仪式的人一样荒谬。然而无论如何评判沃森的行为(及历史学家有何不同),他的自画像提出了一个重要的普遍问题:通过为了获得信用而竞争来促进认知多样性对科学的其他有价值的特征带来了怎样的影响,特别是那些依赖于合作的特征?

刚才考虑的例子所指向的合作形式可能被为信用而展开的无约束竞争破坏。如果不同的研究者(或研究团队)寻求替代策略(如第八章第一节建议的那样),而且他们分享了他们发现的信息,共同体在解决问题方面就会取得进展。通过竞争来促进多样性似乎会干扰信息共享:沃森的办法,即找到尽可能多的关于竞争者研究进展的信

212

息,且不透露任何关于自己的研究进展的信息,似乎是最有说服力的策略。假设有一个初步的问题,必须通过运用解决核心问题的替代进路来解决它。你的实验室花了几个月的时间来解决初步的问题,你终于成功了。你向你的竞争对手宣布了结果,或者让他们得到你的资料。他们的努力一直受阻,因为他们没有解决那个初步的问题(也许他们根本没意识到)。他们现在可以很快地利用你所提供的东西,在你为你的方案工作期间,一并宣布解决焦点问题的方案。即使他们与你公平地分享他们的技巧或交流他们的结果,你对初步问题的专注使你现在处于不熟悉要采取的后续步骤的不利状态。一旦你的成就在共同体里公开,你就不再具有竞争力了。

在赢者通吃的系统中,对竞争的强调可能敌视信息共享。然而,分享一些信息是有好处的。与竞争对手的随意讨论使所有的研究者对共同体内的所有策略都有一个笼统的了解。随着单个实验室开始在初步问题上取得成果,他们可以开始看到与其他人合作的可能性。你已经发现了一些东西,或者开发了一种生产技术,可以有效地与不同的工作人员结合在一起:如果你的团队中有两个人,那么你赢得竞赛的机会就会增加,尽管你不得不与你的新盟友分享荣耀。竞争不需要完全限制信息,但它可能产生机会主义的、不完全的信息流动模式。联盟可能得以建立,建立同盟的工程可能升级,但知识流动的网络不会扩展到整个研究共同体。

然而,建立一种规范,要求把部分结果披露给共同体的所有成员肯定是无效的:尽管在某些情况下,你有兴趣结成联盟并与你的盟友分享信息,但向所有的人披露信息几乎总是有害于赢得信用。此外,你总是能找到理由为你不愿意传播你的成就辩护:"我们在所有的问题被解决之前不想公布它。"一个更合适的解决办法是规范信用分配的市场,使它能把荣誉给予做出重要贡献的人。

当科学家们了解到(通常是在放松的闲聊等非正式情境中)竞争对手的工作能以富有成果的方式与他们自己的工作结合起来时,研究共

213

同体中的实际联盟就会产生。昔日的竞争对手成为未来的盟友。如果他们成功了,他们就分享信用。如果信息自由而公开地流向各个方向,解决方案就可能由一个实际上的联盟宣布,其中不包括其工作至关重要的某些人。这是另外一种说明竞争与合作相冲突的方法,赢者通吃的系统把信用分配给公布结果的实际联盟(或个人)。然而,为什么奖励的公平分配应该成为实际联盟组成中的偶然性(酒吧里的偶然相遇和工作之余的闲聊)的人质?不走运的科学家或团队,他们的结果被胜利者使用,他们却可能不属于实际上获胜的联盟。但他们属于产生解决方案的虚拟联盟。我把功劳归功于虚拟联盟,并根据贡献的大小分配信用,鼓励分享信息。以这种方式分配信用的规范比起要求分享信息的指令更可能被遵守,他们将能规制"信用市场"。

这一建议扩展了通往科学成就的一种办法,它有时出现在当前的科学研究中。南希·威克斯勒(Nancy Wexler)以在发现亨廷顿疾病的遗传基础上的开创性努力以及在提出和解决人类基因组学的伦理和社会问题方面的领导能力而闻名。她和她的父亲弥尔顿·威克斯勒(Milton Wexler)和妹妹艾丽丝·威克斯勒(Alice Wexler)曾同属于一个机构,这个机构有助于说明一种不那么具有竞争力科学精神气质的陈述。遗传学疾病基金会(Hereditary Disease Foundation, HDF)支持生物医学研究,但要求受其资助开展研究的科学家必须在该机构的网站上分享其研究结果。引用一段基金会网页上的话:"HDF 已经改变了科学的做法,它使合作和知识分享成为研究背后的指导力量。"威克斯勒一家以有效的方式请研究者把他们看作团队的一部分,致力于一起解决重要问题。

对信息流的限制并不是强调竞争带来的不幸后果的唯一途径。信用系统很容易扭曲认知劳动的分工,那可能通过获取一种完全未经辩护的专长而发生。荣誉被公开授予了那些做出了重要发现的研究者,这通常为他们提供了在一系列问题上发表意见的机会,这些问题远远超出了他们的杰出学术生涯所涉及的范围,为他们赢得了充满敬意的听众。虽然许多伟大的科学家仍保持着谦虚和谨慎,不愿意在他们取得成功的专长领域以外要求权威地位,但实际情况并不总是如此。当其他人认为你"非常聪明",你很容易认为他们肯定想到了什么,而你应为当下的任一主题提出你的建议。即便你说的是垃圾,也会得到尊敬和信任。这会干扰公众对重要问题和争论的理解(Oreskes and Conway,2010)。

与信用竞争对认知劳动分工的扭曲相关的一个方面涉及许多没有那些少数的聪明人那么成功的研究者受到了成为普遍化权威的诱惑。在研究的某些领域,特别是在人类科学的某些领域,一个明显令其倡导者感到兴奋的方法可能被该领域其他方法的追随者谨慎对待,甚至是怀疑和蔑视。这些热心的倡导者只能在该领域收获很有限的信用。然而,如果他们提出的看法与人们对人性的普遍看法产生了共鸣,尤其是那些观点还没被"正式地"确立起来,就有赢得不同类型信用的可能性。他们就能"走向大众",宣称自己为创新者,他们的大胆见解加强了其同行的保守假设。鼓励使科学观点能被更广泛的人们获得的报道提供了科学赢得信用的新途径,这一值得称赞的趋势鼓励那些热心倡导者"向人民"发布他们的观点。由于他们敢于说出并捍卫"我们不被允许说出的真理",他们找到了现成的听众,他们提供有力证据的主张很容易歪曲公共辩论。最原始形式的进化心理学的流行——它在对强奸、虐待儿童及配偶选择的解释中非常明显——是这类现象的主要实例(Vickers and Kitcher,2002)。[①]

对竞争的强调影响到的第三个地方是研究行为。如果你正参与到解决一个问题的竞争中,那么关键是你能否迅速得到结果,而加快速度的一个方法就是减少一些工作量。你将感受到压力从而把样本削减到最小规模甚至更少,来为研究进展到下一阶段提供基础。原

————————

① 值得注意的是,还有一些研究者试图以更加严密和微妙的方式将进化思想引入心理学(Nettle,2011)。

则上,你应该做额外的研究,使用不同的分子触发器或不同的实验生物,但你有信心以那种方式得出结果。因此,为了在大问题上尽快取得进展,你决定省略那一研究。不幸的是,你知道别人会期望你做这件事。如果他们知道你没有做,他们就会很挑剔。如何解决你的问题? 当然可以通过欺诈,即声称你有那些预期的数据。在极端情况下,如果遇到挑战,被要求给出那些数据,你总是可以回去"重做"(不存在的)那些研究。

不论这样的事情是否经常发生,或在多大程度上发生,对旨在赢得信用的竞争的强调助长了草率甚至恶意的程序。我们可以希望,研究的规范能够有力地削弱偷工减料对人们的诱惑,甚或研究者是具有美德的人,他们从未感觉到那种诱惑。然而,如果我们能采取措施认识到危险并设法解决这些问题,那就更好了。我们的资源分为三种类型:鼓励团队成员,建立规范,利用市场力量。我一直主张要整合这三者,因为"市场"显然需要监管。

为赢得信用的竞争产生了一些受欢迎的多样性:认知劳动分工通常是一件好事,在我们中间有一些挑战者和特立独行的人很有好处。信用市场的现有结构威胁着信息共享的宝贵实践,这一问题可以通过调整市场以不同方式分配回报(至少部分地)而得到解决:是更加关注研究内容上的关联,而不是有形的组织联系。不那么容易看到的是,市场调整如何能够帮助解决普遍权威或推销为广泛流行的偏见提供有争议的辩护(好像它们是带着勇敢新见解的科学辩护)带来的问题,因为公众的拥护在开放科学获取中发挥着重要作用。在欺诈的案例中,抑制因素的主要市场来源在于揭露的后果。揭露需要检查,不幸的是,欺诈一旦被发现,回顾性的评估揭示了欺诈者如何轻易地变得更加狡猾。伯特爵士可能被认为用同样精确的统计特征来伪造样本而被原谅,但在列昂·卡明(Leon Kamin)对波特众所周知的揭露之后,在个人电脑时代,罗伯特·斯拉特斯基怎能重演那样的幼稚把戏(Kamin,1974;Engler et al.,1988)? 即使我们可以

216

期望通过调整市场以避免激烈竞争带来的困难,很明显的是,很多有价值的多样性不是通过这些规则来获得的。回想一下,不存在对抽象研究的适当多样性的范围和类型普遍适用的详细说明,甚至也不可能列出那些详细说明可能依赖的某些参数。研究者获得多样性所需的调整必然是地方性的。建立指向最优的甚或最令人满意的分配的规范是不可能的。

我认为,有价值的规范可能产生不那么直接的有益结果,其要求周期性地反思探究的状态和研究者的贡献。我们中的大多数人都觉得习惯性的操作很舒服,想当然地认为我们所扮演的角色是理所当然的,日复一日,不需要调整或进行重大修改。科学探究尤其容易受到这样一种假设的影响,即对一个人的计划的反思是不需要的,特别是由于流传广泛的自治的研究者这一形象。第四章把这幅图景看作是过去时代的残留物,那时新兴的科学与公共知识有着非常不同的关系,不像科学现在享有的那种已经发展了的关系版本。第五章反对这里考虑的自治类型,这是一种认为关于什么问题需要解决的决策不需要对任何人负责的态度。良序科学可能进一步扩展到要求专业研究者的反思、经过辅导的外行群体的反思(他们是专家和更大范围公众之间的媒介),不仅反思什么问题应该得到研究,而且反思哪些可能的策略混合是有价值的。一个领域是否由于对挑战基本假设或尝试非正统的方法做得太少而处于停滞的危险之中?或者相反,研究是否过于分散?这些考虑可能成为科学内部讨论的主要内容。即使研究者不认为自己是新研究方向的出色候选人,需要更大多样性的感觉能作为给予同事或学生的建议而得到表达。

在思考道德性的一种模式中,康德邀请他的读者把他看作是一个抽象的共和国(目的王国)的立法者。第二章提供的伦理观点与康德的观点相去甚远,但我想通过提出类似的想法来解释良序科学。在良序科学中,个体研究者认为他们是一个理想的知识共和国的公民,他们有责任尽其所能推广公共知识带来的好处,知识发展沿着公

217

众需要指出的路线（研究路线是由理想的协商产生的，那是良序科学的起源）进行。那些责任包括定期反思他们研究的实际状况及潜在的贡献，这些反思是在他们对当前所从事领域的理解的基础上进行的。在集体事业中建立规范和利他参与的机制融合在科学家作为团队成员的精神气质的观念之中。

我从当前的科学评论者都熟悉的一点开始，即科学研究吸引人的特征可能无法通过假定科学家是特别高尚的一群人得到最好的解释。如果成问题的高尚是团队成员的承诺，那么很可能对研究者自治的坚持会降低那种高尚被发现的频率。本书的核心主张是，对自治的坚持应该被一种在前几章中阐述的非常不同的科学形象所取代。如果那种形象被广泛地接受，它就能产生我所推崇的那种精神气质，其他的领域通常也持有类似的自我形象。更具体、更现实地看，也许认为自己属于一个更大而重要的团队的成员能扮演这种角色[高尔顿（Galton）受到启迪谈及的"世俗的祭司"]？

第四节　异　议

问题被解决之前或按照共同体的认证标准被解决之前，不同的观点意味着多样性，在此之后，不同的观点可称为异议。一些公共知识系统没有异议：重要的是，其传播所及的群体的所有成员都接受祖先的传说或真正的教义。第八章第二节讨论了库恩式的担心，即科学共同体内的异议可能干扰知识的有效增长。我将通过考虑异议的一种不同形式来结束这一章，这种异议的特征是多数的外行公众挑战科学共同体的共识。

更确切地说，假设整个研究共同体正式接受了一种认知劳动的分工，据此，特定的子共同体获得授权来认定关于自然的某一方面的主张。当子共同体的所有成员都同意通过对某一主张的认证，共同体的其他成员也没人表达不同意见，但是社会的相当部分外行对此表示异议,这样就出现了极端的异议。当所有子共同体的成员都同意认证那一主张,共同体的其他部分成员表达了不同意见,社会中的相当部分也表达了不同意见,这是业余的异议。当子共同体的大部分成员同意确认一个主张,但一小部分成员不同意,相当部分的外行挑战那一主张,这是少数人的异议。这里的"相当"概念与政策的形成和执行联系在一起。如果一个相当的部分不同意,拟定在那一主张基础上的政策并付诸实施就会变得困难。

这些反思使在公共政治背景下发展库恩的观点成为可能。异议阻碍了协调一致的行动(而不单是知识的进展),在急迫地需要出台政策的问题上,那可能是灾难性的。在科学内部分歧的案例(第八章第二节)中,持续的挑战可能带来潜在的弥补性收益,特立独行者可能揭示共识的某些根本错误。类似的情形可能在这里发生吗?

假设子共同体的工作进展得非常好,它的认证程序是可靠的,并被负责任地加以运用。如果出现了业余异议的情形,与非专业科学家进行接触的努力已付诸实施:他们的疑虑和论证已被彻底听取。也许结果是,观点的分歧取决于不同的证明的价值图式。这样,通过对不同考虑背后的不同价值图式的坦率解释,这些差异就彻底暴露了出来。它们没有使大多数人改变他们的观点。

在那种情况下,公众能扮演一个类似于第八章第二节设想的挑战者的角色吗?显然,所有的努力表明科学家可能错了。甚至在极端的异议中科学的判断也可能出错。但是,如果你有一群训练有素的研究者,他们完全熟悉问题的细节,以耐心(实际上是理想)的方式开展工作,他们是否比不知情的公众更可能是正确的?答案似乎是显而易见的,即使你不十分确定,你也知道在哪里下注。这个答案的明显程度在业余异议的情形下只会比在极端异议的情形下降低一点,在少数人异议的情形下再降低一点。

一个显然的建议是:在任何一种异议的情况下,公众的分歧意见应被忽略,拟定政策并执行之,无论公民们提供了怎样的抵制理由

(你可能想把这一建议限定在极端异议和业余异议的情形下,甚至仅限于极端异议的情形)。如果科学共同体达到了最高的标准,作为认知分工的结果,它的判断应该用以指导公众行动。我不会为这一建议提供辩护,但不如先看看如果这是对的,我们可以说些什么。

什么能解释公众的异议?人们很容易想到令人生厌的场景,荒诞认识论正扮演一个不幸的角色。公众正被普遍权威欺骗:业余的异议之所以出现,是因为那些因其科学工作而受人尊重的科学家在他们所知甚少的问题上发表看法。领域内的少数内行为了争得信用,走向大众,煽动反对派。也可能那些欺骗公众的人,无论是来自特定领域,还是来自其他领域,是受公众对其一无所知的价值驱动的,那是一些他们一旦获悉就会感到惊骇的目标:也许他们受雇于大型石油公司,或者大型制药公司,或者大型烟草公司(在其想阻挠政策的情况下)(Oreskes and Conway,2010)。反思这些场景时,变得明显的是持异议的公众不仅是不理性的(把不可靠的观点置于他们没有任何理由不信任的专家之前),也是受欺骗的。这像是卢梭论及公意的权威性时描述的情形:持有异议的公民们表达的偏好偏离了他们真实的利益,这一鸿沟是由一种欺骗产生的。他们应"被迫自由"以跟随自己的真实需要吗?

220　　政策是强制性的,它甚至强于在柏拉图《理想国》中居于核心位置的精英主义的强制。研究共同体的进展是无可挑剔的,但这个简单的事实并不意味着公众也知道这一点。科学和公共政策过去的互动可能产生了异化的条件(第七章第四节),公众不是觉得少数人或业余代言人处于特殊利益的掌控之中,而是怀疑科学共识隐藏着秘密的议程。

一个服从于公众的相反政策将用真正的民主替代粗俗的民主。如前面论及的那样,我的思想体现了这样一个想法:公众的声音既需要被听到也需要被辅导。透明性的理念(第六章第五节)很重要,具体如何实施呢?

我建议像科学共同体在这类情况下实际上所做的那样采取行动,也就是说,尝试尽可能清楚、完整、耐心并以容易理解的方式解释共识的基础(一个著名的例子是回应人们对基因编辑的关切,在著名的 Asilomar 宣言中达到高潮)。这有时需要比科学发言人做得更深入,并探索特定决策的潜在价值。如果异议者的反论证被明确地加以考虑,并且做出了回应(成功的回应不仅应达到科学共同体的标准,也应达到具有多样化的背景视角、经过良好辅导的外行群体的标准,并服从于共同参与下的协商),就履行了一项重要的职责:研究共同体如预期的那样充分而公开地与公众(理想情况下是与整个人类)进行交流。这样做就是对民主的承诺,除此之外没有更多可做的事。

但是,如果什么效果也没有呢?发言人以人类和天使的口吻发言,持有异议的公众赞同他们(或阅读他们)。异议减少了一些,但不足以使拟定和执行政策变得顺畅。科学共同体应该如何回应无法消除的异议呢?

我们已经看到,弥尔顿和密尔雄辩地表达的自由辩论的理念不能在场景遭到扭曲的情况下要求公开讨论。在我们的时代,讨论的舞台遭到了严重的扭曲(在我写下这一章的时候,新闻说百分之二十的美国人相信奥巴马是一个穆斯林。至少有五千万人错了,如果大多数人是错的那么人数就会更多。在这样一个简单的事实上犯错表明传播渠道存在着真正的缺陷)。第七章第三、四、五节提出了改善这种情况的初步建议。但在此期间,正确的做法是什么呢?现在我想提出关于"自由辩论"的第二个论点:它不仅是被扭曲的,而且容易变得过分拥挤。

像弥尔顿和密尔所建议的那样,如果自由而公开讨论的观念是好的,人类的注意力是有限的也是真的(回想一下罗伯特·达尔提供的估计;第三章第四节)。哪些话题值得注意、它们应被播出的频率等问题正好与哪些探究路线应被追随这样的问题平行,这是良序科学的初始范围(见第五章)。正如粗俗的民主给予未经辅导的大众在

221

决定研究事项时的决定权一样，一种假想的民主建议把公共舞台留给喊得最大声并要求经常被听到的声音，这不是最深意义上的民主理念的表达。在很多语境中，我们很习惯于识别那些要做的决定，以及分配现有的时间，但关于自由辩论最大的问题是"谁来设定整个议程"，这被留给了相互竞争的吵闹的声音，经常是小的利益团体的金钱刺激的结果。

这样，公共辩论被严重地误导了。同样的争论以同样的术语、同样的论证以及同样的解决方案被无数次地提出成为可能。公共领域不再是一个观念能被公平地讨论从而解决分歧的法庭，其中同样的案件不允许进入法庭两次。那些今天失败的异议者明天可以再试，而且无须在讨论中带入任何新东西。当这种情况发生时，虔诚地呼吁自由辩论的重要性实际上是轻率的：因为如果观念的交换已经发生过了，通过了一个异议者不喜欢的裁决，再一次明确地讨论同样的东西就完全不尊重之前观念交换的价值。弥尔顿、密尔和他们的后继者认为，自由而公开的辩论是对以前没有仔细考虑过的观念进行重新思考的场合。他们会对他们的理念在一系列的重复实践中的贬值感到震惊。在这些重复实践中，持异议者通过贬低他们的对手来获得他们想要的结果。

222　　良序科学为塑造富有成果的异议提供了一个模型。在理想的情况下，公共舞台上辩论应该集中在重要的话题上，考虑哪些是需要听到的新情况。关于重要性和证据新颖性的判断最好能在共同参与的对话中做出。最好是由那些经过良好辅导的公民组成的小群体代表多样化的视角，并作为外行群体扮演科学与公众的媒介这一角色。在这种情况下，他们发挥大陪审团的作用，负责确定某一种特定形式的异议是否值得公众注意。在他们的判断中，当那个异议以前已经得到了公平的倾听且最新的表述仅仅重复了上一次听证的内容时，他们应该宣布那一异议的声音不值得进一步关注。

这样的宣言如何能有效呢？持不同意见的人可能仍会大喊大

叫,他们的支持者可能向他们提供扩音器。鉴于媒体的分裂状态和推动媒体竞争的经济力量,传播他们的挑战是相对容易的。然而,至少有一种方法可以赋予公民陪审团的裁决以力量,即规定持异议者必须提出有说服力的案例,为辩论的重新开始提供了新的基础,为异议辩护的任何出版物必须有一个开端性的陈述说明那种效力。对正统的严厉攻击必须有一个前言,类似于烟草包装上的警示语(也许在英国可以看到的更直接的警示语——"吸烟杀人",比"吸烟有害健康"更诚实):"这是同样的旧故事,之前已经被反驳",或者"公正的公民委员会认为,没有任何证据表明下面的讨论包含了之前关于这个话题的讨论中没有考虑的内容"。如果自由辩论能促进智力发展,那么这种类比是恰当的。只有当公共竞技场没有被滥用时,它才能做到这一点。管理这个领域的任务之一在于向那些严肃的人颁发许可证,从而将他们与那些以教条代替讨论的轻佻的入侵者区分开来。

第五节　政治的纠缠?

这本书的主要目标是阐明科学与民主价值之间的理想关系,在前面的章节中我提出了一些关于如何更好地接近那一理想的建议。这些建议都体现了这样的想法:小规模具有代表性的公民群体在科学研究的特定领域经过辅导后,共同协商什么样的行动将对所有人是最有利的。像我提到过的那样,一个明显的疑虑是那样的过程不能在研究共同体和更大范围公众之间发挥媒介的功能,尤其是在需要修复公众的信任时,因为这些公民被认为是与政治纠缠在一起的。简单地看,从科学之旅归来的公民似乎并不比那些辅导他们的专家更值得信任。那些反对研究共识的人(抵制或疏离科学的人们)将会拒绝接受那些"公民代表",认为他们已经被洗过脑了。

这个问题可以被尖锐地表达为一个困境。一方面,公民团体要发挥可信任的见证者的角色,他们接受的教育必须被认为是没有偏

223

见的。因此,如果他们接受了对共识和证据负责的专家的辅导,那些怀疑其出错的公民就会合理地怀疑那一程序的公平性和平衡性。另一方面,如果"幕后"的过程包含了所有视角的真正交锋,在辩论中对共识的挑战得到了恰当而充分的处理,它将在整个公众面前仅仅重复那些出现在"自由辩论"中的混乱。或者,公民们作为"专家"科学家的复制品回到公众之间因而无法成为可信的见证者,或者他们仍旧反映公众中的混乱意见,因而不能帮助澄清事实。

我最初关于良序科学和公民团体(同时具有广泛的代表性和充分的信息)参与协商的潜力的想法是在不知道已经被施行的实际试验的情况下提出的。自那时以来,我了解到了实现协商民主的两种主要模型。

一是杰弗逊计划的实施,这有时能解决我所考虑的那类问题:例如,它组织了一个关于气候变化的"公民陪审团"。二是由詹姆斯·费什金(James Fishkin)开创的协商投票模型,他在许多国家的不同范围内对许多重要的政治议题进行了一系列协商投票,并记录了一些令人印象十分深刻的结果(Fishkin, 2009)。然而,协商投票最成功的实例聚焦于这样的话题,其中,在不产生对所提供知识的品质的严重怀疑的情况下,它就能提升人们的知识水平。当考虑的是关于美国援助外国的适当范围的看法时,人们对洗脑的怀疑就会减轻。

在这两种模型中,费什金的协商投票模型似乎更符合我设想的那些功能。杰弗逊计划的公民陪审团通常太小,不能以接近于良序科学要求的形式作为代表。更重要的是,气候变化陪审团的工作程序重述了公众讨论中相互冲突的要素:在气候变化问题上持有不同视角的发言人被邀请向陪审员陈述观点,开展了一系列相互脱节的会议;其中,激烈冲突的观点被混合在一起。公民陪审团缺少资源来避免"自由辩论"的失败,如第七章第三节诊断的那样。形成对照的是,费什金的协商投票包含了更大的公民群体(有复杂的设置来提升代表性),而且信息的展示居于中心位置(良序科学设想的那种辅导）。挑战在于调整它的结构以应对相关的事实处于争议中的情况。

怎么做到那一点呢？这似乎需要考虑另外一种观点，即对正统观念的挑战，在这种背景下，那些评估研究主题的人更接近于自由讨论成功的条件。想象一个三阶段的工作程序。在第一个阶段，科学共同体考虑的是建立核心概念和在达成共识过程中要使用的证据标准。在气候变化的案例中，公民们将了解通过使用代用资料测量过去几百年和几千年的温度，他们将了解好的代用资料所具备的品质，他们也会被告知用于预测趋势的统计技术及其优点和缺点。第二阶段聚焦于对共识的挑战，可能包括邀请反对派的最老练的发言人来陈述他们的各种指控。公民们将会了解到我们星球气温演变的"曲棍球棒形"图片的替代选项，了解不同于近期气温升高这一主张的竞争性观点。第三个也即最后一个阶段要科学界尝试对反对意见做出回应，以公民们肯定能理解的方式向公民解释为什么反对者的理由是错误的。在最后这个阶段，只有所有的疑点都得到解决以后公民们才被鼓励在公众面前发言。只有达成充分的解决方案以后，公民们才做好了准备，代表科学共识报告没有争议的最终结论。

这一过程的所有阶段都体现了费什金的协商投票模型中的互动讨论(Fishkin,2009)。在复杂的问题上，整个协商可能需要很长时间，正如某些陪审团用很长时间做出裁决一样。我们的希望是调查的思想性将提供具有充分可信性的最终结论以获得公众信任。

我们设想的工作程序是否回避了我们在开头讨论的困境的真正难点？这是一个适应"怀疑的训练"的直白尝试，它担心怀疑的声音太强有力以至于公民们不能做出严肃而信息充分的决策，或者给予怀疑的声音的能量太弱不足以产生人们对那一决策的公平性更大范围的信心。这些担心无法在哲学家的办公椅上得到回应，它们应该通过实验来解决，看看参与这类过程的公民群体是否达到了人们认为的负责而信息充分的标准，能否赢得更大范围公众的信任。像费什金那样的成熟的政治理论家显然处在最佳的位置来设计并实施这类实验，他们也可能改进或大幅度地修改我所提出的构想。我的目标不是得出一个对于这类与政治纠缠在一起的问题的明确解决方案，而是提出一个清楚的困境并指出我们对它做出回应的方式。

我用两个评论来结束这一章。我的第一个评论涉及本书的哲学建议与那些旨在实现协商民主的政治学研究之间的关系。协商投票模型和杰弗逊计划的公民陪审团致力于发现促进民主决策的结构，我的目标是通过理解科学专长与民主价值之间的关系来确定那些结构可能派上用场的地方。如果你喜欢，可以说费什金的问题是"如何"，而我的问题是"哪里"。把费什金的方法扩展到需要的领域（如我已经论证过的那样）要求修改协商投票模型的某些方面，这些修改很容易和它先前的使用方法保持一致。我对这些修改如何进行提出了一些初步的建议（刚刚概述的三个阶段），但是，像我们已经认识到的那样，应该根据经验来确定调整的适当性。

我的第二个评论表达了这样一个关切：我们的民主讨论的现状如此可怕，以致任何补救的建议都是不可能的——任何重建对专家的信任的努力都会遭到大声反对。无论我对科学（或更一般而言，公共知识）和民主价值不匹配之处的讨论是否正确，我希望本书提供了对一个困境的有说服力的分析。如果我们最看重的个人或集体的计划将会有成功的机会，那么所有的人都应该知道我们个人知识的限度，明白求助于他人的更好观点的需要。如果我们中的许多人经常处于不可补救（或更糟）的无知状态，那么我的讨论将会有助于人们更广泛地认识到这一点。如果认识到了这一点，对于那些坚决反对他人观点的人以及与官方支持的"专家"最疏远的人来说，修复某种类型的信任就会变成清楚的需要。在绝大多人理解这一困境的情况下，就会出现在科学和公众之间寻求沟通渠道的压力，这也许能够给予代表群体（无论是协商的民意调查，还是公民陪审团，或完全不同的其他形式）一个严肃的机会。

第九章　现实的选择

第一节　生命的历史

我将在最后一章对本书一开始的一些例子做更多的理论思考，希望能说明我所草拟的框架在决策时是如何对民主国家产生影响的。当然，鉴于前面提出的价值观和民主观（第二章和第三章），这里得出的结论只能是初步的建议——最高权力存在于理想的研究中，而这些可能与我提出的思想不同。举四个例子足以说明科学与民主融合的理论，这些例子包括生命史、生物医学技术、转基因生物（特别是食品）和气候变化。我将对此逐一进行审查。这个顺序反映了我对这些问题的相对重要性的判断：从影响最小的问题到可能是我们这个时代最重要的政治问题。

比起任何其他公共科学的争议，大家可能把更多的注意力都放在了对达尔文进化理论的攻击上。许多优秀的科学家，包括史蒂芬·杰·古尔德（Stephen Jay Gould）、瑞查德·道金斯（Richard Dawkins）、尼尔斯·艾崔奇（Niles Eldredge）、弗朗西斯科·阿亚拉

(Francisco Ayala)、肯尼斯·米勒（Kenneth Miller）和杰里·科因（Jerry Coyne），都致力于打击第一个"创造科学"和最新近的"智能设计"。因此，大量时间都被浪费掉了，科学家们失掉了对更有价值的事情的追求。其他专家，包括历史学家和哲学家，都贡献了自己的时间。例如，杰出的历史学家罗纳德·南博斯（Ronald Numbers）和孜孜不倦的生物学哲学家迈克尔·鲁塞（Michael Ruse）。我也写了两本关于创造主义和智慧设计的书（Kitcher，1982、2007），我在这方面的努力已超过其他学者，不过，争议仍然存在。政治家们继续宣称"进化只是一种理论"，而在世界的某些地方（如英国），达尔文的反对派的数量正在增多。

应该认识到，其实辩论不仅仅是关于进化论或达尔文。大多数持有反对观点的异议者，都希望为与许多科学的立场大部分不相容的理论腾出空间，包括宇宙学和放射性衰变的物理学。达尔文是一种象征——一个伟大的人要么被辩护，要么被责难。具有重要象征意义是争议的核心。最终，如果儿童学习到的生命史都是用其他"理论"来描述的，那么世界上就没有比这个更大的悲剧了。生物课上教授"时间均等"是一件糟糕的事，因为它要求有资历的教师假装认为辉煌的科学成果与那些在一两个世纪前就被学者放弃的宗教虔诚的教义之间是相关的。对年轻人撒谎不是一种正确的做法，而且可能会扭曲他们的信仰。然而，其他被考虑的例子对人类福利有更直接的后果。正如我们将看到的那样，未能解决的一些有关生物医学技术的问题、转基因食品的安全性问题以及气候变化问题的争议，很可能会造成原本大量可救治的人的痛苦和死亡。对生命的历史持有错误的信念，并不能产生任何这样的影响。那么，为什么会这么大惊小怪呢？

简单来说，反对进化（evilyoushun）是对科学权威的侮辱。达尔文对他的拥护者的象征意义在于他的发现被认为是科学史上最伟大的进步之一，其中一个证据与其他发现一样是坚定且广泛的，因为其他的发现——甚至连迎合政治的人——都对"只是一个理论"的东西不屑一顾。达尔文代表科学，或者更确切地说，是为了一个恰当的认知劳动分工，如果要制定健全政策的话，这是必要的。不需要对价值判断提出上诉（或者假设），而是清楚地提出客观证据。如果可以做到这一点，科学权威就能重新建立起来，我们就有希望更理智地进行全面的政治讨论。

事实上，尽管科学家们（和他们的哲学盟友）在这种情况下发现了令人印象深刻的证据，但生命的历史构成了一个为争夺科学权威而充满争议的战场。反对的声音是受一些特别深刻且难以根除的东西的驱使，即一种嵌合式认识论的形式会妨碍对事实证据的清晰阐述（见第六章）。这种嵌合式认识论背后的宗教假设是完全错误的，但在没有付出相当大的努力之前它们是不会被轻易放弃的。一批达尔文的拥护者具有致力于科学的献身精神且才华横溢，尤其是道金斯，试图通过正面攻击来根除这些假设。这样的运动不仅可能会失败，而且似乎会产生相反的效果。在我年轻的时候，英国反对达尔文的人只是一小群怪人，他们既不懂生命的历史，也不懂他们所宣称的基督教。最近的民意调查显示，接受达尔文主义的英国公民是少数。显然，如果你向人们解释说他们不能同时信仰宗教和进化论，那么选择上帝的人的数量会呈现上升趋势。

我认为为完全世俗的公共理性创造条件的那些实际任务是极其复杂的，需要发展社会和智力资源来取代传统宗教所提供的一切（Kitcher，2007）。在所有这些工作都完成之前，公然挑战达尔文以及反对正统的生命历史图景（达尔文做出的根本性贡献）的情形可能会重现。这似乎不太可能成为科学权威取得胜利的战场。科学（历史、哲学）的努力最好是针对其他的争端，在这些争端中，一些科学的主张直接威胁到人类的福祉，而宗教纷争则不那么突出。在这个过程中，通过对这种说服公众接受错误观念的政策的摒弃，把辛勤工作交给专门的监测机构，回应当地创造论者和智能设计论者所做的事，孩

229

子就能避开生物课灌输的虚假规则(在美国,国家科学教育委员会在这方面做了自由人服务)。在史考特(Scott)的启发下,它保护了小学生的权利,让他们知道真相。

真正的民主将会进一步发展,而神创论者的运动也会被之前提出的异议的一些想法所阻碍。如果人们普遍认识到,自由探究是一种理想的实现方式,不是简单地让人们在一些公共空间中相互争吵,而是通过规范竞技场来促成富有成效的讨论,我们就可以避免对相同的问题做出不必要的重复回答。在过去的三十多年里,达尔文的攻击者们提出了一系列对他的指控。他们一次又一次地说了同样的事情,但是对于他们提出的问题科学界已经认真地讨论过,并且早就给出了很好的解答。对攻击做出回应的科学家们对这一现象十分熟悉,例如,自然选择的进化与热力学第二定律是不相容的,而且是决定性的相斥。这也许发生在公开辩论中。这位神创论的发言人转向一批新观众,在此之前,他用了同一套手法来展示他的这套说辞。没有人试图通过反对辩驳来进一步讨论这个问题。它完全被忽略了——毕竟,新观众没听过对他的反驳。[①] 如果这个群体中有任何一种不同的声音来证明有新东西的提出,那就是针对反对达尔文而提出来的一系列挑战。

在过去几十年里,经历了几次重大法庭案件之后,这段时间终于允许对这些问题展开进一步的讨论。通过对相同的观点进行无聊的反复讨论,这是一种常见的现象:虽然我们中的大多数人都经过深思熟虑并多次给出答案,但有的人仍然坚持己见,根本不受任何回答的影响。如果审判被认定为是表达异议的公平机会,以言论自由的名义来宣布,要进一步在这个问题上提出反对意见的人,就必须向一些公正的机构承诺他们会对谈话内容更新,而且如果不能,那他们的公

---

① 著名的创世论者杜安·吉什(Duane Gish)曾是这种重复策略的大师,他从不修改自己理论,他的跟随者在"创造科学"和"智能设计"运动中也使用了这种策略。

开言论必须要同时明确指明他们的失败之处。

第二节　生物医学技术

近几十年来,分子生物学的巨大进步使我们对生命机制的理解发生了革命性的变化,这一速度在科学史上唯一的先例就是近代物理学的爆炸式发展。分子革命也没有结束。在未来的几十年里,我们有理由进一步了解细胞内代谢和发展多细胞生物的展望。这就引发对一些问题的思考,例如,如何处理到目前为止所获得的知识,如何确定下一步的研究路线,以及在这两项任务中有哪些工具被允许使用。特别是最后一个问题,其会涉及引起很大争议的重要选择。

从良序科学的角度来看,这三个问题都将以同样的方式获得解决。也就是说,最好的方式是通过复制专家型代表间在参与互动以及众多观点交流的情况下的讨论模式。在建立可能模拟理想对话的结构之前,可以确定哪些选项对他们来说特别突出,以及我们希望他们做出什么决定。

自治论者担心以良序科学来承诺理想民主会弱化"基础研究"。我们早些时候看到了这样的研究如何以两种不同的方式进行辩护,一种是通过呼吁满足人类好奇心的价值,另一种是通过指出解决"基本"问题所带来的长期利益。当在医学可能性、潜在治疗方案、治疗与治愈的背景下考虑分子知识时,强调好奇心的满足很容易出现一知半解的情况,特别是在研究者和小群体的同事中,这种情况就更容易发生。然而,分子生物学的事业从过去的古典遗传学到现在的多分支领域,通过病人所关心的问题来整合资源的策略值得被推广。病人关心的只是以最简单的方法检查特定生物体结构和过程的细节,该策略就是受此启发而来。根据病人所关心的点来整合资源的策略,这个策略是一个很好的广告,能关注那些在特定的生物体中最容易被检测到的结构和过程的细节。通过对果蝇种群的研究,摩根

231

(Morgan)决定研究遗传模式;将 DNA 鉴定为遗传物质;通过对细菌的实验,了解 RNA 的作用;识别细菌和噬菌体基因表达机制;映射细菌染色体;持续发展测序技术——所有这些重要的现代分子医学的研究与发展,强调不直接与人类复杂疾病正面交锋。在一个特别容易处理的有机体中研究一些重要的分子或过程,为通往成功铺平了道路。关于如何继续进行下去的理论思考应该被历史所告知,历史对"基础研究"的实践项目有着重要的意义。

232　　　良序科学不会接受自治论者所害怕的那种形式。与其在分子生物学中消除"基础研究",还不如要求更多,甚至可以免除那些有抱负的研究人员不得不做出的承诺,即研究将会在一个荒谬压缩的时间表里产生医疗福利。人类基因组计划应该已经对理想的思考者产生了吸引力,他们甚至没有对立即治愈的承诺表示怀疑。

　　然而,良序科学也会对减轻人类痛苦的机会保持警惕,它可能比当代研究议程更广泛地设想这些机会。在公平分享原则的支持下,它将研究如何应用现有知识来治愈和预防在非富裕世界中导致大量人死亡和瘫痪的疾病,特别是儿童的疾病。在不富足的国度里,其中一部分研究计划可能包括主要疫苗的项目。该方案基于对分子工具的使用,用来提高在富裕社会中效果良好的疫苗产量,并出口到世界上那些经济条件比较困难的地区。它几乎不关注集中在富人小问题上的疾病研究。

　　当代生物医学研究中最大的争议是关于使用特定有机体(或有机实体)作为研究工具的建议。研究人员是否能制造囊胚,使他们获得干细胞谱系,然后用于开发防治神经退行性疾病的项目中?是否允许克隆人类?[①] 在实验调查中使用非人类动物有什么限制? 根据

---

　　① 应该指出的是,哺乳动物克隆技术不是当代分子医学研究的产物,它们是从农业实践中长期发展来的。然而,从道德和公共政策的角度来看,克隆所提出的问题与生物医学各个领域的问题类似。

前几章的内容,这些问题在理想商谈中得到了恰当的回答。那我们可以期待什么答案呢?

以哺乳动物克隆为例。要克隆哺乳动物,您可以从想要克隆的哺乳动物中取出细胞核,将其植入同一物种的哺乳动物的去核卵中,刺激它,使其开始分裂,并插入一小部分衍生的细胞,再将其植入相同物种的哺乳动物的子宫。一个女人可以通过克隆生产出她所喜欢的某人的小孩:将这个人的核 DNA 植入她自己的去核卵中,经过刺激从而形成早期胚胎,然后将其植入她的子宫。如果她想"复制"一些公众人物,比如老虎伍兹(Tiger Woods)或萨拉·佩林(Sarah Palin),如果她能够获得适当的核 DNA,她可以尝试满足她(好奇)的欲望。事实上,由于哺乳动物的克隆仍然需要大量的胚胎才能保证小孩顺利出生,她会被建议进行大规模尝试。

良序科学会因为如下几个原因而不赞成这种做法。首先,被引导的谈话者会意识到"复制"另一个人的概念是多么错误的想法。作为成年人老虎伍兹、萨拉·佩林的个性的形成是一个漫长而复杂的过程。核 DNA 起到一定的作用,但是这些特征也可能受到一系列环境的深远影响———一开始是核 DNA 初始的细胞质环境,其次是胚胎成长的子宫环境。事实上,自"小老虎"和"小萨拉"出现以后就受到许多物理和社会的压力,这些环境的影响没有一个是可以复制的。也许被误导的准妈妈希望自己的后代与她们欣赏的人如同双胞胎一般享有其身上的特质,但这种双胞胎如此隔代,复制品与模板的相似性是相去甚远的。

其次,只要认为获得好生活的机会才是关键,人们就会反对将一个孩子创造成特定某个人的长相,且可能为此承担风险。能选择自己的人生轨迹是美好生活的一个重要特征,当一个父母试图对一个孩子的存在设定一个特殊的框架时,就像詹姆斯·密尔(James Mill)对他的大儿子所做的事情一样,孩子的自主选择权受到了侵犯。准妈妈通过试图复制别人而干扰了她的孩子选择自己生活方式的

233

机会。

克隆的某些实例可能会回避这种异议。想象两个女人深深地爱着对方,希望有一个与她们都有血缘关系的孩子。如果一个人提供了卵子和子宫,另一个提供了核DNA,她们就得到了她们想要的东西——不试图规定她们的孩子应该具有的特定形象。这肯定是更温和的例子,但它很容易受到第三个问题的影响。

为克隆或其他辅助生殖技术辩护的人,有时会通过宣称他们正在扩大人们的生育选择来捍卫他们的建议。由于提出了增加选择自由的建议,因此辩方是有说服力的。然而,用抽象的概念呼吁自由,那就值得追问关于自由的分布问题:谁的自由选择被增加了?良序科学会首先注意到,在目前的情况下,人类生殖性克隆需要在收集和改造卵子上进行巨大的投资(因为几百例中才可能有一例成功)。由于花销巨大,其适用范围会局限于最富裕社会的成员。更根本的问题是,辅助生殖的努力将用于解决大多数人的严重问题的医疗资源转移走了,这不应该被轻率处理。也许理想的讨论者可能会认为,对因生理原因丧失生育能力的人来说克隆技术是非常重要的,这些人希望继续研究和应用最成功和有希望的技术——虽然他们也可能总结说:如果鼓励人们将收养的孩子视为"自己的"孩子,那世界会更好。与世界穷人的紧急医疗需求相比,似乎绝对有可能将人类克隆视为实现具有相对重要意义的目标的奇异复杂方式。与世界贫困人口的紧急卫生需求相比,人们似乎极有可能将人类克隆视为一种奇怪而复杂的技术。

现在转到关于创建囊胚来生成干细胞谱系的研究决策上来。在这里,正如上一节所考虑的生命历史的例子一样,良序科学的结论是很容易预测的。人类囊胚在整个发育阶段前期是一个空心球体的细胞,通过中枢神经系统的预制模式,原肠胚被放置在其中。人类囊胚是人类生物个体的胚胎,也就是说,它们属于智人。因为它们还没有中枢神经系统的预制模式,它们没有任何的神经元,因此无法感知。

将其作为研究工具,可能会有什么阻碍呢?最明显的答案是:这些"细胞群"在更丰富的意义上是人类,它们拥有不朽的灵魂。然而,没有什么能比这个答案更能被纳入到理想谈话中去。讨论者将会知道传统的关于人类囊胚的科学故事,他们将会了解受精卵和早期细胞分裂过程所涉及的一系列反应。在这个故事里,没有任何东西能减少人们对这个小生物"灵魂"的困惑。几乎可以肯定的是,宗教解释也不能被允许进入讨论。最后,那些受病痛折磨的人将十分感谢那些通过干细胞研究帮助他们的人,希望能够减轻患者痛苦的研究团队也将因此受到青睐。良序科学将打破有价值研究的障碍。

235

　　然而,就像"进化"(evilyoushun)一样,似乎任何试图在嵌合认识论普遍存在的社会中模仿理想对话的尝试都是失败的。如果一群被招募来作为理想谈话者的摹本是足够多样化且足以令人信服,那么它将包含那些将《圣经》(由他们的宗教领袖所解释)的证据视为胜过其他一切的人。讨论的认知条件将被轻视,这将在未能达成共识的情况下被显现出来。这是可以理解的担忧,但我认为值得尝试一下。

　　有三种可靠的信息,即使是非常虔诚的人,也可能在使用"停止对话"否决权之前为之停顿一下。一般来说,这些数字并没有生动地反映出关于创建囊胚反对者的真正想法。第一,基于退行性疾病患者的健康状况,需要对其需要的医疗和救治进行详细的说明。既要发自内心地对患者及那些患者家属表达同情之意,也要明确引导研究人员去探索干细胞并思考可能会打开医疗上的新局面(应冷静地处理,不大肆渲染或做草率承诺)。第二,应该有足够的细节来描述早期人类的个体发生机制,并追问"赋予灵魂"可能发生的确切阶段。第三,自然科学之外的公共知识的一部分与此是相关的,如历史上神学家之间关于胎儿"灵魂"的学术争论。这一历史不仅揭示了经文中至关重要的部分可以用其他方式来解释,而且也会动摇对立论点的信心。也许最初倾向于认为绝对命令不会被侵犯的人,会由于清晰的个体发育分子式描述和牵扯不清的神学史的结合,而担心他们所理解的形而上学的图景是可疑的,并且还会被病人所承受的痛苦所触动,从而认为受病痛的人的期望不应受制于形而上学的图景。正如我说过的,希望可能是毫无根据的,但这个实验似乎值得尝试。

在研究中使用非人类动物的理想思考可能会产生更多的限制,而不是更少。讨论者将从对一系列调查目标的理解,以及在调查动物遭受痛苦的过程中进行讨论。他们很可能会发现一些研究是没有根据的,因为所寻求的知识太微不足道,无法抵消其造成的痛苦,或者是因为成功概率太小,或者是因为研究可以通过使用具有更基本的感知能力的生物来推进。他们可能会坚持采取干预措施来控制动物的疼痛(因为会产生更好的缓和药物,更容易做到在不伤害动物的情况下使用其作为实验对象)。最后,当人们明确了解相关后果并可以自由选择的情况下,是可以被允许参加实验程序以扩大实验成功概率的。一些人,尤其是高尚的人,知道自己将不久于人世,可能会明确地致力于减轻未来人的痛苦。有趣的是,想象一个喜爱动物的人,决定在研究中自愿作为实验对象,以尽量减少非人类动物的痛苦,从而自觉地表达出人类与非人类亲属之间的契约的想法,这种契约对双方都提出了要求。

通过理想对话,我们对动物实验的实际应用将得到极大改善。这些尝试必须利用已知的关于疼痛的神经基础知识以及神经结构在生物群体之间共享的方式。人们还必须非常清楚地认识到,从研究计划中获得的利益,实施这些计划的机会,以及减少动物痛苦或使用较不敏感的动物的可能性。有趣的是,我们当代许多分子工具所取得的历史成就数量的下降,很大程度上是基于对有机体治疗一些奇怪的担忧。即使是对动物道德权利最狂热的拥护者,也不太可能为他们对大肠杆菌所做的事感到不安。

我建议,良序的生物医学实践,应该将重点放在"基础研究"上,但至少有三个方面会与现状有所不同。它将更关心有医疗需求的人,他们受疾病困扰和折磨同时并不富裕(相应地,不应该去研究富

人那些轻微的不适症状,包括"增加辅助生殖机会"的研究),使用人
类细胞群(早期胚胎)作为研究工具,也不允许宗教异议阻止这种研 237
究,并且在关于人类和非人类的实验对象使用问题上变得更为敏感。
这三个方面被一个共同的主题结合在一起,这在医学语境中不足为
奇:人们对了解和减轻痛苦有着强烈的渴望。细菌和囊胚不是痛苦
和受折磨的对象,受传染病折磨的穷苦人,神经退行性疾病的患者,
以及受虐待的实验动物才是。宗教利用不完善的嵌合式认识论任意
地阻止对话,并干扰缓解痛苦的工作。然而,当这些宗教否认关于
"胚胎神圣性"的说法时,他们所强调的"神圣"的价值(Dworkin,
1993)是值得认识的。生物体,特别是有生命的生物体、能够感受到
疼痛的动物,不应该用机械生物学的语言来描述,就好像它们是我们
要操作的系统一样。宗教合理的部分是强调将"神圣"作为一种人
性,因此世俗思想应该被保护。有序的生物医学对于痛苦都是十分
敏感的,不管在何地出现都会尽可能地减轻痛苦。在这方面,它是完
全人道的。

第三节　转基因生物

前几节出现的持反对意见的人在美国分布不均,他们的观点阻
碍了目前良序科学的发展。然而,对于转基因食品和转基因生物的
讨论在欧洲最为激烈。转基因生物的反对者有两个不同的关注点:
第一,将这些转基因生物投放至环境中,无论是作为作物还是作为保
护作物的手段(细菌可以用于防止果树结冰或消灭潜在的害虫),都
将对环境造成不可逆转的破坏;第二,引入这些生物的社会经济后
果将是灾难性的,因为它们将取代传统的农业形式,并将大量的贫困
人口对经济依赖水平降低到差不多奴隶制时期的水平。这些观点是 238
有关联的。因为批评家们认为大型的农业公司都在拼命地赚取高额
利润,他们无视科学报告的风险评估。就像前面两节中的例子一样,

观点是在充满无知的公共场所中被提出的。与美国不同的是,欧洲的高中生往往倾向于把符合"转基因生物包含转基因片段,但普通生物体不包含"的表述视作对转基因生物的界定(Jasanoff,2005)。从小接受这种想法的人很容易接受基因作为神秘的小恶魔的形象,它们被农业中的邪恶之人混入到健康的食物中,注定要以毁灭性的结果回到环境中。

任何新生物进入环境都会带来风险,农业历史和养护工作常常带来令人不满的意外结果。在澳大利亚繁殖兔子造成了本土有袋类动物的灭绝,无奈之下,生态学家试图通过用黏液瘤病毒感染兔子以控制其种群数量。病毒迅速传播,最终在世界各地传播开来,我童年时的萨塞克斯山丘上布满了腐烂的兔子尸体。进一步的连锁反应影响了捕食者和植物种群。农药(最著名的 DDT)的长期影响也是众所周知的。关于生物体的遗传修饰没有什么特别危险的,杀虫剂长期的影响也是众所周知的。生物体的基因改造还没出现什么特别的状况或特别的风险。

如果农业要取得进展,就要通过生产更富有成效的作物,或者在更广泛的条件下种植作物,通过改变作物或找到其他解决办法使现有作物在目前不适合的生长环境中茁壮成长。类似于负责任的农业所做的,你可以预先评估新菌株或环境改良的影响,但无论你做了多少测试,新技术的应用仍然会产生新的问题和风险。农业中的无为主义使我们已经取得了足够多的东西——我们的祖先向我们遗赠了一堆种植作物和改造环境的方法,现在我们可以用这些来喂饱世界人口。科学家们在一系列的实验和灾难中蹒跚前进,但是我们现在希望这个过程可以停止,我们不需要进一步冒险。

239 在反思之后我们会发现,无为主义是站不住脚的。它声称消除的所有风险是虚假的,因为我们不能完全肯定,如果当前的农业实践持续下去,将会发生什么。没有人确切地知道,如果我们继续以我们的方式种植作物,最终是否还能持续获得丰收。没有人知道地球气

候的变化(无论何种形式)将会产生什么变化,以及目前的农业模式
是否能够适应这种变化。然而,除了这些抽象的观点之外,还有一个
更具体的回应,那就是对于世界上的许多人,特别是非洲和亚洲部分
地区的人来说,目前的农业生产无法在他们的生活环境中满足他们
对食物的需求。一些人居住在受极端干旱影响的地区,另一些人则
饱受温度波动、害虫入侵或雨水浸泡之苦。反对转基因生物在欧洲
是一种普遍现象,而在潜在的生产者(北美)和潜在消费者(非洲、亚
洲)的土地上却没有多少反对的声音。事实上,世界上许多穷人的发
言人,对于听取那些没有受到任何饥饿威胁的人反对转基因的言论
都是没有耐心的(Stuart,2004)。

　　良序科学会对穷人在农业上的需求做出回应,而忽视了他们的
健康。一种理想的审议方式是,把科学发展看作是提高作物产量的
一个重要研究方向,特别是研究在贫穷、营养不良的人的生存环境下
种植农作物的方式。转基因食品和转基因生物是在这方面工作有着
潜在价值的工具,我们需要研究将转基因农作物引入到需要它们的
环境中的效果。一旦一个无实践风险的农业无为主义想法被放弃,
那么很显然,适当的标准正是在任何可靠农业创新中使用的标准。
调查人员负责预测环境破坏可能产生的各种状况,并探索在这种状
况下的生物是否真会构成这些威胁。尽管有时人们认为转基因生物
特别令人担忧,因为它们所含的"外来基因"可能会被转移到其他具
有不可预测的(和可怕的)结果的生物体内,但这种担忧是基于一个
经过恰当引导后的讨论者能认识到的观念。任何新生物(当作为作
物和有机农业的工具时必须)有一个基因类型是区别于标准基因库
的基因类型的,并且无论如何,其所携带的基因组都有可能通过杂交
进行传播。

　　对良序科学的研究会建议根据高标准的农业实验和试验来评估
风险。透明度是至关重要的,因此,转基因生物的投放必须在一些明
确独立的公共机构的主持下进行,并由在良序科学中发挥重要作用

240

的不同公民群体进行监督。安全评估不仅要不受商业利益的影响，而且必须要清楚地认识到超越利益的腐败的影响。鉴于这一先决条件，讨论者将拒绝任何对转基因生物的全面禁令，鼓励研究部署分子工具，并彻底探讨产品的环境安全。他们会批准以高标准认证的无害化转基因生物，并希望通过这种农业创新来解决穷人的营养问题。

到目前为止，我只参加了反对转基因生物的一项研究，主要关注的是风险。在良序科学中，解决这个问题是直截了当的，在实践中接近理想模式并不难。只要了解无为主义是站不住脚的，认识到转基因生物和转基因食物不构成特殊风险（并不因其携带特别不好的成分就与其他生物有所区别），只要负责任地对风险进行评估，只要有一个有信誉的公共机构能不受营利企业的影响来评估风险，该阶段就将为转基因生物的少量生产做好铺垫。与医学研究一样，我们也希望更广泛地认识到穷人营养不良者的困境，这会产生一种同情运动，直接促进对新品的研发，使其能适合在那些最不幸的人所生活的环境中存活。

然而，回想一下批评家们所说的第二个主题：转基因生物将被农业用来创造一种经济独立的形式，近乎奴役。基本论点以一个老生常谈的观点开始：成功的农业革新取代了旧的做法。就其本身而言，这是不成问题的。我们通常寻求新的做事方法，因为目前的方法是不能令人满意的，同时我们面临着解决营养不良问题的迫切需求。如果新的技术能让孩子们吃饱，它会使那些怀旧派的人不那么坚持保留"传统习俗"。这个问题的产生是因为新作物的供应商可以对新作物进行改良，以便当地农民能在每一季都能获得收益，用于购买新的作物产品。[①] 转基因食品一般包含两种形式的改良，一种是适用于克服一些环境挑战（比如耐旱），另一种是防止它们成为种子。即使在遗传学达到目前的分子水平之前，实验性农业有时也可以在生产

---

① 斯图尔特(Stewart)很好地解释了"终结者"技术(Stewart, 2004)。

改良作物(杂交玉米、杂交黄瓜)中做到这一点,但对基因组操作能力的提升也使得实践变得更加微妙、有效和系统化。购买的新作物能够抵抗干旱,但代价就是农民在季节末期不能收获种子。农民每年必须再次向农业公司付款,并且由于用普通作物替代转基因作物要承担严重的饥饿风险(特别是对于农民的孩子来说),农民必须接受公司售卖的价格。

强烈反对转基因生物和转基因食品的核心是农业企业市场运作的前景。如果开发和引进有效益的作物,且风险是可接受的,以便为穷人提供食物,那么它将遵从一条原则,即利润最大化,这会使供应的价格降到刚好低于绝望的人们宁愿冒挨饿风险而不能接受的那个价格水平之下。贫困人口将继续处于贫困状态,而发达国家的几名高管则获得了巨额薪水。不管资本主义农业是否像批评家所描述的那样贪婪,其不对称性显然是令人不安的。即使高管们很善良,也不愿意施加压力,但像粮食这样的基本资源也不应该只由那些高层人士控制。

良序科学将知识视为公共财产。与它所预设的价值观相一致,良序科学不允许某些人有价值生活的先决条件由少数人的意愿控制。保护人民的一种方法是,在某些必要的情况下,私人拥有的东西被用来规范私人财产的使用。另一个更简单的解决方案是在这种情况下不允许私有制存在。对于许多创新者来说,这似乎正是他们对自己的创造力和劳动成果的正确态度。当被问及是否打算为脊髓灰质炎疫苗申请专利时,乔纳斯·索尔克(Jonas Salk)对这个想法表示惊讶:"你不会为太阳申请专利。"

理想的讨论者可能会采用索尔克的态度。然而考虑到必须包含各种各样的观点,他们的谈话肯定会考虑这样一种说法:知识产权是能迅速促进发展的一个有价值的制度。这个建议值得他们(和我们)的审查,因为并不是每个科学家都是以得到经济回报作为研究动机的。重点必须是,企业的支持可以为科学研究提供便利,扩大调查范

242

围（超出公共资金所能提供的）。理想的讨论者必须考虑是否有可能提高调研的成功率，是否值得直接控制所取得的知识。然而，任何牵涉到穷人困境的问题，都必然会阻止他们完全放弃控制权。即使他们不认同赞同索尔克的解决方案——所有的知识应该被公开管理，也应该重视有力反驳转基因产品的核心点，如企业勒索的危险，垄断会使企业对价格和利润拥有决定权。

我们生活在一个知识产权摇摇欲坠的世界里，它的发展和整个科学机构一样，都是杂乱无章的。它迫切需要反思。向良序科学迈出的第一步，就是其"拥有"的东西是穷人迫切需要的东西，并对企业"私有的"财产施加限制。恢复伦理项目（见第二章）需要与所有人进行接洽，并承认对那些需要改善贫穷和营养不良状况的人（特别是儿童）负有义务。限制农业企业的利润是一个必然结果，它将更广泛地利用分子工具造福更多的人。

243

第四节　气候变化

多年来，我们一直受到警告。人们把温室气体排放到大气中，即使我们立即采取措施加以调整，到 21 世纪末，地球表面的平均温度也将至少上升 2℃。尽管气候科学家对人为全球变暖达成一致的共识，但这种实际影响仍被一些边缘科学家、杰出的物理学家和气象学家所否认，他们的文章和演讲误导了相当一部分公众对此的认识，尤其是在美国。对气候变暖持否定态度的这些人，已经成功阻止了为应对潜在的环境变化采取政策上的措施。他们利用最近的事件说明，气候科学家之间所谓的共识源于反商业意识形态。他们对政府间气候变化专门委员会（Intergovernmental Panel on Climate Change，IPCC）错误地宣布喜马拉雅冰川即将消失而感到兴奋，并欣然地引用了东盎格鲁气候中心（East Anglian Climate Center）成员之间的"阴谋电子邮件"。在共识受到攻击,以及哥本哈根气候峰会几乎未能同时就国际战略达成任何协议的影响下,民意调查显示,公众对气候变化的担忧正在消退,即使是在更重视环保的国家。[①]

这是一个巨大的悲剧,也是世界民主的巨大失败。大多数人对于任何用以解决我们继续过度使用化石燃料所导致的问题的政策,以及对于后代拥有机会的深切关注,都持反对或漠不关心的态度。当自然灾害袭击遥远之地时,电视报道幸存者的困境会促使许多人慷慨捐款。未能以应有的严肃态度对待气候变化问题源于多种形式的无知和其他多种原因。

我们将要看到的一个重要因素,是一些问题的真正困难之处。然而,从一开始,由于我们对最基本情况特征的混淆,公众的讨论也是混乱的。关于气候变化的辩论的第一个层面涉及气候科学家之间达成核心共识声明的真实性:即使现在采取措施来限制全球温室气体排放量,到 21 世纪末全球平均气温上升至少 2℃。许多气候科学家都会认为,这种最低限度的要求低估了危险,但事实上仍然存在疑问,这是在各个层面上进行辩论的巨大障碍。在第一级,讨论应该已经结束,公众乃至整个人类应该受到启发,以应对更高层次出现的更复杂的问题。

前几章已经讨论过的一些问题导致我们无法在第一个层面上达成广泛的共识。富裕国家的公民感到困惑,因为"专家"之间确实有争论。他们认识不到"专家"并不是气候预测所依赖的那些专业领域的专家,他们也不理解许多否认气候变暖问题的人与特殊利益集团(尤其是石油公司)(Oreskes and Conway,2010)有着紧密的联系。

244

---

① 根据美国耶鲁大学对气候变化态度的调查,63% 的美国公民认为气候变化正在发生,并且有 50% 的人认为发生是由人类活动引起的。这些统计数据有时被认为是对公众知识的乐观态度,但这是一种概率谬误。公共应该知道的是一个连续体:全球变暖正在发生并且是由人类活动引起的。在这个调查所提的问题上,显然接受这个连续体的公民只有不到 50%,这个比例取决于有条件信念的分布。如果有 37% 的人认为全球变暖没有发生,那么接受这种连续体的人的占比就可能远远低于 50%。

在考虑未来的人的时候,他们担心"反商业游说"倾向于环保行动可能会影响他们孙辈的繁荣,也会破坏他们自己的生活方式。他们尤其容易受到气候科学界所揭露的所谓"丑闻"的影响,因为他们无法评估那些气候科学界协商一致后做出声明所依据的证据,也不了解其"错误"是长长拟文中的一个句子,这个句子将冰川过快融化归于喜马拉雅冰川的原因——而且有大量独立的证据表明这些冰川正在融化,尽管速度较慢。当他们得知气候科学家在无信息安全保障的邮件里写了一些有关他们对手的负面东西时,他们缺乏对纷繁复杂的竞争合作互动中渗透现代科学的语境基础设置的认识。他们认为科学家们在做出价值判断,由于他们被教导科学应该是价值无涉的领域,因此他们持怀疑态度。当大多数最有影响力的拥护者对科学有价值达成明确共识时,他们的疑虑加深了——即使这些价值观是他们共有的。当詹姆斯·汉森(James Hausen)敦促采取行动来阻止"风暴"威胁他(以及我们所有的)子孙的生命时,他很容易被描绘成超越了科学家的适当角色的界限(Hansen,2009)。

245　　　　良序科学将弥补我们所有公开讨论的缺陷。它将坚持公开透明,以及引导否定气候变化的那些人转变想法。它将取代我们不完美的科学信息传输渠道——在这种情况下,失败是灾难性的:美国报纸的报道一直在第一个层级上纷争不断,就好像双方凭证旗鼓相当。而且,尽管如《华尔街日报》(*Wall Street Journal*)和《华盛顿时报》(*Washington Times*)这样的机构已经进行了大肆报道,却没有一家大的报纸能为它启迪公众的工作而感到光荣(Oreskes and Conway,2010;Leuschner,2011)。它将更准确地描述科学的内部工作以及价值判断的必然性,并制止这样一种想法,即热心公益的科学家用他们深厚的知识警醒他人是违反了雇用条款。良序科学第一级辩论将结束,对人口问题的关注将会转向更困难的决定。

　　　　有三个更深层次的讨论有必要公开进行,我认为我们的讨论应该以前几章所概述的价值观、民主和科学制度为框架。第二层面的辩论将寻求详细而准确的解释,正如我们对现行燃料消耗做法的后果的解释那样。精确性通常是不可能的,而且经常需要依赖于知识丰富的科学家的直觉。然而,可以通过考虑对人类生活的广泛影响来简化这些问题。因为试图避开不良后果的政策往往会带来经济上的牺牲,关于物种灭绝的问题(在任何情况下都很难预测)或者其他类型的环境保护问题最好忽略。争取公众的广泛支持的可能性增加了对未来人口的影响。

我们迫切需要对于全球变暖挑战生活在世界不同地区的人的各种方式有一个大致的了解(这类似于人类需求的指标)。全球平均气温的上升将导致海平面升高,冰川融化。最明显的后果是淹没低洼地区,以及中断淡水供应。不断变化的天气也可以改变大量人口居住地区以及种植食物地区的气温和降雨量。这些改变可能会影响提供避难所的能力并且破坏现有农业系统。与这些长期影响相比,像马尔代夫和孟加拉海岸消失、意大利变成沙漠就是短期波动了。如果正如许多气候科学家所坚持认为的那样,极端天气的频率和强度将会提升,那么就会有更大的差异。不仅仅是海拔一米以下的地区会被淹没,海拔四米的地方通常也只有两米高,而且会在遭遇更强烈的暴风雨时被淹没。

许多这样的改变可能协助了疾病的传播。如果冬天山上的积雪大大减少,那么春季融化的雪水流速过快,即使不会引起洪水,随之而来的将是旱季(例如,美国加利福尼亚州的降水重度依赖于内华达山脉冬季的融雪情况)。缺水会给人体带来压力,影响食物的生产,使卫生环境变得更加恶劣:所有的因素都使得疾病的传播变得更加容易。强迫人们迁移很可能会导致过度拥挤和食物短缺,并再次促进传染病的传播。洪水泛滥的地区垃圾遍地,这将会产生污水,结局是重蹈覆辙。更多的问题可能源于环境的变化,导致物种间形成新的相互作用模式,从而有利于寄生虫和细菌的进化,而目前这些寄生虫和细菌只对其他物种产生影响。

即使在我们面临着低洼地区洪水泛滥以及新疾病演变的不确定性，我们也应该列出后代生活可能受到不利影响的完整目录并给出最佳的概率评估。有多大的可能性可以避免伤害超过十亿或者二十亿人口的生命的事件呢？即使对特定情况没有准确了解，我们也可以宣布，我们对气候变化的不作为可能会给我们的子孙后代带来灾难。不知道是谁、如何或何时与确信某种形式的灾难将要发生并不冲突。

247 在良序科学中，我们从各种学科中得到的最好的信息将被用来解决这个问题，并回答刚才提出的问题。实际上，第二个层面的辩论以阐明未来不同大数量的人口发生灾难的一系列可能性作为结束（一些未说明的形式）。第三个层面的辩论则是制定一个伦理框架，在此框架内可以评估做出牺牲的政策。在这里，事实证据也必须由专家提供，或者至少可以由专家的证词提供。目前反对气候变化政策的合理性要点是，人们怀疑，限制化石燃料的措施将会使我们的后人变得贫困，这可能是由于重要产业和部分经济的崩溃。这种怀疑既不应被视为一种无可争议的确定后果，因为一些商业倡导者像往常一样倾向于此，也不应被完全忽视。任何有关气候变化的合理决定都必须以不采取行动的预期后果的严重程度与可能采取的各种预防措施的可能成本进行比较为基础。

限制燃料排放的建议不可避免地与对替代能源的考虑有关。如果整个能源预算减少，世界将如何发展？在这个领域里，也存在着巨大的不确定性，我们所能期望达到的最好的结果就是概述减少对化石燃料依赖的若干战略，并尽可能地估计它们对人类福祉的可能影响，从而将它们进行比较。伦理层面的讨论在于，考虑各种能源整体削减用量的影响或者如何过渡到其他形式的能源。最好是通过交换观点，即换位思考发展中国家的人们所感受到的剥夺的形式，理解如果对过去的污染负有最大责任的国家子系统被突然破坏所产生的问题。我认为，目前关于气候变化合作工作可能性的讨论，在一定程度上受到阻碍,原因是有些国家未能认识到其他国家的困境,部分原因是其经济安排缺乏灵活性。我们完全有可能以合乎道德的方式解决气候变化给我们带来的问题,这需要更加平等地分配世界资源。对好的生活而言,机会均等的理想可能是至关重要的。我们的曾孙可能都没有多少机会过这样有价值的生活,除非我们接受这样的事实:经济资源不是生命的终极善,它们是实现更有价值目标的手段,公平分配经济资源可以让我们每个人都过得好。

248

辩论的第四个层面仅仅是在共同参与的条件下进行讨论。毫无疑问,第二和第三个层面已提出了各种选择:我们愿意为未来承担多大的风险?我们愿意为我们自己和子孙后代承担多少责任?考虑到第二和第三个层面所涉及的问题、环境情景和经济增长模式的不确定性,预测会出现的选择范围的做法是不明智的,因此在第四个层面的选择就凸显出来。因此,我们不能只评估良序科学的建议以及我们在政策实践中如何实现其建议。良序科学的理想以及这本书中提出的其他建议,只提供了一个对话的蓝图,没有任何能力预测谈话应该如何进行。

我们迫切需要这种对话。就像现在,关于气候变化的富有成效的讨论被大量的科学研究所阻挡,大多数研究都是在富裕的社会里进行的,而这种做法却缺乏良好的秩序。也许最大的绊脚石是这本书开始所提到的,对科学权威的侵蚀。如果没有合理的认知分工,公开讨论在第一层面——容易的水平——就无法得出结论,人类就会无动于衷地坐在那里,让我们的问题变得更糟。应当恢复对知识分工重要性的认识。但是,正如我一再建议的那样,其他的改变也需要——对伦理项目和民主的更深入的理解,以及对专业知识和民主价值观的广泛整合。这本书试图说明这一整合的过程。不管未来是否遵循这一过程,我希望我们在有限时间内实现所需的整合。

参考文献

Akerlof, G. (1984). *An Economic Theorist's Book of Tales*. Cambridge: Cambridge University Press.

Ayala, F. (2007). *Darwin's Gift to Science and Religion*. Washington, DC: Joseph Henry Press.

Berlin, I. (1961). *Two Concepts of Liberty*. Oxford: Clarendon Press.

Bloor, D. (1976). *Knowledge and Social Imagery*. London: Routledge.

Boehm, C. (1999). *Hierarchy in the Forest*. Cambridge, MA: Harvard University Press.

Boyer, P. (2001). *Religion Explained*. New York: Basic Books.

Broad, W. and Wade, N. (1982). *Betrayers of the Truth*. New York: Simon & Schuster.

Brock, W. and Durlauf, S. (1999). "A Formal Model of Theory Choice in Science." *Economic Theory*, 14: 113-130.

Burtt, E. A. (1932). *Metaphysical Foundations of Modern Physical Science*. London: Routledge & Kegan Paul.

Carroll, L. (1976). *Sylvie and Bruno*. New York: Garland.

Cartwright, N. (1999). *The Dappled World*. Cambridge: Cambridge University Press.

Cheney, D. and Seyfarth, R. (1990). *How Monkeys See the World*. Chicago: University of Chicago Press.

Collins, H. (1985). *Changing Order*. London: Sage.

Cosmides, L. and Tooby, J. (1992). "Cognitive Adaptations for Social Exchange." In: J. Barkow, L. Cosmides, and J. Tooby, eds., *The Adapted Mind*. New York: Oxford University Press.

Coyne, J. (2009). *Why Evolution Is True*. New York: Viking.

Craig, E. (1990). *Knowledge and the State of Nature*. Oxford: Oxford University Press.

Dahl, R. (1963). *A Preface to Democratic Theory*. Chicago: University of Chicago Press.

Dahl, R. (1970). *After the Revolution?*. New Haven: Yale University Press.

Dawkins, R. (1998). *Unweaving the Rainbow*. Boston: Houghton Mifflin.

Dawkins, R. (2006). *The God Delusion*. New York: Houghton Mifflin.

Dawkins, R. (2009). *The Greatest Show on Earth*. New York: Free Press.

Dennett, D. (2006). *Breaking the Spell*. New York: Penguin.

Derrida, J. (1976). *Of Grammatology*. Baltimore: Johns

Hopkins.

De Waal, F. (1996). *Good-Natured*. Cambridge, MA:
Harvard University Press.

Dewey, J. (1934). *A Common Faith*. New Haven: Yale
University Press.

Dewey, J. (1958). *Problems of Man*. Paterson, NJ:
Littlefield Adams.

Dewey, J. (1985). *The Public and Its Problems*. Athens,
OH: Swallow Press.

Dewey, J. (1997). *Democracy and Education*. New York:
Free Press.

Douglas, H. (2009). *Science, Policy, and the Value-Free
Ideal*. Pittsburgh: University of Pittsburgh Press.

Dupre, J. (1993). *The Disorder of Things*. Cambridge, MA:
Harvard University Press.

Dworkin, R. (1993). *Life's Dominion*. New York: Knopf.

Earman, J. (1992). *Bayes or Bust ?*. Cambridge, MA: MIT
Press.

Eldredge, N. (1982). *The Monkey Business*. New York:
Washington Square Press.

Elgin, C. (2004). "True Enough." *Philosophical Issues*, 14:
113-131.

Engler, R. et al. (1988). "Misrepresentation and
Responsibility in Medical Research." *New England Journal of
Medicine*, 317:1383-1389.

Epstein, S. (1996). *Impure Science*. California: University of
California Press.

Estlund, D. (2008). *Democratic Authority*. Princeton:

Princeton University Press.

Feyerabend, P. (1975). *Against Method*. London: Verso.

Feyerabend, P. (1978). *Science in a Free Society*. London: New Left Books.

Fisher, R. A. (1936). "Has Mendel's Work Been Rediscovered?." *Antals of Science*, 1:115-137.

Fishkin, J. (2009). *When the People Speak*. New York: Oxford University Press.

Flory, J. and Kitcher, P. (2004). "Global Health and the Scientific Research Agenda." *Philosophy and Public Affairs*, 32: 36-65.

Foucault, M. (1980). *Power/Knowledge*. New York: Pantheon.

Galton, F. (1875). *English Men of Science*. New York: Appleton.

Goldman, A. (1986). *Epistemology and Cognition*. Cambridge, MA: Harvard University Press.

Goldman, A. (1999). *Knowledge in a Social World*. New York: Oxford University Press.

Goodall, J. (1988). *The Chimpanzees of Gombe*. Cambridge, MA: Harvard University Press.

Goodin, R. (2003). *Reflective Democracy*. Oxford: Oxford University Press.

Gould, S. J. (1977). *Ever Since Darwin*. New York: Norton.

Gould, S. J. (1981). *The Mismeasure of Man*. New York: Norton.

Gross, P. and Levitt, N. (1994). *Higher Superstition*.

Baltimore: Johns Hopkins.

Hands, D. W. (1995). "Social Epistemology Meets the Invisible Hand." *Dialogue*, 34:605-622.

Hansen, J. (2009). *Storms of My Grandchildren*. New York: Bloomsbury.

Haraway, D. (1989). *Primate Visions*. New York: Routledge.

Hempel, C. G. (1966). *Philosophy of Natural Science*. Englewood Cliffs: Prentice-Hall.

Herman, E. S. and Chomsky, N. (1988). *Manufactured Consent*. New York: Pantheon.

Hitchens, C. (2007). *God Is Not Great*. New York: Twelve.

Holtzman, N. A. (1989). *Proceed with Caution*. Baltimore: Johns Hopkins.

Horkheimer, M. and Adorno, T. (1978). *Dialectic of Enlightenment*. New York: Seabury.

James, W. (1984). *Writings 1902—1910*. New York: Library of America.

Jasanoff, S. (2005). *Designs on Nature*. Princeton: Princeton University Press.

Jefferson Project Report. Available at http://www. jefferson-center. org/index. asp? Type = B _ LIST & SEC = % 7BFE67AE78-C3E6-4A12-94E1-A2CF75FB82B9%7D.

Jeffrey, R. (1956). "Valuation and Acceptance of Scientific Hypotheses." *Philosophy of Science*, 22:237-246.

Judson, H. F. (1979). *The Eighth Day of Creation*. New York: Simon & Schuster.

Judson, H. F. (2004). *The Great Betrayal*. Orlando:

Harcourt.

Kamin, L. J. (1974). *The Science and Politics of I. Q.*. Potomac, MD: Erlbaum.

Keller, E. F. (2009). *The Mirage of a Space between Nature and Nurture*. Durham: Duke University Press.

Keller, E. F. (2002). "Women, Gender, and Science: Some Parallels between Primatology and Developmental Biology." In: S. C. Strum and L. M. Fedigan, eds., *Primate Encounters: Models of Science, Gender, and Society*. Chicago: University of Chicago Press.

Kevles, D. (1978). *The Physicists*. New York: Knopf.

Kitcher, P. (1982). *Abusing Science*. Cambridge, MA: MIT Press.

Kitcher, P. (1984). "1953 and All That: A Tale of Two Sciences." *Philosophical Review*, 93:335-373.

Kitcher, P. (1985). *Vaulting Ambition: Sociobiology and the Quest for Human Nature*. Cambridge, MA: MIT Press.

Kitcher, P. (1990). The Division of Cognitive Labor. *Journal of Philosophy*, 87:5-22.

Kitcher, P. (1993). *The Advancement of Science*. New York: Oxford University Press.

Kitcher, P. (1996). *The Lives to Come*. New York: Simon & Schuster.

Kitcher, P. (1999). "The Hegemony of Molecular Biology." *Biology and Philosophy*, 14:195-210.

Kitcher, P. (2001). *Science, Truth, and Democracy*. New York: Oxford University Press.

Kitcher, P. (2005). "The Hall of Mirrors." *Proceedings and*

Addresses of the American Philosophical Association, 79: 2, 67-84.

Kitcher, P. (2007). *Living with Darwin*. New York: Oxford University Press.

Kitcher, P. (2011a). *The Ethical Project*. Cambridge, MA: Harvard University Press.

Kitcher, P. (2011b). "Challenges for Secularism." In: G. Levine, ed., *The Joy of Secularism*. Princeton: Princeton University Press.

Knauft, B. (1991). "Violence and Sociality in Human Evolution." *Current Anthropology*, 32:391-428.

Koertge, N., ed. (1998). *A House Built on Sand*. New York: Oxford University Press.

Kuhn, T. S. (1962). *The Structure of Scientific Resolutions*. Chicago: University of Chicago Press.

Latour, B. (1987). *Science in Action*. Cambridge, MA: Harvard University Press.

Laudan, L. (1984). *Science and Values*. California: University of California Press.

Lee, R. (1979). *The ! Kung San*. Cambridge: Cambridge University Press.

Leuschner, A. (2011). *Wissenschaftliche Glaubwürdigkeit*. PhD dissertation, Universität Bielefeld.

Levi I. (1960). "Must the Scientist Make Value Judgments?." *Journal of Philosophy*, 57:345-357.

Levi I. (2011). "Knowledge as True Belief." In: E. J. Olsson and S. Enqvist, eds., *Belief Revision Meets Philosophy of Science*. New York: Springer.

Lewontin, R. C. (2002). "The Politics of Science." *New York Review of Books*, 9 May.

Longino, H. (1990). *Science as Social Knowledge*. Princeton: Princeton University Press.

Lyotard, J.-F. (1984). *The Post-Modern Condition*. Minneapolis: University of Minnesota Press.

MacKinnon, C. (1989). *Toward a Feminist Theory of the State*. Cambridge, MA: Harvard University Press.

Merton, R. (1968). *Social Theory and Social Structure*. New York: Free Press.

Mill, J. S. (1970). *Collected Works of John Stuart Mill*. Volumes 2—3. Toronto: University of Toronto Press.

Mill, J. S. (1998). *On Liberty and Other Essays*. New York: Oxford University Press.

Miller, K. (1999). *Finding Darwin's God*. New York: Cliff Street Books.

Milton, J. (1963). *Milton's Prose*. London: Oxford University Press.

Mirowski, P. (2004). "The Economic Consequences of Philip Kitcher." In: P. Mirowski, *The Effortless Economy of Science*. Durham: Duke University Press.

Nelkin, D. and Tancredi, L. (1994). *Dangerous Diagnostics*. Chicago: University of Chicago Press.

Norris, S. and Phillips, L. (2003). "How Literacy in Its Fundamental Sense Is Central to Scientific Literacy." *Science Education*, 87:224-240.

Numbers, R. (1992). *The Creationists*. New York: Knopf.

Olby, R. (1974). *The Path to the Double Helix*. Seattle:

University of Washington Press.

Oreskes, N. and Conway, E. (2010). *Merchants of Doubt.* New York: Bloomsbury.

Pettit, P. (1997). *Republicanism.* Oxford: Oxford University Press.

Plato. (1992). *Republic.* Indianapolis: Hackett.

Rawls, J. (1971). *A Theory of Justice.* Cambridge, MA: Harvard University Press.

Rawls, J. (1996). *Political Liberalism.* New York: Columbia University Press.

Reichenbach, H. (1949). *Experience and Prediction.* Chicago: University of Chicago Press.

Reiss, J. and Kitcher, P. (2009). "Biomedical Research, Neglected Diseases, and Well-Ordered Science." *Theoria*, 66: 263-282.

Richardson, H. (2002). *Democratic Autonomy.* New York: Oxford University Press.

Rorty, R. (1982). *Consequences of Pragmatism.* Minneapolis: University of Minnesota Press.

Rudner, R. (1953). "The Scientist *qua* Scientist Makes Value Judgments." *Philosophy of Science*, 20:1-6.

Rudwick, M. J. S. (1985). *The Great Devonian Controversy.* Chicago: University of Chicago Press.

Ruse, M. (1982). *Darwinism Defended.* Reading: Addison-Wesley.

Ruse, M. (2005). *The Evolution-Creation Struggle.* Cambridge, MA: Harvard University Press.

Salmon, W. (1984). *Scientific Explanation and the Causal*

Structure of the World. Princeton: Princeton University Press.

Sayre, A. (1975). *Rosalind Franklin and DNA*. New York: Norton.

Scanlon, T. M. (1998). *What We Owe to Each Other*. Cambridge, MA: Harvard University Press.

Schneider, S. (2009). *Science as a Contact Sport*. Washington, DC: National Geographic.

Schumpeter, J. (1947). *Capitalism, Socialism, and Democracy*. New York: Harper.

Shapin, S. and Schaffer, S. (1985). *Leviathan and the Air-Pump*. Princeton: Princeton University Press.

Shapiro, I. (2003). *The Moral Foundations of Politics*. New Haven: Yale University Press.

Shostak, M. (1981). *Nisa*. Cambridge, MA: Harvard University Press.

Sokal, A. and Bricmont, J. (1998). *Fashionable Nonsense*. New York: Picador.

Stewart, C. N. (2004). *Genetically Modified Planet*. New York: Oxford University Press.

Strevens, M. (2003). "The Role of the Priority Rule in Science." *Journal of Philosophy*, 100:55-79.

Vickers, A. L. and Kitcher, P. (2002). "Pop Sociobiology Reborn: The Evolutionary Psychology of Sex and Violence." In: C. Travis, ed. , *Evolution, Gender, and Rape*. Cambridge, MA: MIT Press.

Watson, J. D. (1968). *The Double Helix*. New York: Atheneum.

Westermarck, E. (1924). *Origin and Development of the*

Moral Ideas. 2 Volumes. London: Macmillan.

Wilholt, T. (2009). "Bias and Values in Scientific Research." *Studies in History and Philosophy of Science*, 40:92-101.

Wylie, A. (2000). "Rethinking Unity as a Working Hypothesis for Philosophy of Science." *Philosophical Perspectives*, 7:293-317.

索　引

（条目后的数字为原书页码，即本书边码）

E

K

利昂·卡明,Kamin, Leon, 216

伊曼努尔·康德,Kant, Immanuel, 217

伊夫林·福克斯·凯勒,Keller, Evelyn Fox, 201, 220, 244, 252n18, 256n4, 257n1

丹尼尔·凯夫利斯,Kevles, Daniel, 15

马尔科姆·科特勒,Kottler, Malcolm, 26

托马斯·库恩,Kuhn, Thomas, 16, 35, 140, 142, 185, 201, 204, 217, 218. 参见:保守主义作为科学方法 see also conservatism, as approach to science

L

自然法则,laws of nature, 107

安娜·洛伊施纳,Leuschner, Anna, 183, 245

艾萨克·利瓦伊,Levi, Isaac, 254n1

理查德·C. 翁亭,Lewontin, Richard C., 125

宗教现实主义,literalism, religious, 16, 27, 39, 156—158, 166, 167, 229

海伦·朗基诺,Longino, Helen, 150, 155

M

詹姆斯·麦迪逊,Madison, James, 77

市场规律的破坏效应,market forces, damaging effects of, 211—215;动力,dynamics of, 197;保持认知多样性,as maintaining cognitive diversity, 208, 211, 213, 216, 242, 257n2

恩斯特·梅耶,Mayr, Ernst, 196, 242

媒体,media. 参见:无知,通过媒体形成,see also ignorance, fostered by media

罗伯特·默顿,Merton, Robert, 141, 208—209,

约翰·斯图尔特·密尔,Mill, John Stuart, 67—70, 73, 75, 77,

译后记

　　菲利普·基切尔（Philip Kitcher）是当代最重要的科学哲学家之一。他是美国哥伦比亚大学约翰·杜威哲学讲席教授，曾担任《科学哲学》（*Philosophy of Science*）期刊的主编，于 1997 年当选美国哲学协会太平洋分会主席，于 2002 年当选美国人文与科学院院士。他在生物学哲学、一般科学哲学、科学的社会与政治问题、实用主义及道德哲学等领域做出了突出的理论贡献。作为卡尔·亨普尔（Carl Hempel）和托马斯·库恩（Thomas Kuhn）的学生，基切尔在普林斯顿大学接受了正统的科学哲学与科学史教育，他的博士论文讨论了数学中的确定性问题，职业生涯的第一篇学术论文也是有关数学史的，并发表于《Isis》（*Isis*）。在他教学研究生涯的最初十年，他的研究延续了一般科学哲学的传统，并在科学解释等方面做出了重要贡献。20 世纪 80 年代，在机缘巧合之下（至少他本人是这样告诉我的），他开始关注生物学哲学并对达尔文及进化论产生了极大的兴趣，此后的十多年甚至直至今日，他在生物学哲学方面取得了持续而卓越的研究成果。为了相关研究的深入，他甚至在世界最一流的生物学实验室中花费了数年的时间，与最出色的生物学者讨论，让自己实实在在地成为一名生物学家。

基切尔对于科学的社会和政治问题的关注,正如他在中文版的序言中所述,是从20世纪90年代才开始的,尤其是20世纪90年代末的"科学大战"对他有较大的触动。他告诉我,有一次在乘飞机时,他向别人解释自己是科学哲学家,邻座的人认为他的研究一定是关注不同科学研究的道德状况或者是科学对我们价值观的影响。虽然长久以来职业的科学哲学家很少讨论类似的问题,但他认为这些问题确实值得解答。于是,在2001年出版的《科学、真理与民主》(*Science, Truth and Democracy*)当中,他借鉴了罗尔斯的《正义论》(*A Theory of Justice*),提出了"良序科学"(well-ordered science),作为能够促进人类基本善的科学理想图景,并将这一理想模型运用于科学研究议程的设置当中。十年之后,科学所涉及的复杂的公共事务变得更加紧迫,伴随而来的是更多的人开始质疑涉及气候变化、干细胞研究等诸多议题的主流科学研究。因此,基切尔在本书中又进一步对他的"良序科学"理论进行了拓展,考察了在广泛的民主社会的要求下应如何规制以科学为核心的"公共知识体系"(system of public knowledge)。

当公众发现科学并非价值无涉之时,他们开始怀疑科学,并认为他们每个人都应被赋予发表观点的权利。基切尔承认价值判断深深嵌入到科学实践当中,他认为我们应通过商谈形成关于价值的判断,但现实的商谈无法包含整个人类。因此基切尔仍诉诸理想的商谈,他认为受支持的道德结论将产生于一个理想的对话,这一对话将满足"共同参与"这一条件,同时理想商谈将为现实对话指明方向。但公众与科学家间的认知平等和科学家自身的认知精英主义都不足以解决问题,为此,基切尔论证了自由民主的"认知劳动的分工"(division of epistemic labour)。他批判了投票和选举对于民主解释的不充分,并结合传统自由民主对于选举和利益团体竞争的重视,强调了公共知识的重要性。在考察了公共知识的历史后,基切尔认为公共知识意味着一个社会的信息共享体,包括了社会和自然科学、艺术、文学、音乐等,而在现代社会中,科学成为其公共知识体系中最重要的组成部分。他进一步指出知识的公共存储(public depository of knowledge)过程包含了四个我们至今仍要面对的问题:研究(investigation),即应进行什么研究及怎么做;提交(submission),即谁参与什么样的研究;认证(certification),即什么样的知识主张应被接纳为可靠的知识;传递(transmission),即这些知识如何被传递给需要它的公民。在对良序科学进一步丰富的基础上,基切尔将其应用做了进一步扩展,从研究议程的设定扩展到科学知识的认证、科学知识的社会应用及公共分配。

这本书与之前的《科学、真理与民主》共同构成了一种哲学空间,使得涉及科学的价值与政治理论,甚至是个体的主观因素的考量具有了合法性。海伦·朗基诺(Helen Longino)认为基切尔的工作"标志着科学哲学的一次重要转向,它开启了一条途径,通过这条途径,即使是在认识论上持保守观点的思想家也能够将科学和科学知识理解为一种公共财富"。斯蒂芬·特纳(Stephen Turner)也指出:"基切尔的新书对于近来科学哲学的社会和政治转向做出了杰出的贡献,科学不仅应当被自由探究的理想所统治,更应被社会福祉所决定。"对此,基切尔自己也表示,最近二十年来确实出现了一个科学哲学的社会和政治转向。他告诉我,这其中除了他自己还包括了:南希·卡特赖特(Nancy Cartwright)、海伦·朗基诺(Helen Longino)、约翰·杜普雷(John Dupre)、希瑟·道格拉斯(Heather Douglas),他们都关心科学或科学知识的社会属性、价值负载、道德规范及政治影响。

我与本书的渊源也正是来自对科学哲学这种扩展趋势的关注。硕士阶段,在盛晓明教授和崔政博士的影响下,我开始关注科学的政治问题,尤其是科技创新政策的公共价值基础。这实际上与本书的主题已经比较接近,但理性主义的科学哲学传统似乎并不能接受这种做法,同时我也无法放弃科学的真理性和客观性而接受建构主义的基础。攻读博士学位的第一年，导师胡志强教授希望我参与到《科学、真理与民主》一书的翻译中。在该书中，基切尔试图找到科学真理与社会因素之间的平衡点，进而讨论科学与民主价值的关系。很自然地，此后，我选择了科学的民主化问题作为博士论文的研究主题。随之，基切尔的这本《民主社会中的科学》（*Science in a Democratic Society*）很快进入了我的核心文献目录。2015 年，我将博士论文选题及这本书一同介绍给我的老师——张立副教授和盛晓明教授，很快他们告知我本书已被列入了浙江大学出版社的译著出版计划中。接下来的博士论文写作使得本书的翻译一再搁置，直到2016 年秋天我博士毕业后来到美国哥伦比亚大学跟随基切尔教授继续学习。在哥伦比亚大学哲学系，我遇到了内蒙古大学的袁海军教授，由于共同的学术兴趣，我们决定一起完成本书的翻译。由此，才有了现在的译本，其中袁老师承担了本书第六、七、八章的翻译工作，我承担了本书的第一、二、三、四、五、九章的翻译工作。

我必须郑重地感谢对本书的翻译工作提供了热情帮助的诸位师长。首先要感谢我的博士生导师——中国科学院大学胡志强教授，是胡老师将我带入相关领域的研究。在博士阶段的学习中老师不弃驽钝，对我保持了极大的信心与耐心，并鼓励我与基切尔教授建立联系。而本书得以译为中文，最直接的帮助来自于我的老师——浙江大学张立副教授和盛晓明教授，是他们在我硕士毕业后仍然持续关心我的成长和学习，让我有机会翻译出版本书。当然，更要感激浙江大学出版社对本书出版的支持，尤其是对译稿一再拖延的极大包容。还要对我的另一位老师，也是我的合作者——内蒙古大学袁海军教授表示衷心的谢意，在纽约期间，每一次与老师的交流都让我有所进益，更想念的是在老师家中吃到的地道家乡菜。

最后，我希望将这本中文版献给我的老师——菲利普·基切尔教授，当 2015 年夏天我们刚刚建立联系不久，在一次视频交流中，老师便欣然同意我在博士毕业后到哥伦比亚大学继续跟随他学习。在哥伦比亚大学的一年中承蒙他细致的关照和极为认真的指导，在无比紧张的日程安排中，坚持每周给我们每一个学生安排单独见面交流的时间。作为我在学术上的偶像，老师的道德修为更令我钦佩，且心向往之。在一次谈话中，我请教他对当前科学哲学前沿问题的判断，他只说："我认为只要是希望服务于人类基本善的研究就是有前途的！"对我个人而言，很幸运能够在即将开始自己的任教生涯之际遇到了一位师德的典范和深切关怀人类命运的研究者，希望自己能以老师为榜样，在日后的教学和研究工作中对他人有所助益。最后不得不在这里提及的是，本书中文版的序言是老师在眼部手术的前一天专门抽时间写下的。

白惠仁

2017 年 11 月于西安

图书在版编目(CIP)数据

民主社会中的科学/(英)菲利普·基切尔
(Philip Kitcher)著;白惠仁,袁海军译. —杭州:
浙江大学出版社,2019.9
书名原名:Science in a Democratic Society
　　ISBN 978-7-308-18859-3

　　Ⅰ.①民… Ⅱ.①菲… ②白… ③袁… Ⅲ.①民主—
研究 Ⅳ.①D082

中国版本图书馆 CIP 数据核字(2019)第 005262 号

民主社会中的科学

[英]菲利普·基切尔(Philip Kitcher) 著

白惠仁 袁海军 译

丛书策划	陈佩钰　吴伟伟
责任编辑	陈思佳(chensijia_zup@zju.edu.cn)
责任校对	杨利军　严　莹
封面设计	程　晨
出版发行	浙江大学出版社
	(杭州市天目山路 148 号　邮政编码 310007)
	(网址:http://www.zjupress.com)
排　　版	浙江时代出版服务有限公司
印　　刷	杭州钱江彩色印务有限公司
开　　本	710mm×1000mm　1/16
印　　张	17.25
字　　数	230 千
版 印 次	2019 年 9 月第 1 版　2019 年 9 月第 1 次印刷
书　　号	ISBN 978-7-308-18859-3
定　　价	68.00 元

浙江版权局著作权合同登记图字：11-2018-571 号